Staats- und völkerrechtliche Abhandlungen
der Studiengruppe für Politik und Völkerrecht

Band 3

# Staatliche und nationale Einheit Deutschlands – ihre Effektivität

Herausgegeben von
Dieter Blumenwitz und Boris Meissner

Verlag Wissenschaft und Politik

Umschlaggestaltung Rolf Bünermann
Gesamtherstellung Werbedruck Zünkler, Bielefeld 11
Printed in Germany · ISBN 3-8046-8637-0

# Inhaltsverzeichnis

# Einführung

Die Jahrestagung der Studiengruppe für Politik und Völkerrecht, die in Verbindung mit der Kulturstiftung der deutschen Vertriebenen vom 23. bis 25. Februar 1984 durchgeführt wurde, stand unter dem Generalthema »Die Effektivität der staatlichen und nationalen Einheit Deutschlands«. Die acht während der Tagung in der Karl-Arnold-Bildungsstätte in Bonn-Bad Godesberg gehaltenen Referate werden hiermit in Druckfassung vorgelegt. Die Studiengruppe für Politik und Völkerrecht will damit die Diskussion über den Teilnehmerkreis der Tagung hinaus ausdehnen.

Die in Bonn-Bad Godesberg gehaltenen Vorträge behandelten die gesamtdeutsche Problematik aus verschiedenen Blickwinkeln.

Gottfried Zieger, Göttingen, setzt sich in seinem Beitrag »Die deutsche Einheit und die europäische Integration« mit Konkordanz und Spannungen bei unserem deutschland- wie europapolitischen Bemühen auseinander – eine Thematik, der im Jahre der zweiten Direktwahlen zum Europäischen Parlament in Straßburg besondere Bedeutung zukommt. Die Lösung der deutschen Frage durch die Gewährung des Selbstbestimmungsrechts an alle Deutschen muß eingebettet bleiben in einen gesamteuropäischen Konsens; dies entlastet jedoch die Deutschen im freien Teil ihres Landes nicht von der vorrangig politischen Aufgabe, die Wiedervereinigung Deutschlands in Frieden und Freiheit bei den westlichen Verbündeten beharrlich anzumahnen und die Verwirklichung der Menschenrechte – einschließlich der Gruppenrechte und des Selbstbestimmungsrechts – in ganz Deutschland, bei den östlichen Nachbarn mit allen politischen Mitteln einzufordern.

Unterschiede zwischen den deutschlandrechtlichen Aussagen des Grundgesetzes (in der für Bund und Länder verbindlichen Interpretation durch das Grundvertragsurteil und durch die Ostvertragsbeschlüsse des Bundesverfassungsgerichts) einerseits und dem Grundvertrag sowie den Ostverträgen andererseits stehen im Mittelpunkt der Untersuchung des Salzburger Staats- und Völkerrechtlers Christoph Schreuer über den »Einfluß des staatlichen Rechts auf die Auslegung völkerrechtlicher Verträge«. Die von den Gerichten praktizierten verfassungs- wie auch völkerrechtskonformen (unter Ausnutzung aller Dissensspielräume!) Interpretationsmethoden sind geeignet, die wünschenswerte Harmonie zwischen der inner- und zwischenstaatlichen Rechtsordnung herzustellen.

Je ein Aufsatz behandelt die Effektivität der Territorial- und Personalhoheit Deutschlands. Dieter Blumenwitz, Würzburg, untersucht die Frage, inwieweit heute dem Fortbestand der territorialen Einheit Deutschlands (nach dem Stande vom 31. 12. 1937) das völkerrechtliche Institut der Ersitzung – darunter versteht man den Erwerb der deutschen Ostgebiete durch eine ungestörte, ununterbrochene und unbestrittene Herrschaftsausübung seitens der UdSSR und seitens der Volksrepublik Polen – entgegengehalten werden kann. Im einzelnen wird deutlich, daß aus Rechtsgründen vorerst nicht von einer Ersitzung der deutschen Ostgebiete ausgegangen werden kann, daß aber die Bundesrepublik und die westlichen Siegermächte jedoch – um Rechtsverluste zu vermeiden – gehalten sind, weiterhin klarzustellen, daß die Anerkennung oder Duldung der Gebietshoheit nicht als Hinnahme der territorialen Souveränität der Volksrepublik Polen bzw. der Sowjetunion über die deutschen Ostgebiete mißverstanden werden darf.

Senator Rupert Scholz, Berlin, unterstreicht in seinen Ausführungen über »Die Effektivität der deutschen Staatsangehörigkeit« die feste Verwurzelung der gesamtdeutschen Staatsangehörigkeit im gesamtdeutschen Status; die gesamtdeutsche Staatsangehörigkeit steht damit weder in der Bundesrepublik noch in der DDR zur Disposition.

Die alliierten Siegerrechte werden in Abhandlungen von Jens Hacker, Regensburg, über die »Deutschlandrechtliche und deutschlandpolitische Funktion der Vier-Mächte-Verantwortung« und von dem Abgeordneten zum Nationalrat Felix Ermacora, Wien, über »Berlin als Symbol der Einheit Deutschlands« näher beleuchtet. Beide Untersuchungen stimmen in dem Ergebnis überein, daß die drei Mächte nicht nur als Garanten für Sicherheit und Freiheit im freien Teil Deutschlands erscheinen, sondern daß sie auch die Rolle übernommen haben, das Offensein der ganzen deutschen Frage deutlich werden zu lassen.

Die beiden letzten Ausführungen stehen im Zeichen von Volk und Nation – unabdingbaren Elementen fortbestehender deutscher Gesamtstaatlichkeit. Theodor Veiter, Innsbruck, schreibt über »Nation und Volk als Rechtsbegriff unter besonderer Berücksichtigung der deutschen Frage«, Boris Meissner, Köln, berichtet über die »Deutsche Nation und das deutsche Volk aus der Sicht der UdSSR und der DDR«.

Alle Beiträge unterstreichen die allgemeine Bedeutung des Kontinuitätsgedankens. In der Staatenwelt sind Bestrebungen unverkennbar, trotz eines unleugbaren faktischen Wechsels der Erscheinungen die Kontinuität der Rechtsverhältnisse soweit wie möglich aufrechtzuerhalten. Dies gilt vor allem für den jeder verfaßten staatlichen Organisation zugrundeliegenden Staatsbegriff, da der Staat als Träger aller völkerrechtlichen Rechte und Pflichten, die einem Gemeinwesen zustehen können, im Mittelpunkt der internationalen Beziehungen steht. Von den vielfältigen historischen Beispielen sei hier nur auf den von Polen geltend gemachten Fortbestand seines Staates – trotz der 125 Jahre dauernden Aufteilung seines Staatsgebietes zwischen Rußland, Österreich und Preußen – verwiesen; aber auch der Versuch, Schwebezustände historisch-politischen Übergangs, namentlich der Versuch, Latenzperioden von Staaten zu überbrücken, deren Identität – wie das Beispiel Österreichs von 1938–1945 zeigt – nach allgemeinen Regeln des Völkerrechts verlorengegangen war, die aber »wiedererstanden« sind, gehört hierher.

Die Kontinuitätsmodelle beruhen meist auf einer Verknüpfung von Staatsbegriff und Staatsideal und werden damit sehr stark von den Elementen der Hoffnung, der Sehnsucht oder der Phantasie geprägt. Aber auch eine zweite Komponente, die vor allem auf den zwischenstaatlichen Raum hin tendiert, wird deutlich: der Gedanke staatlicher Selbstbehauptung mit seiner durchaus »effektiven«, ja realpolitischen Dimension. Trotz Gewaltverzicht und weltweitem Bekenntnis zur friedlichen Streiterledigung wird über den Völkerrechtsstatus eines Gemeinwesens nicht durch ein neutrales Rechtspflegeorgan entschieden, sondern durch die Staaten selbst – mittels Verträgen oder mittels des völkerrechtlichen Instituts der Anerkennung. Solange ein staatliches Gemeinwesen glaubhaft an seinem Kontinuitäts- oder Identitätsverständnis festhält, vermögen sich neue politische Verhältnisse nicht zu konsolidieren. Alle Kontinuitätsmodelle entfalten sich damit im Spannungsfeld von Macht und Recht.

Wie das innerstaatliche, so kennt auch das zwischenstaatliche Recht Spannungen zwischen Normen und Fakten, und die vielfach konstatierte »normative Kraft des Faktischen« beruht auf einer viel zu oberflächlichen Analyse der zwischenstaatlichen Verhaltensstile, um den subtilen internationalen Beziehungen gerecht werden zu können. Recht und Macht sind weder identische Größen noch kann die eine der anderen untergeordnet werden. Die internationalen Beziehungen reflektieren vielmehr die Interdependenz von

Macht und Recht. Kollidiert in einer gegebenen historischen Situation die völker- und staatsrechtliche Lage mit der tatsächlichen Lage, so ist in der Völkergemeinschaft die Tendenz unverkennbar, die neu entstandene Situation (auch wenn sie durch Rechtsbruch entstanden sein sollte) in die Völkerrechtsordnung zu integrieren – es sei denn, der betroffene Staat oder ein Teil der Staatengemeinschaft setzt sich für den Fortbestand der bisherigen Völkerrechtsordnung in ihrer konkreten Ausgestaltung ein. In einem derartigen Konflikt kann ein gut geführtes Rechtsargument der unterlegenen Partei auch politisch von beträchtlichem Nutzen sein, da es die Integration der Völkergemeinschaft gegen den Rechtsbrecher bewirkt und so zu verhindern hilft, daß sich ein bloße faktische Position zu einer Rechtsposition verfestigt.

Würzburg – Köln, im September 1984 *Die Herausgeber des Bandes*

Gottfried Zieger

# Die deutsche Einheit und die europäische Integration

*Horst Groepper,* von 1962 bis 1966 deutscher Botschafter in Moskau, hat am 7. Januar dieses Jahres auf einer Tagung in Berlin das Thema behandelt, ob eine deutsche Wiedervereinigung auf der Grundlage der *Neutralität Gesamtdeutschlands* vorstellbar sei[1]. Die erste Frage zu diesem Thema hat *Groepper* wie folgt formuliert: »Ist ein bündnisfreier, neutraler Status Gesamtdeutschlands eine notwendige, unerläßliche Voraussetzung für die deutsche Wiedervereinigung?« Er bezieht diese Frage insbesondere auf das Verhältnis der deutschen Wiedervereinigung zur europäischen Integration und beantwortet sie ganz entschieden in dem Sinne, daß eine europäische Integration die deutsche Wiedervereinigung ausschließe[2]. Der Lösung der nationalen Frage in Deutschland gibt *Groepper* klar den Vorzug vor der Idee der europäischen Integration und belegt diese Option für die deutsche Wiedervereinigung mit einem *Bismarck*-Wort: »Ich habe das Wort ›Europa‹ immer nur im Munde derjenigen Politiker gefunden, die von anderen Mächten etwas verlangten, was sie im eigenen Namen nicht zu fordern wagten[3].« »Der viel mißbrauchte Begriff ›europäische Interessen‹ wird uns nicht verleiten dürfen, der deutschen Nation zuzumuten, daß sie ihre Politik nach anderen als deutschen Interessen regelt[4].« Das deckt sich durchaus mit dem, was *Golo Mann*[5] über Bismarck im Hinblick auf Preußen, Deutschland und Europa schreibt: »Er war anfangs nur Preuße, ohne Liebe zu Süddeutschland und Gesamtdeutschland; dem Reichskanzler wird man Sinn für Würde und Schickung der deutschen Nation nicht absprechen, wiewohl er die Wirkungskraft des deutschen Nationalismus in strengen Grenzen zu halten entschlossen war. Von Europa sprach er gelegentlich mit Verachtung, überzeugt, daß es nichts sei als ein Bündel spröder, der eigenen Erweiterung dienender, das große Ganze nur heuchlerisch im Munde führender Mächte.« Doch *Golo Mann* fügt an dieser Stelle noch einen mir charakteristisch und wesentlich erscheinenden Satz hinzu: »Dem Alternden (sc. Bismarck) hat es aber an Sicht des europäi-

1 Deutsche Wiedervereinigung auf der Grundlage der Neutralität Gesamtdeutschlands?, Vortrag auf der Berliner Arbeitstagung der Deutschen Burschenschaft (Manuskript). Zu diesem Thema vgl. auch *Schulz, Eberhard,* Die deutsche Nation in Europa. Internationale und historische Dimensionen. 1982, S. 139 ff. m. w. Nachw.; *Schweigler, Gebhard,* Europa, Amerika und die Entspannung, Aus Politik und Zeitgeschichte, Beilage zur Wochenzeitung Das Parlament, B 28/82, S. 3 (27); *Loth, Wilfried,* Die deutsche Frage als europäisches Problem, a. a. O., B 51–52/82, S. 3; *Ammon, Herbert,* Plädoyer für die deutsche Einheit durch Blockfreiheit, Deutschland Archiv 1982, S. 820; vgl. auch *Sontheimer, Kurt,* Ein deutscher Sonderweg?, in: Weidenfeld (Hrsg.), Die Identität der Deutschen, 1983, S. 324 (334); *Jüttner, Alfred,* Die deutsche Frage. Eine Bestandsaufnahme, 1971, S. 149.

2 Ähnlich *Bender, Peter,* Europa und die Deutschen. Die Entschärfung eines Problems, Deutschland Archiv 1981, S. 251 (258).

3 Diktat des Reichskanzlers *Fürsten von Bismarck,* z. Z. in Varzin, vom 9. Nov. 1876, Bd. 2. Der Berliner Kongreß und seine Vorgeschichte, 1922, Nr. 256, S. 87 (88).

4 *Windelband, Wolfgang,* Bismarck und die europäischen Großmächte 1879–1885. Auf Grund unveröffentlichter Akten, 2. Aufl., 1942, S. 349.

5 Propyläen Weltgeschichte. Eine Universalgeschichte, Bd. 8 (1960), S. 558.

schen Gesamtinteresses nicht gefehlt, und seine eigene Bildung war europäisch-aristokratisch eher als nur-deutsch«[6]. *Golo Mann* zeichnet damit einen Entwicklungsgang, der gerade bei Bismarck über die Stufen: Preußen – Deutsches Reich geführt hat und ihn klarer, als dies bei manch anderem Staatsmann seiner Zeit der Fall war, das Eingebundensein in das *europäische Mächtekonzert* des vorigen Jahrhunderts hat erkennen lassen[7]. In diesem Sinne war Bismarcks kunstvolle Politik des Gleichgewichts – dieses »Jonglierens mit fünf Bällen«[8] – europäische Politik, wenngleich der Bezugspunkt unzweifelhaft das nationale Interesse, die Sicherung des Deutschen Reiches durch politische Mäßigung und das Ausbalancieren der Interessen der anderen europäischen Mächte darstellte[9].

Das Phänomen »Europa« ist bei Bismarck also nicht ausschließlich negativ besetzt. Wir verbauen uns den Blick für die Situation in unserem zu Ende gehenden 20. Jahrhundert, wenn wir uns zu einseitig auf die Konstellationen des europäischen Mächtekonzertes vor 100 Jahren beziehen und sie zum Ausgangspunkt unserer heutigen Überlegungen nehmen. Auch aus jenem Abschnitt unserer Geschichte lassen sich Erfahrungen ableiten, doch muß man die nur bedingte Vergleichbarkeit der äußeren Umstände und inneren Bedingungen der damaligen Verhältnisse mit in Rechnung stellen.

So hat man davon gesprochen, die Jahre nach 1871 seien eine Zeit der Entspannung in Europa gewesen[10]. Ebenso hat man bemerkt, daß die Erfüllung der nationalen Einigungswünsche in Italien und in Deutschland die »Aussicht auf eine noch nicht dagewesene Stabilität der europäischen Politik«[11] eröffnet habe, die Europa nach 1871 eine der solidesten Friedensperioden in der neueren Geschichte beschert habe. Freilich sei sehr bald schon, etwa um 1890, nach dem Rücktritt Bismarcks, deutlich geworden, daß Europa keine eigentliche Befriedung erreicht habe, es müsse eher von einem Waffenstillstand gesprochen werden. Der Nationalstaat hatte sich zwar in West- und in einem Teil Mitteleuropas als Element einer Friedensordnung herauskristallisiert, doch führte die Unruhe zur Auslösung des Ersten Weltkrieges, die von der Virulenz des Nationalismus im übrigen Teil Europas mit Stoßrichtung gegen die österreichisch-ungarische Doppelmonarchie ausging[12]. Der zweite Akt der europäischen Befriedung durch Erfüllung dieser nationalstaatlichen Wünsche in Mittel-, Ost- und Südosteuropa ist auf der Grundlage der 14 Punkte des amerikanischen Präsidenten *Wilson*[13] versucht worden. Das Nichtgeltenlassen des Selbstbestimmungsrechts für die Besiegten, vor allem aber die neugeschaffenen Minderheitenprobleme, erwiesen sich sehr rasch für einen überbordenden Nationalismus als Störfaktoren, die zu einer Fülle von Konflikten und schließlich zur Massenvertreibung in diesem Teil Europas geführt haben[14].

Diese Erfahrungen sollten wir im Auge behalten, auch wenn die politische Szenerie in Europa heute gänzlich andere Konturen gegenüber der Zeit vor 100 Jahren aufweist. Es

[6] A. a. O.

[7] *Kohl, Horst* (Hrsg.), Die Reden des Ministerpräsidenten von Bismarck – Schönhausen im Preußischen Landtage 1862–1865. 1903, S. 240; vgl. auch *Ritter, Gerhard/Rudolf, Stadelmann* (Hrsg.), Bismarck, Gedanken und Erinnerungen. 1932 (Friedrichsruher Ausgabe), Bd. 13, 2. Buch, 10. Kapitel, IV.

[8] *Barraclough, Geoffrey,* Das europäische Gleichgewicht und der neue Imperialismus, in: Propyläen Weltgeschichte (Fn. 5), S. 703 (735).

[9] Vgl. hierzu *Jüttner* (Fn. 1), S. 97.

[10] *Barraclough* (Fn. 8), S. 731.

[11] A. a. O.

[12] A. a. O.; vgl. hierzu auch *Verdross, Alfred/Stephan, Verosta/Karl Zemanek,* Völkerrecht. 5. Aufl. (1964), S. 73 ff.

[13] Foreign Relations of the United States 1918, Suppl. 1, Bd. 1, S. 12.

[14] *Erler, Georg,* Minderheitenrecht, in: *Strupp, Karl/Hans-Jürgen Schlochauer,* Wörterbuch des Völkerrechts, Bd. 2 (1961), S. 531 (532).

sind nicht mehr vordergründige Machtrivalitäten zwischen einzelnen europäischen Mächten, die das Spiel auf der politischen Bühne Europas bestimmen. Nicht die einzelnen Schauspieler und Akteure beherrschen sie und sorgen für Spannung im Handlungsablauf. Vielmehr prägen die Statisten das Bild auf den Brettern, die die Welt bedeuten sollen. Sie stellen keine geschlossene Gruppe dar, sondern formen sich zu mehr oder weniger geschlossenen Blöcken.

Unter den Bedingungen europäischer Machtpolitik vor 100 Jahren wäre es ein reizvoller Stoff für einen Dramatiker und Regisseur, die Zusammenführung dieser getrennten europäischen Staatenfamilie auf spannungsvollen Umwegen und mit einiger List zustande zu bringen.

Doch das Charakteristische unserer heutigen Situation in Europa besteht gerade darin, daß Handlungsabläufe so gut wie nicht stattfinden. Als Gesandter in St. Petersburg hat Bismarck mehr an Initiative und dynamischer Politik entwickeln können als heute ein Premierminister oder Kanzler eines maßgeblichen europäischen Staates. Das oftmals dramatische Bewegungsspiel der klassischen Diplomatie ist eingefroren. Ein Wechseln der Allianzen, das Ingangbringen besonderer Beziehungen – diese beliebten Motive und Triebkräfte im Theaterstück – sind prinzipiell unmöglich geworden. Der ideologische Gegensatz bestimmt die Positionen der einzelnen europäischen Mächte und fixiert den bestehenden Status quo. Diese Trennungslinie, die mitten durch Europa verläuft, beruht nicht auf Einverständnis der Betroffenen, auch nicht im Sinne der Schaffung von Interessensphären. In Jalta[15] hat nicht die Teilung Europas stattgefunden, wie dies heute gern gesagt wird[16]. Man hat nach Jalta hingenommen, was in Europa durch das machtpolitische Ausgreifen der Sowjetunion einseitig geschaffen worden ist: die Vereinnahmung der östlichen Hälfte Europas für den eigenen Herrschaftsbereich. Ein Wiener Kongreß, wie er 1815 nach dem vergleichbaren politischen Wirbel der Napoleonischen Feldzüge Ordnungsstrukturen in Europa geschaffen hatte, hat nach dem Zweiten Weltkrieg noch nicht stattgefunden. Weder die Ostverträge[17] noch das übrige Ost-West-Vertragswerk[18] unter Einschluß der KSZE-Schlußakte von 1975[19] haben die politischen Grenzen zum östlichen Machtbereich und innerhalb des sowjetischen Herrschaftsgebietes in einem friedensvertraglichen Sinne rechtlich verbindlich fixiert[20].

Diese elementare Grundtatsache für die Lage in Europa wird vielerorts nicht mehr zur

15 Protokoll der Jalta-Konferenz vom 11. Februar 1945, International Law Quarterly, Bd. 1 (1947), S. 407; hierzu *Schlochauer, Hans-Jürgen,* Jalta-Konferenz von 1945, in: *Strupp/Schlochauer* (Fn. 14), S. 162.

16 *Freymond, Jacques,* Die atlantische Welt, in: Propyläen Weltgeschichte (Fn. 5), Bd. 10 (1961), S. 221 (226); *Theoharis, Athan,* The Yalta Myths. An Issue in U. S. Politics 1945–1955. 1970; *Ressing, Gerd,* Versagte der Westen in Jalta und Potsdam? 1970; *Fenno, Richard,* The Yalta Conference, 2. Aufl. 1972; vgl. auch *Wagner, Wolfgang,* Die Teilung des europäischen Kontinents, Europa-Archiv 1968, S. 769.

17 Vertrag zwischen der Bundesrepublik Deutschland und der Union der Sozialistischen Sowjetrepubliken vom 12. August 1970 (BGBl. 1972 II S. 353); Vertrag zwischen der Bundesrepublik Deutschland und der Volksrepublik Polen über die Grundlagen der Normalisierung ihrer gegenseitigen Beziehungen vom 7. Dezember 1970 (BGBl. 1972 II S. 361).

18 Insbesondere der Vertrag über die Grundlagen der Beziehungen zwischen der Bundesrepublik Deutschland und der Deutschen Demokratischen Republik vom 21. Dezember 1972 (BGBl. 1973 II S. 423); *Ress, Georg,* Die Rechtslage Deutschlands nach dem Grundlagenvertrag vom 21. Dezember 1972, 1978.

19 Europa-Archiv 1975, D 437; hierzu *Zieger, Gottfried,* Die Auswirkungen der KSZE auf die völkerrechtlichen Ost-West-Beziehungen, in: Internationales Recht und Diplomatie. 1977–1980, S. 61.

20 *Steinberger, Helmut,* Völkerrechtliche Aspekte des deutsch-sowjetischen Vertragswerkes vom 12. August 1970, ZaöRV Bd. 31 (1971), S. 63; *Zündorf, Benno,* Die Ostverträge. 1979 m. w. Nachw.

Kenntnis genommen. Die politische Situation nach 1945 entspricht noch weniger der Qualität eines Waffenstillstandes, wie man die Jahrzehnte im ausgehenden vorigen Jahrhundert genannt hatte; denn die ideologischen Auseinandersetzungen gehen weiter. Im Bereich der Ideologie nimmt der kalte Krieg seinen Fortgang, etwas moderater gewiß, die schrillen Töne im Diskant sind seltener geworden, können aber jederzeit wieder hörbar werden. Wir finden in Europa heute kaum viel mehr vor als einen Status quo, der nicht auf einem Einverständnis der europäischen Staatenfamilie, sondern allein auf der Tatsache beruht, daß man die Lage gewaltsam nicht verändern kann. Es ist ein *Modus vivendi* im strikten Sinne dieses Begriffes. Das Überleben in Europa gebietet die gegenseitige Zusicherung eines Gewaltverzichtes. Die gegenseitige Sorge vor dem Veränderungswillen der jeweils anderen Seite ist geblieben und hat zu militärischen Blöcken und Rüstungen geführt, die allein der Abschreckungseffekt legitimiert.

In dieser anomalen Lage Europas[21] die Überwindung der deutschen Teilung allein durch die Zusammenführung der beiden Staaten in Deutschland bewerkstelligen zu wollen, ist von vornherein wenig realistisch[22]. Dabei wird nicht mehr gesehen, daß die Teilung der deutschen Nation zugleich die Teilung Europas darstellt[23]. Die Wiedervereinigung der Deutschen – wenn man sie sich auf dem Gebiet der beiden deutschen Staaten unter Einschluß Berlins in staatlicher Form vorstellt – würde keineswegs das Tor für eine dauerhafte Friedensordnung in Europa öffnen. Das polnische Volk, Tschechen und Slowaken, Ungarn, aber auch die Bulgaren, Rumänen und die Balten würden im Gegensatz zu den dort regierenden Partei- und Staatsfunktionären den bestehenden politischen Status quo nicht als eine echte Friedensordnung empfinden können. Solange das Selbstbestimmungsrecht nicht auch in Mittel- und Osteuropa seine *wirklichen Frieden* stiftende Kraft für diese Nationen und Völkerschaften entfalten und durchsetzen kann, wird man nicht vom Anbruch einer echten Friedensordnung in Europa sprechen können.

Wer für Deutschland den Status einer *neutralen Macht* fordert[24], übersieht den gesamteuropäischen Zusammenhang der Teilung Deutschlands. Gewiß wird in diesen Ideen das primär nationale Interesse spürbar[25]. Indessen werden die übrigen europäischen Staaten eine *isolierte Lösung des deutschen Problems* als egozentrisch ansehen, da die gesamteuropäischen Belange eine Beachtung erfordern. Ein neutralisiertes Deutschland würde beispielsweise Polen einem viel schärferen Zugriff seines großen östlichen Nachbarn ausliefern. Auch für westeuropäische Staaten haben allein schon Denkmodelle in dieser Richtung zu Irritationen geführt. So wäre für Frankreich das Glacis, das militärische Vorfeld, weithin aufgehoben und durch ein machtpolitisches Vakuum ersetzt[26]. Europa wäre für

[21] *Zieger, Gottfried,* Staats- und völkerrechtliche Überlegungen zur »offenen deutschen Frage«, in: Die offene deutsche Frage, Deutschlandpolitisches Symposium in Bonn am 20. Nov. 1979. Dokumente zur Deutschlandpolitik (1979), S. 72.

[22] *Zündorf* (Fn. 20), S. 23.

[23] *v. d. Groeben, Hans,* Europa. Plan und Wirklichkeit. 1967, S. 46 (51 ff.); *Scheuner, Ulrich,* Entwicklungslinien der deutschen Frage, Europa-Archiv 1969, S. 453; *v. Weizsäcker, Richard,* Deutsche Frage im internationalen Zusammenhang, Politik und Kultur 1977, Heft 3, S. 11; *Fiedler, Wilfried,* Idee und Realität der Nation in Europa heute – Zur Alternative zwischen Europäischer Integration und deutschlandpolitischer Option, Politik und Kultur 1981, Heft 6, S. 37.

[24] Wie etwa *Ammon* (Fn. 1).

[25] Besonders bei *Schweisfurth, Theodor,* Das Ziel: Blockfreiheit, in: *Venohr, Wolfgang* (Hrsg.), Die deutsche Einheit kommt bestimmt, 1982, S. 81.

[26] *Schulz* (Fn. 1), S. 135 (137 f.); *Epting, Karl,* Charles de Gaulle und die deutsche Wiedervereinigung, in: *Franz, Günther* (Hrsg.), Teilung und Wiedervereinigung. Eine weltgeschichtliche Übersicht. 1963, S. 220 (229 ff.); *Ziebura, Gilbert,* Die deutsch-französischen Beziehungen seit 1945. Mythen und Realitäten. 1970, S. 77; auch *Diestelkamp, Bernhard,* Rechts- und verfassungsgeschichtliche Probleme zur Frühgeschichte der Bundesrepublik Deutschland, 2. Teil, JuS 1980, S. 790 (791).

die übrigen westeuropäischen Staaten kaum noch zu verteidigen. Vor allem aber läuft derjenige, der für Deutschland Neutralismus fordert, Gefahr, dahin mißverstanden zu werden, er befürworte eine *Schaukelpolitik zwischen Ost und West*[27]. Um eine eigene, selbständige Rolle als Neutraler und als Mittler im Ost-West-Verhältnis spielen zu können, reicht die politische Potenz Deutschlands nicht aus. Deutschlands geopolitische Lage im Zentrum Europas läßt sich nicht vergleichen mit Randlagen, wie wir sie in der Schweiz, in Schweden und in Österreich antreffen. Es gehört zu dem deutschen Schicksal, mitten im Kraftfeld der Großmächte in Europa zu liegen[28]. Wer in der deutschen Frage allein auf den Neutralismus setzt, müßte sich darüber im klaren sein, daß ein solcher Status als Neutraler nur im Zustande permanenter Hochrüstung glaubhaft zu machen wäre; ein pazifistisches Machtvakuum im Herzen Europas würde als Einladung zur politischen Okkupation verstanden werden können. Vor allem würde die Abkehr der Bundesrepublik Deutschland von ihren Verbündeten die Zuverlässigkeit unseres Landes in Frage stellen und das Vertrauenskapital, das von den Bundesregierungen Schritt für Schritt und Jahr für Jahr angesammelt worden ist, aufs Spiel setzen. Wir würden Gefahr laufen, den internationalen Goodwill, die Berechenbarkeit unserer Politik einzubüßen; der für die Wiederherstellung staatlicher Einheit erforderliche europäische Konsens wäre auf diesem Wege kaum zu erreichen.

Wir werden im Ausland, speziell in Europa, genau beobachtet. Das gilt seit dem vergangenen Jahr besonders für die Demonstrationen der Friedensbewegung im Zusammenhang mit den NATO-Doppelbeschluß[29]. Nicht das Phänomen, *daß* öffentlich demonstriert wird, hat im Ausland verschiedentlich beunruhigt. Die Freiheit zu demonstrieren zählt zu den urdemokratischen Grundpositionen, zusammen mit der Meinungsfreiheit und der Pressefreiheit. Auch den bisweilen anarchischen Anstrich von Demonstrationsgruppen hat man noch hingenommen. Als irritierend empfunden hat man das Maßlose, mitunter Blinde, Irrationale mit zum Teil offen antiparlamentarischer Tendenz. Man ist dann leicht mit Vergleichen aus der Weimarer Zeit in Deutschland zur Hand und fragt sich mitunter sorgenvoll, ob die damaligen Entwicklungen – wenn auch unter veränderten Vorzeichen – sich etwa wiederholen könnten. Der Gedanke, über Massendemonstrationen Politik gegen das Parlament machen zu wollen, rührt an die Grundpfeiler des demokratisch-parlamentarischen Systems.

Dieser Exkurs in die innenpolitischen Gefilde ist geboten, weil er uns verdeutlichen kann, daß die europäische Staatenwelt sich mit einer Lösung der deutschen Frage im Sinne einer Zusammenführung der Mitglieder der deutschen Nation in einem staatlichen Rahmen nur wird einverstanden erklären, wenn man sicher sein kann, daß politische Stabilität und Verläßlichkeit sowie die Zugehörigkeit zur westlichen Welt der großen Demokratien gewährleistet erscheinen[30].

In der Tat gehört es zu den Konstanten der meisten deutschlandpolitischen Überlegungen, daß wir bei der Lösung der deutschen Frage auf den Konsens der europäischen

27 *Kissinger, Henry A.*, Memoiren 1968–1973. 1979, S. 441.

28 Ähnlich *v. Weizsäcker, Richard*, Die deutsche Geschichte geht weiter. 1983, S. 16; *Scheuner, Ulrich*, Der Gedanke der nationalen Einheit im Verhältnis der beiden deutschen Staaten, Politik und Kultur 1980, Heft 1, S. 3 (6).

29 Vgl. *Gräfin Dönhoff, Marion*, Im Wartesaal der Geschichte. Sind die Deutschen Nationalisten, Neutralisten, Pazifisten?, DIE ZEIT vom 6. Januar 1984, S. 1; *Hassner, Pierre*, Was geht in Deutschland vor? Wiederbelebung der deutschen Frage durch Friedensbewegung und alternative Gruppe, Europa-Archiv 1982, S. 517.

30 Aus der Vielzahl der darauf verweisenden Stimmen, *Genscher, Hans-Dietrich*, Außenpolitik im Dienste von Sicherheit und Freiheit. 1976, S. 27 f.; *Hallstein, Walter*, Die Europäische Gemeinschaft. 1973, S. 13 f.

Staaten und der Großmächte angewiesen sind[31]. Ich halte es für eines der interessantesten Facetten unseres Themas: dieses Einvernehmen über das Erfordernis eines Konsenses der europäischen Staaten und der Großmächte, gewissermaßen als Bedingung für eine Bereinigung des Problems der deutschen Teilung. Das ist – soweit ich sehe – bisher kaum ernsthaft in den juristischen Blick genommen worden. Im allgemeinen gehen wir von dem rechtlichen Element der Selbstbestimmung aus und sehen darin den eigentlichen Demiurgen des modernen Staates. Wir haben bei unserer vorjährigen Betrachtung des Selbstbestimmungsrechts, bezogen auf die deutsche Frage, das Thema nicht ausdrücklich auch auf das Verhältnis dieses europäischen Konsenses zu dem Selbstbestimmungsrecht bezogen[32].

Ich möchte die These aufstellen, daß das Selbstbestimmungsrecht in seiner Verwirklichung auf den Konsens der europäischen Mächte angewiesen ist. Das möchte ich jedenfalls für den europäischen Raum annehmen, auch wenn wir in anderen Regionen vergleichbare *kollektive Einbindungen des Selbstbestimmungsrechtes* finden. Die Uti-possidetis-Doktrin[33], die sich vor allem in Lateinamerika entfaltet hat, ist mehr als nur die Übernahme eines römisch-rechtlichen Besitzinterdiktes des Prätors zum Schutze des Besitzes an Grundstücken gegen verbotene Eigenmacht. Hier wird die Faktizität der bestehenden staatlichen Grenzziehung gegen einen die Grenzlinie verändernden Rechtsanspruch gestellt. Das war in Lateinamerika oftmals der sog. historische Anspruch auf die Grenzlinien, die zur Zeit der spanischen und portugiesischen Kolonialherrschaft für die bestehenden Verwaltungseinheiten (Vizekönigreiche, Generalhauptmannschaften, Bistümer und Provinzen) existiert hatten. Wir können das heute unbesehen auf die verändernde Kraft des Selbstbestimmungsrechtes ausweiten.

Zu nennen wären vor allem die Entschließungen der Vereinten Nationen, insbesondere die Erklärung über die Gewährung der Unabhängigkeit an koloniale Länder und Völker vom 14. Dezember 1960 (1514)[34], deren Ziff. 7 dem Selbstbestimmungsrecht die These von der nationalen Einheit und von der territorialen Integrität entgegengestellt und damit zum Ausdruck gebracht hat, daß deren Zerstörung im Widerspruch zu den Zielen und Zwecken der UN stehen würde. Dieselbe Grundhaltung finden wir in der UN-Deklaration über die Grundsätze des Völkerrechts für freundschaftliche Beziehungen und Zusammenarbeit zwischen den Staaten gemäß der Charta der Vereinten Nationen vom 24. Oktober 1970 (2625)[35]. Die abwehrende Einstellung der Weltorganisation ist bei den Sezessionsbestrebungen des Katanga und im Falle von Biafra bekräftigt worden[36]. Aus neuerer Zeit kennen wir ähnliche Voten auch der Organisation der Afrikanischen Staaten, beispielsweise zum Falle von Somalia. *Eckart Klein*[37] hat uns seinerzeit diese Entwicklungslinie in seinem materialreichen Referat über die Vereinten Nationen und das

[31] So auch *Klein, Eckart,* Selbstbestimmungsrecht – Idee und Aufgabe, Politische Studien Nr. 272/1983, S. 635 (647).

[32] Das Selbstbestimmungsrecht der Völker und die deutsche Frage. 1984.

[33] *Schaumann, Wilfried,* Uti possidetis – Doktrin, in: *Strupp/Schlochauer* (Fn. 14), Bd. 3 (1962), S. 483; *Seidl-Hohenveldern, Ignaz,* Völkerrecht. 5. Aufl. (1984), Rdnr. 863 a.

[34] 1514 (XV). Declaration on the granting of independence to colonial countries and peoples, Off. Rec. of the Gen. Assembly, XV. Sess., Suppl. Nr. 16 (A/4684), S. 66; Vereinte Nationen 1962, S. 117 (Übersetzung).

[35] 2625 (XXV). Declaration on Principles of International Law concerning Friendly Relations and Co-operation among States in accordance with the Charter of the United Nations, Off. Rec. of the Gen. Assembly, XXV. Sess., Suppl. Nr. 28 (A/8082), S. 121. Es handelt sich um das Prinzip V (Grundsatz der Gleichberechtigung und des Selbstbestimmungsrechts der Völker), Absatz 7.

[36] Vgl. hierzu die Nachweise bei *Klein, Eckart,* Vereinte Nationen und Selbstbestimmungsrecht, in: Das Selbstbestimmungsrecht der Völker und die deutsche Frage (Fn. 32), S. 107 (114).

[37] A. a. O.

Selbstbestimmungsrecht vor Augen gestellt. Von ihm ist zugleich darauf aufmerksam gemacht worden, daß bereits der Völkerbund bei den Aaland-Inseln[38] eine vergleichbare Haltung eingenommen hatte. Diese Rechtspraxis hat *Karl Doehring*[39] dazu bestimmt, das Sezessionsrecht als äußerste Anwendungsform des Selbstbestimmungsrechts einer Minderheit auf Emanzipation (Sezession) aus einem staatlichen Verband mit deutlichen Einschränkungen und Kautelen zu versehen und den Akt der Verselbständigung oder des Anschlusses an einen anderen Staat nur als Ultima ratio gelten zu lassen. Das bedeutet eine Begrenzung des Selbstbestimmungsrechts durch den Gedanken der Wahrung des bestehenden staatlichen Ordnungsgefüges. Das auf Veränderung drängende Prinzip des Selbstbestimmungsrechtes wird also in ein Spannungs- und Abwägungsverhältnis gesetzt zu dem beharrenden Prinzip des Status quo.

Das im Schrifttum vornehmlich für die Sezessionsproblematik diskutierte Element der Sublimierung und Relativierung des Selbstbestimmungsrechtes läßt sich – meine ich – in ähnlicher Weise auf das Selbstbestimmungsrecht in Europa anwenden. Die Verknüpfung der deutschen Einheit mit der europäischen Integration in unserer Fragestellung gestattet dann die grundlegende Aussage, daß das Spannungsverhältnis zwischen der Verwirklichung des Selbstbestimmungsrechtes für Deutschland und der bestehenden europäischen Lage nur in der Weise aufgelöst werden kann, daß sowohl der Prozeß der Verwirklichung dieses Selbstbestimmungsrechtes als auch die Tolerierbarkeit des zustande gebrachten Ergebnisses nicht als Ordnungsstörung in Europa empfunden werden; es muß also ein europäisches Einvernehmen über die Herstellung deutscher staatlicher Einheit vorhanden sein.

Offen ist es, ob dieses europäische Konsensualerfordernis bei der Verwirklichung des auf Veränderung bestehender staatlicher Strukturen gerichteten Selbstbestimmungsrechts als eine *politische* oder *rechtliche* Kategorie begriffen werden soll. In der deutschen Situation wäre es naheliegend, wegen der Rechtsposition der Siegermächte[40] zunächst die rechtliche Seite in Betracht zu ziehen: Die meisten der Nachbarstaaten Deutschlands zählen zu den Ländern, die mit Deutschland im Kriege gestanden haben und in einem künftigen Friedensvertrag von einer rechtlichen Plattform aus Einfluß auf das Geschehen in Deutschland nehmen könnten. Bei den vier Haupt-Siegermächten ergeben sich derartige Rechtspositionen gegenwärtig ohnehin aus den fortbestehenden und verschiedentlich vertraglich verankerten Rechten und Verantwortlichkeiten. Doch erschöpft dies nicht völlig unsere Fragestellung. Auch ohne diese konkrete Besonderheit präsent gehaltener Siegermächte wäre von einer konsensbedürftigen Lage in Europa auszugehen. Für ihre Begründung könnte man zunächst den Gedanken der völkerrechtlichen *Solidarität*[41] zwischen den Staaten heranziehen, wie er sich etwa im internationalen Wasser- und Nachbarrecht und mit wachsenden Ansätzen auch im zwischenstaatlichen Umweltschutzrecht ent-

[38] A. a. O., S. 114; *Dahm, Georg,* Völkerrecht, Bd. 1 (1958), S. 614; *Menzel, Eberhard,* Åland-Inseln, in: *Strupp/Schlochauer* (Fn. 14), Bd. 1 (1960), S. 21.

[39] Das Selbstbestimmungsrecht der Völker als Grundsatz des Völkerrechts, Berichte der Deutschen Gesellschaft für Völkerrecht. Heft 14 (1974), S. 30 ff.

[40] Hierzu *Tomuschat, Christian,* Die rechtliche Bedeutung der Vier-Mächte-Verantwortung, in: Fünf Jahre Grundvertragsurteil des Bundesverfassungsgerichts. Symposium 2.–4. Oktober 1978. 1979, S. 71.

[41] Hierzu etwa *Sauer, Ernst,* Souveränität und Solidarität. Ein Beitrag zur völkerrechtlichen Wertlehre. 1954; ferner *Scheuner, Ulrich,* Solidarität unter den Nationen als Grundsatz in der gegenwärtigen internationalen Gemeinschaft, Fs. für *Eberhard Menzel.* 1975, S. 251; *Dinh, Nguyen Quoc/Patrick Daillier/Alain Pellet,* Droit international public, 2. Aufl. (1980), S. 628, 720, 758; *Zieger, Gottfried,* Völkerrechtliche Fragen einer »Neuen Weltwirtschaftsordnung«, in: Wirtschaft und Technik im Völkerrecht. Symposium aus Anlaß des fünfzigjährigen Jubiläums des Instituts, 6.–7. Nov. 1980. 1982, S. 121 (152).

wickelt hat[42]. Doch geht der hier erörterte Konsensualrahmen für das Selbstbestimmungsrecht weiter als der im Solidaritätsprinzip verankerte Grundsatz der gegenseitigen Rücksichtnahme. So könnte man sagen, daß der Solidaritätsgedanke zwar mit in dem Konsensualerfordernis enthalten ist, dieses aber nicht ganz ausfüllt. Zu denken wäre des weiteren an Bindungselemente der europäischen Staatenfamilie, der europäischen Schicksalsgemeinschaft, des *europäischen Konzertes*, wohl aber auch an *oligarchische Elemente*, die wir aus der europäischen Geschichte hinreichend kennen. Bismarck mußte sie beispielsweise in Rechnung stellen, um wenigstens mit der Duldung der damaligen europäischen Großmächte die Mitte Europas staatlich organisieren und damit ein über Preußen hinausreichendes neues Machtzentrum schaffen zu können. In der Schlußakte des Wiener Kongresses[43], kaum minder in den Pariser Vorortfriedensverträgen von 1919/20[44], gleichermaßen aber auch im Berliner Kongreß von 1878[45] sind zwischen den maßgebenden europäischen Mächten einvernehmlich Neuordnungen der politischen Verhältnisse und staatlichen Strukturen in einzelnen Teilen oder in ganz Europa vorgenommen worden. Der auf der Moskauer Außenministerkonferenz 1943[46] gefaßte Beschluß der drei Großmächte zur *Wiedererrichtung* eines *Staates Österreich*[47] kann als ein besonders eindrucksvoller Anwendungsfall des oligarchischen Verfügungsanspruchs der Großmächte gelten, die staatliche Szenerie in Europa umzugestalten; dabei muß man wissen, daß der Staat Österreich im Jahre 1938 teilweise mit einer Tolerierung, vorwiegend aber mit dem Konsens der europäischen Mächte durch den Anschluß an das Völkerrechtssubjekt Deutschland rechtlich untergegangen war. Auch auf das *Münchener Abkommen* 1938[48] könnte in diesem Zusammenhang Bezug genommen werden. Nicht minder wäre das *sog. Potsdamer Abkommen*[49] Anschauungsmaterial für die oligarchische Rolle der Großmächte bei der Konstituierung staatlicher Zustände in Europa.

Das *Anschlußverbot* 1919 gegenüber Österreich[50], erneuert im Staatsvertrag mit Österreich 1955[51], bietet einen sehr konkreten, unserem Thema wieder näherrückenden An-

42 Vgl. *Thalmann, Hans,* Wasserrecht, Internationales, in: *Strupp/Schlochauer* (Fn. 14), Bd. 3 (1962), S. 808; *derselbe,* Nachbarrecht, zwischenstaatliches, a. a. O., Bd. 2 (1961), S. 558; *Klein, Eberhard,* Umweltschutz im völkerrechtlichen Nachbarrecht. 1976; vgl. ferner die Referate und Diskussionen der Göttinger Arbeitstagung über internationales und europäisches Recht vom 22. und 23. Nov. 1973, Umweltschutz und Internationale Wirtschaft. 1975. Auf dem Siebten Deutschen Atomrechts-Symposium, 16./17. März 1983 in Göttingen, 1983 veröffentlicht, sind speziell auf der vierten Arbeitssitzung Rechtsfragen grenznaher kerntechnischer Einrichtungen auch unter dem Gesichtspunkt des Solidaritätsprinzips (S. 211 ff.) behandelt worden.

43 Dazu *Rie, Robert,* Wiener Kongreß von 1815, in: *Strupp/Schlochauer* (Fn. 14), Bd. 3 (1962), S. 846.

44 Vgl. *v. Puttkamer, Ellinor,* Versailler Friede von 1919, in: *Strupp/Schlochauer* (Fn. 14), Bd. 3 (1962), S. 516; *Scheuba-Lischka, Helene,* Saint Germain-Friede von 1919, a. a. O., S. 151; *dieselbe,* Trianon-Friede von 1920, a. a. O., S. 457; *dieselbe,* Neuilly-Friede von 1919, a. a. O., Bd. 2 (1961), S. 582.

45 Vgl. *Rie, Robert,* Berliner Kongreß von 1878, in: *Strupp/Schlochauer* (Fn. 14), Bd. 1 (1960), S. 185.

46 Zur Moskauer Außenministerkonferenz vom 19. Oktober bis 1. November 1943 vgl. *Zieger, Gottfried,* Die Teheran-Konferenz. 1967, S. 9.

47 Hierzu vgl. *Strebel, Helmut,* Das Österreichergesetz vom Blickpunkt des Völkerrechts, ZaöRV Bd. 19 (1958), S. 483.

48 Vgl. *Schieder, Theodor,* Münchener Abkommen von 1938, in: *Strupp/Schlochauer* (Fn. 14), S. 554.

49 Vgl. *von der Heydte, Friedrich August,* Potsdamer Abkommen von 1945, a. a. O., S. 786; *Faust,* Fritz, Das Potsdamer Abkommen und seine völkerrechtliche Bedeutung. 4. Aufl. 1969.

50 Art. 80 des Friedensvertrages von Versailles, RGBl. 1919 S. 687.

51 Staatsvertrag betreffend die Wiederherstellung eines unabhängigen und demokratischen Österreich vom 15. Mai 1955, UNTS 217, S. 223. Art. 4 des Vertrages enthält das Verbot eines Anschlusses politischer oder wirtschaftlicher Art an Deutschland. Hierzu *Mock, Alois u. a.* (Hrsg.), Neue Fakten zu Staatsvertrag und Neutralität, o. J.

wendungsfall für die Begrenzung des Selbstbestimmungsrechtes durch politische Entscheidungen der Mächte in Europa, hier speziell zur Verhinderung einer staatlichen Verschmelzung mit dem Rechtssubjekt Deutschland.

Auf diesem Hintergrund ergeben sich die völkerrechtlichen Schwierigkeiten der Definition dieses konstitutiven Aktes der Neuschaffung des österreichischen Staates, die in diesem Kreise bekannt sind. *Helmut Strebel* hat hierfür den – neuen – Begriff einer *»Desannexion«* empfohlen[52]; man könnte ebenso von einem Anwendungsfall der *Adjudikation* sprechen. *Eberhard Menzel*[53] schreibt zu diesem Begriff, »daß die Adjudikation nicht nur – wie der Begriff zunächst anzudeuten scheint – im Wege der Rechtsprechung ausgeübt werden kann, sondern auch durch Entscheidungen der politischen Instanzen«. Und er fügt hinzu: »Hier tritt vor allem die Völkergemeinschaft selbst handelnd in den Vordergrund. Die großen Friedensschlüsse mit ihren entscheidenden territorialen Veränderungen . . . haben nicht nur die machtpolitische Situation der Siegermächte durch eine territoriale Schwächung der Besiegten verstärkt, sondern dienten gleichzeitig der Durchsetzung neuer Ordnungsgedanken.« *Menzel* verweist in diesem Zusammenhang auf die Idee des europäischen Gleichgewichtes, die für die territorialen Verschiebungen durch den Wiener Kongreß maßgebend gewesen sei, ferner auf den Gedanken der Herausbildung moderner Nationalstaaten auf dem Balkan als eines Anliegens des Berliner Kongresses sowie auf den Versuch, das Prinzip des Selbstbestimmungsrechtes in den Friedensverträgen nach dem Ersten Weltkrieg zu realisieren.

Mit diesen Beispielen werden diejenigen Elemente angesprochen, um deren Hervorhebung es mir geht. Hegemoniale Faktoren spielen ebenso hinein wie der Gedanke der europäischen Balance, der in der bildhaften Darstellung des »Europäischen Konzerts der Mächte« eine anschaulichere Ausprägung erfährt; denn in diesem Bilde gelangen höchst unterschiedliche Positionen der europäischen Staaten zum Ausdruck: Neben der Person des jeweiligen Dirigenten steht die des Konzertmeisters. Den ersten Geigen folgen die zweiten usw. Die Bratschen sorgen für die Untermalung. Den zarten Harfentönen tritt herausfordernd die Trompete gegenüber, und der Einsatz von Trommel und Kesselpauke kann oft über das Ergebnis der gesamten Orchesteranstrengung entscheiden. Es gibt also unterschiedlich starke und unterschiedlich einflußreiche Stimmen in diesem Mächtekonzert. Das ist ein Tatbestand, der das Völkerrecht in seiner ganzen Entwicklung bis heute begleitet. Auf unsere Ausgangsfrage hingewendet, kommt es mithin vornehmlich auf den *Konsens der Großmächte* entscheidend an, die in Europa Einfluß nehmen; doch besitzen die übrigen Staaten Europas ebenfalls ein Mitbeteiligungsrecht in dieser Konzertveranstaltung.

Bei der Behandlung unseres Konsensualgrundsatzes kann man nicht soweit gehen, diesen als ein *Vetorecht* zu begreifen. Denn damit würde das Selbstbestimmungsrecht seiner eigenen Kraft beraubt. Zweifelhaft ist es überhaupt, ob man dieses Erfordernis eines das Selbstbestimmungsrecht begleitenden Konsenses als politische oder als rechtliche Kategorie qualifizieren kann. Der Konsensgrundsatz in dem hier erörterten Sinne ist eher im *juristischen Vorraum* angesiedelt und primär politischer Natur. Es bestehen durchaus Ähnlichkeiten mit dem Phänomen des Konsenses, den wir neuerdings bei den Beschlußfassungen internationaler Gremien antreffen[54].

Letztlich geht es bei diesem vorgegebenen Konsensrahmen, der hier behandelt wird, um eine Interessenabwägung zwischen dem Anspruch der europäischen Staatenwelt auf

52 *Strebel* (Fn. 47), S. 498.

53 Gebietserwerb, in: *Strupp/Schlochauer* (Fn. 14), Bd. 1 (1960), S. 616 (621).

54 Vgl. *Zieger, Gottfried* (Fn. 41), S. 149; ferner *Schmans, Malte*, Einstimmigkeitsprinzip, Mehrheitsprinzip und Konsensverfahren auf universellen völkerrechtlichen Vertragskonferenzen. Göttinger Diss. 1984.

gesicherte Existenz einerseits und Machtveränderungen aufgrund des Selbstbestimmungsrechtes andererseits. Die Idee einer Neutralisierung Deutschlands als bewußtes Angebot, eine gesamtdeutsche Staatlichkeit – machtmäßig reduzierter – den übrigen Mitgliedern der europäischen Staatenfamilie schmackhaft zu machen, liegt durchaus in dieser Blickrichtung. Nur verkennt man leicht die Brisanz eines solchen Experimentes der Neutralisierung im Zentrum Europas und das völlige Novum der Neutralisierung eines Staates, der bis zum Ende des Zweiten Weltkrieges als europäische Großmacht anerkannt war und auch heute ungeachtet der Teilung erhebliche Anziehungskraft ausübt[55].

Wenn wir das Konsenserfordernis in der Situation der Ausübung des Selbstbestimmungsrechtes in Deutschland als Fall der Interessenabwägung begreifen, müßte es möglich sein, eine Lage zu schaffen, welche dem Sicherheitsbedürfnis der europäischen Staaten und der an Europas interessierten Großmächte Rechnung trägt *und* zugleich dem Selbstbestimmungsanspruch der deutschen Nation gerecht wird. Wenn eine solche Interessenkonkordanz geschaffen werden kann, bestünde geradezu ein »Anspruch« auf Zustimmung der Mitglieder der europäischen Staatenfamilie zu dem Akt der Konstituierung eines staatlichen Verbandes für die Deutschen. Dabei besteht gewiß Einigkeit darüber, wie schwierig es ist, fremde Interessen zuverlässig einzuschätzen und zu kanalisieren.

An diesem Punkte scheiden sich nun die Wege, differieren die Ansichten. Manche, wie etwa *Peter Bender*[56], gehen davon aus, daß eine solche Interessenkonkordanz nicht oder kaum jemals herstellbar sei. Darum legt er die Prämisse zugrunde, es bestehe die Notwendigkeit, deutsche Wünsche gegenüber europäischen Erfordernissen zurücktreten zu lassen[57]. Damit wird eine Rangordnung geschaffen, bei der deutsche Interessen als sekundär behandelt werden.

Man findet so recht schnell zu dem Resultat, die deutsche Einheit werde, sobald sie politisch angestrebt werde, mit den vorrangigen Zielen (des Friedens und der Sicherheit) Europas in Widerspruch treten. Der Frieden in Europa sowie die Annäherung der West- und Osteuropäer seien nur bei einem Entspannungsprozeß möglich. Das bedinge aber ein europäisches Gleichgewicht. Dieses setze die weitere Teilung Deutschlands voraus. *Bender*[58] fügt an dieser Stelle hinzu, das beharrliche Reden von dem Offenhalten der deutschen Frage störe die Entspannung und hemme damit eine Besserung in Europa und in Deutschland.

Einige Stimmen gehen noch einen Schritt weiter und proklamieren einen bewußten und ausdrücklichen *Verzicht* der Deutschen auf die Herstellung eines staatlich zusammengefügten Körpers. Sie wollen den Gedanken der Wiedervereinigung den Interessen der übrigen europäischen Mächte aufopfern. Auch hierzu kann man *Bender*[59] nochmals zitieren, jetzt allerdings in einem kritischen Sinne. Er schreibt: »Aber selbst wenn das rechtlich möglich wäre (sc. in aller Form auf die deutsche Einheit zu verzichten) (was es nicht ist) – es würde, zum Beispiel in Frankreich oder Polen, gar nicht geglaubt.« Das ist eine wichtige Feststellung für unser Thema.

Andere operieren mit der »kritischen Größe« eines wiedervereinigten Deutschland, einem Begriff, den *Kiesinger*[60] am 17. Juni 1967 geprägt hat. Der damalige Bundeskanzler

55 *Dahrendorf, Ralf,* Schriftliche Stellungnahme, in: Deutschlandpolitik. Öffentliche Anhörungen des Ausschusses für innerdeutsche Beziehungen des Deutschen Bundestages 1977, S. 13 (19) [Zur Sache 4/77] verweist darauf, daß die Bundesrepublik Deutschland, also das »halbe Deutschland«, heute eine größere Rolle in der Welt spiele, als sie das Deutsche Reich je innegehabt habe.

56 Das Ende des ideologischen Zeitalters. Die Europäisierung Europas. 1981.

57 A. a. O., S. 236.

58 A. a. O., S. 235.

59 A. a. O.

60 Texte zur Deutschlandpolitik. Bd. I. 13. Dez. 1966–5. Okt. 1967. 1968, S. 77 (81).

meinte damit, ein vereinigtes Deutschland sei »zu groß, um in der Balance der Kräfte keine Rolle zu spielen, und zu klein, um die Kräfte um sich herum selbst im Gleichgewicht zu halten«, und empfahl deshalb die Einbettung des Prozesses des Zusammenwachsens der getrennten Teile Deutschlands in den Prozeß der Überwindung des Ost-West-Konfliktes in Europa.

Dieser Begriff der »kritischen Größe« wird heute freilich mitunter in einem gänzlich anderen Sinne gebraucht: indem man meint, 77 Millionen Deutsche seien den europäischen Nachbarn in einem staatlichen Verbande nicht zumutbar. *Josef Becker*[61] weist in diesem Zusammenhang auf den britischen Historiker *Taylor* hin, der aus Gründen des europäischen Gleichgewichts den Deutschen eine Renaissance der Situation nach dem Wiener Kongreß 1815, d. h. die Neuauflage eines Deutschen Bundes im Sinne einer Konföderation, konzedieren möchte. Unter Berufung auf *Waldemar Besson* fügt *Becker*[62] hinzu, die Lösung der deutschen Frage im Sinne nationaler Einheit sei durch den Zweiten Weltkrieg unwiederbringlich verlorengegangen, sie sei »verspielt« worden. Er ist dann rasch dabei, den Grundvertrag als Teilungsvertrag und die KSZE-Schlußakte als Surrogat für einen Friedensvertrag mit Deutschland zu nehmen. Natürlich fehlt es auch nicht an dem Beschwören des Österreich-Modells[63].

Hinter diesen – pessimistischen – Einschätzungen der Möglichkeit, zu einer Interessenabstimmung zwischen europäischem Gleichgewicht und europäischer Sicherheit auf der einen und einer Lösung der deutschen Frage auf dem Boden des Selbstbestimmungsrechtes auf der anderen Seite zu kommen, steht zunächst eine deutliche Geringschätzung, wenn nicht sogar Mißachtung der verfassungsrechtlichen Gebote in der deutschen Frage, die *Karl Doehring*[64] in subtiler Weise gegenüber den Problemen der europäischen Integration abgewogen hat. Vor allem aber verbirgt sich hinter jenem Pessimismus letztlich die Ansicht, die deutsche Nation könne oder dürfe sich nicht mehr auf ein Selbstbestimmungsrecht berufen. Damit wird für die Deutschen ein Minderstatus, eine Ausnahmesituation, statuiert. Fast ist man versucht zu sagen, es werde mit dem Gedanken kokettiert, für Deutschland und die Deutschen müsse wieder einmal etwas anderes, etwas Besonderes gelten, durch das wir uns von unseren Nachbarstaaten abheben[65].

Vor einer solchen Denkweise kann nicht eindringlich genug gewarnt werden. Die beste Garantie für die übrigen Mitglieder der europäischen Staatenfamilie wäre es, wenn man sie davon überzeugen könnte, daß für die Deutschen nach deren Selbstverständnis nichts anderes als das europäische Maß, die europäische Norm, gelten müsse. Denn nur das Normale ist einigermaßen berechenbar. Anomales droht leicht ins Irrationale abzugleiten und dient nicht dazu, Vertrauen in die Zuverlässigkeit des deutschen Partners behutsam wachsen zu lassen, ein Vertrauensverhältnis, das – wie wir sahen – elementare Voraussetzung für das Ziel ist, europäische Gleichgewichts- und Sicherheitsbelange mit den deutschen nationalen Interessen in Übereinstimmung bringen zu können.

*Eberhard Schulz* hat sich in seinem Buch »Die deutsche Nation in Europa«[66] intensiv

61 Die Deutsche Frage als Problem des internationalen Staatensystems, Politische Studien Nr. 252/1980, S. 379 (405).

62 A. a. O., S. 410.

63 Wie etwa *Wilke, Kay-Michael,* Bundesrepublik Deutschland und Deutsche Demokratische Republik, Grundlagen und ausgewählte Probleme des gegenseitigen Verhältnisses der beiden deutschen Staaten. 1976, S. 315.

64 Die Wiedervereinigung Deutschlands und die europäische Integration als Inhalte der Präambel des Grundgesetzes, DVBl. 1979, S. 633; *derselbe,* Die Wiedervereinigung Deutschlands und die europäische Integration, NJW 1982, S. 2209.

65 Vgl. *Sontheimer* (Fn. 1), der vor einem »Sonderwegsyndrom« warnt.

66 Fn. 1.

mit dieser Interessensituation befaßt. Vor allem hat er die Stimmen und Stimmungen in Frankreich[67] und in Polen[68] zur Frage einer deutschen Wiedervereinigung analysiert. Bei ihm überwiegen die kritischen Stimmen. Sie schwanken zwischen der Sorge vor der ökonomischen Hegemonie eines wiedervereinigten Deutschland in Europa und seiner Hinwendung zur östlichen Großmacht, um den Faden zu den Deutschen in der DDR nicht zu verlieren.

Wir wissen selbst aus dem internationalen Meinungsspektrum zur deutschen Frage, daß es solche Sorgen und Überlegungen aus nationalem Sicherheitsbedürfnis gibt. Doch gerade in den letzten Jahren, in denen man in Deutschland eine verstärkte Beschäftigung der Deutschen mit ihrer nationalen Frage sorgsam konstatieren konnte, haben namhafte westliche Politiker wie der französische Außenminister *François-Poncet*[69], die Franzosen *Gaston-Georges Delor*[70], *Jacques Guilleme Brulon*[71] oder *Sanguinetti*[72] erklärt, der Westen müsse sich der Kernfragen der Deutschen und Deutschlands zuwenden, damit die deutsche Frage nicht den Lockrufen eines ideologisch untermauerten extremen Nationalismus überlassen bleibe, die leicht vom Osten her kommen könnten. Wir erkennen in diesen Äußerungen die Wirkungskraft der ständigen Diskussion des Themas der offenen deutschen Frage – ganz im Gegensatz zu dem Ergebnis, das *Peter Bender* daraus ziehen möchte.

Die angelsächsische und die französische Diplomatie kennen zudem die völkerrechtlichen Zusagen und Verpflichtungen aus dem Deutschlandvertrag[73], insbesondere seine Art. 2 und 7, und zwar in dessen beiden Absätzen, also jene Festlegung, eine friedensvertragliche Regelung für ganz Deutschland zu schaffen, für ein wiedervereinigtes Deutschland, das eine freiheitlich-demokratische Verfassung ähnlich wie die Bundesrepublik Deutschland besitzt und das in die europäische Gemeinschaft integriert ist. Darüber hinaus weiß die politische Klugheit von Franzosen und Angelsachsen, daß jenseits aller juristischen Formeln es letztlich das ureigenste Interesse der Westmächte sein muß, den anomalen Zustand der deutschen Teilung im Zentrum Europas zu beseitigen. Erst wenn die legitimen Interessen *aller* Mitglieder der europäischen Staatenfamilie befriedigt worden sind, kann von einer wirklichen Sicherheit und echten Friedensordnung gesprochen werden.

Was die polnische Interessenlage anbelangt, so gibt es auch hier schon vereinzelte Stimmen[74], die reale Sicherheiten für die polnische Westgrenze erst dann für gegeben halten, wenn der deutsche Nachbar nicht unter Ausnahmeregime gehalten, sondern wenn ihm dasselbe Recht der Selbstbestimmung zugute gehalten wird, das Polen selbst gegenüber

67 A. a. O., S. 135.

68 A. a. O., S. 142.

69 Im Mai 1979 vor der Französischen Nationalversammlung, vgl. *Czaja, Herbert,* in der Aussprache zum Bericht der Bundesregierung über die Lage der Nation, BT–PlPr 08/154 (17. Mai 1979), S. 12 332 D. Vgl. auch die Erklärung des amerikanischen Staatssekretärs *Shultz* bei der Eröffnung der Konferenz über Vertrauensbildung und Abrüstung in Europa (KVAE) am 17. Januar 1984 in Stockholm, das Ziel der Entspannungspolitik sei die Überwindung der Teilung Deutschlands und Europas, Archiv der Gegenwart vom 17. Januar 1984, S. 27 339 A (27 340).

70 In einem Leserbrief in der Pariser Zeitung »Le Monde« vom 13. Sept. 1978.

71 In »Le Figaro« vom 28. Sept. 1978.

72 Ehemals gaullistischer Minister vor der Auslandspresse in Paris, Nachrichtenspiegel I vom 20. Februar 1979. Vgl. auch den Bericht von *O'Brien, Conor Cruis* in »The Observer« vom 4. März 1979 über die Tagung des Aspen-Instituts.

73 Vom 26. Mai 1952 i. d. F. vom 23. Oktober 1954, BGBl. 1955 II S. 301.

74 Vgl. beispielsweise *Mooshütter, Xaver,* Polens Nachbar im Westen: Deutschland, Osteuropa 1979, S. 137; Polen und Deutschland. Gedanken polnischer Oppositioneller zur deutschen Wiedervereinigung, Osteuropa-Archiv 1979, A 101.

den anderen Mitgliedern der europäischen Staatengemeinschaft in Anspruch genommen hat. Auch hier kann man die Überlegungen dieser polnischen Stimmen durch das völkerrechtliche Kalkül absichern: Die Ostverträge haben keine Grenzanerkennung de jure gebracht und auch nicht bringen können[75]. Die polnische Diplomatie weiß dies, sie korrigiert indessen nicht die anderslautenden Stimmen, die in die Öffentlichkeit gerichtet werden. Eine de jure-Grenze Polens im Westen kann erst der gesamtdeutsche Souverän völkerrechtlich wirksam besiegeln, klassischerweise in einem Friedensvertrag[76]. Insofern sollte es auch wohlverstandenem polnischen Interesse entsprechen, sich für die Beseitigung der Spaltung Deutschlands auszusprechen, jedenfalls diesem Prozeß nicht den Konsens zu verweigern.

Wenn wir unter Europa *Westeuropa* verstehen, dann kann man zunächst sagen, daß es die konsequente Politik der Bundesregierung bewirkt, aber auch das Verständnis der westeuropäischen Staaten zugelassen hat, den Eintritt der Bundesrepublik Deutschland in die Integrationsmechanismen des Gemeinsamen Marktes in keinem Fall zu Lasten einer Lösung der deutschen Frage vorzunehmen. Die offene deutsche Frage ist durch die Mitgliedschaft der Bundesrepublik Deutschland in den westlichen Bündnissystemen sowie in den Europäischen Gemeinschaften nicht geschlossen worden[77]. Vielmehr besitzen diese völkerrechtlich verdichteten Staatenverbindungen eine Offenhaltungsklausel, die der deutschen nationalen Situation Rechnung trägt[78]. Es ist bemerkenswert, daß die übrigen Vertragspartner zu diesen zum Teil einschneidenden Konzessionen bereit gewesen sind: letztlich aus Verständnis für die deutsche Situation. In diesen Offenhaltungsklauseln spiegelt sich also effektiv bereits etwas von dem Konsens der westeuropäischen Staaten und Großmächte wider, von dem ich gesprochen habe. Wir können dieser Feststellung den Satz anschließen, daß die Schaffung einer organisierten Staatenverbindung am sichersten die gegenseitige Konsenszusage verbürgt.

Es gibt eine Vielzahl von Modellen für das Voranschreiten der europäischen Integration, die bei ihrer Verwirklichung an dieser Offenhaltungspolitik nichts ändern dürfen; auch bei ihnen muß die Öffnung für eine Lösung der deutschen Frage gewährleistet sein.

Auf einem solchen Wege läßt sich aber lediglich der Konsens des westlichen Europa erreichen. Der Führer der britischen Labour Party, *Kinnock*[79], hat dieser Tage die Einbeziehung der osteuropäischen Staaten in die Europäischen Gemeinschaften vorgeschlagen. Er hat eine neue Konferenz von Messina empfohlen, die seinerzeit zu den Römischen Verträgen geführt hat. *Kinnock* wünscht sich die Schaffung einer »wirklichen Gemeinschaft Europas . . ., frei von der Marktwirtschafts-Philosophie des Vertrages von Rom oder den Direktiven einer Brüsseler Bürokratie«. In der Presse wird vermutet, dieser Vorschlag stelle einen Versuch der Labour Party dar, den proklamierten Austritt des Vereinigten Königreiches aus der Europäischen Gemeinschaft zu kaschieren und in der eige-

75 Vgl. *Klein, Eckart,* Die territoriale Reichweite des Wiedervereinigungsgebotes, 1979, S. 14; *Geiger, Rudolf,* Zur Rechtslage Deutschlands, NJW 1983, S. 2302 (2303); BVerfGE 40, S. 141 (172).

76 So die Position der Bundesregierung, vgl. *Windelen, Heinrich,* in: Das Wiedervereinigungsgebot des Grundgesetzes, Rede (gekürzt) vom 6. Mai 1983, in: Beiträge zur Deutschlandpolitik.

77 *Fiedler* (Fn. 23), S. 54; *Dahrendorf* (Fn. 55), S. 17.

78 Vgl. *Dagtoglou, Prodromos,* Recht auf Rücktritt von den römischen Verträgen?, Fs. *Ernst Forsthoff.* 1972, S. 77 (90); *Doehring, Karl,* Die Wiedervereinigung Deutschlands und die europäische Integration als Inhalte der Präambel des Grundgesetzes (Fn. 64), S. 637. Zu Unrecht zweifelt *Mattfeld, Antje,* Modelle einer Normalisierung zwischen den beiden deutschen Staaten. Eine rechtliche Betrachtung. 1973, S. 164 ff. daran, daß der Abschluß des Grundlagenvertrages die Beibehaltung dieses deutschen Sonderstatus ermögliche.

79 Frankfurter Allgemeine Zeitung vom 22. Februar 1984, S. 6.

nen Partei Stimmung für die bevorstehenden Europa-Wahlen zu machen. – Auf jeden Fall wäre dieser Vorschlag einer von vielen möglichen Wegen, zu einer Konkordanz der Interessen in Ost- und Westeuropa zu gelangen, der einen Konsens in der deutschen Frage einschließen könnte.

Sehr wirklichkeitsnah mutet dieser Vorschlag allerdings nicht an, weil er von einer Amalgamierung zweier konträrer wirtschaftlicher Systeme ausgeht. Dieser Gedanke ist darum wohl zu einfach und wenig realistisch.

Der Weg zur Erreichung einer Interessenabstimmung zwischen Ost- und Westeuropa auf der einen und den Vorstellungen und Zielen der Deutschen auf der anderen Seite wird viel beschwerlicher und mühevoller sein. *Peter Bender* – um ihn nochmals zu zitieren – hat sein 1981 herausgekommenes Buch »Das Ende des ideologischen Zeitalters«[80] genannt, mit dem Untertitel: »Die Europäisierung Europas«. Er hat das richtige Gespür, daß die östliche Ideologie, die das politische Machtstreben Rußlands legitimieren soll, den Zenit längst überschritten hat und im Verblassen ist. Der Marxist, der geschult wird, die Realität, die materialisierte Existenz zum Prüfstein für das Denken zu machen, muß mit jeder nachwachsenden, von der Kenntnis früherer Zeiten abgeschnittenen neuen Generation in zunehmende Zweifel gestürzt werden, ob der Fortschritt, d. h. die höhere Produktivität, im sowjetischen System überhaupt begründbar ist oder ob nicht dieses System hoffnungslos der marktwirtschaftlichen Ordnung hinterherhinkt. Die sich ausbreitenden Kommunikationsmöglichkeiten rund um den Erdball, die wachsenden zeitlichen Freiräume zum eigenen Nachdenken und nicht zuletzt eigene Anschauungen durch Sport, Tourismus, Messen, Mode und den ganzen sonstigen Einfluß infolge wirtschaftlicher und wissenschaftlicher Verzahnung werden die Lippenbekenntnisse der Ideologieformeln bald zum Verstummen bringen. Wir stehen mitten in diesem Prozeß, den erst die nachfolgende Generation ex post zutreffend erkennen und einschätzen kann. Zerfällt aber die Ideologie als Bindemittel für die sowjetische Herrschaftsausübung in Mittel- und Osteuropa[81], dann wird der Charakter dieser nackten Machtausübung auch der Weltöffentlichkeit nicht mehr zu verbergen sein.

Wir haben in diesem Jahrhundert eindrucksvolles Anschauungsmaterial für den teils freiwilligen, teils unfreiwilligen Abbau imperialistischer Machtpositionen. Im British Empire ist man – nicht immer besonders freudig – durchweg den Weg nachgebender Freiwilligkeit gegangen und hat sich dadurch fast überall Sympathien, Kontakte und Märkte bewahrt. Demgegenüber haben die Franzosen ihr Kolonialreich gegen die erwachenden Strömungen des Selbstbestimmungsrechtes gewaltsam beizubehalten gesucht. Indochina und Algerien sind Kennworte hierfür. Schließlich hat aber auch in Frankreich – vgl. Algerien – die Einsicht Raum gewonnen, daß es à la longue besser ist, Unterdrückung mit Hilfe von Militär und Fremdenlegion durch Kooperation abzulösen. Bei der Liquidierung der Reste des lusitanischen Reiches hat man vergleichbare Erfahrungen erwerben können. Eine wohl immer jenseits des üblichen Rentneralters lebende Führungsschicht im Politbüro der östlichen Großmacht wird zum konservativen Denken neigen. Doch wie soll die polnische Frage, wie soll die zunehmende Unruhe im osteuropäischen Vorfeld der UdSSR auf die Dauer gebändigt werden, wenn periodische Gewaltaktionen vor dem kritischer werdenden Weltgewissen – der öffentlichen Meinung auch in der Dritten Welt – einfach nicht mehr stattfinden können. Die sowjetische Haltung gegenüber Polen weist bereits in diese Richtung.

80 1981.

81 Vgl. ähnlich *Craig, Gordon A./Alexander L. George,* Zwischen Krieg und Frieden. Konfliktlösung in Geschichte und Gegenwart. 1984, S. 167.

Man hat im sowjetischen Machtbereich mit einer zeitlichen Phasenverschiebung die Integrationsvorgänge im wirtschaftlichen wie im militärischen Bereich sämtlich nachvollzogen, soweit sie in dem eigenen starren System nachvollziehbar waren. Auch der Gedanke, der die westeuropäische Integration trägt, daß *partnerschaftliche Bande* zwar viel schwieriger zu handhaben sind als Machtausübung durch Kommando und obrigkeitliche Anweisung, daß sie aber dauerhafter, zuverlässiger und effektiver sind, gehört zu diesem westeuropäischen Erfahrungsschatz, der auf Rezeption wartet. Wenn ich nicht irre, ist auf dem Gebiete der wirtschaftlichen Integration im Rat für gegenseitige Wirtschaftshilfe (RGW) dieser Prozeß bereits in Gang gekommen[82]. Im politischen Bereich steht er noch aus.

Die sowjetische Fremdbestimmung in Mittel- und Osteuropa läßt sich nicht auf unabsehbare Zeit gegen den Willen der ihrer Geschichte nach zu Westeuropa hin orientierten Nationen fortsetzen. Einer klugen sowjetischen Politik müßte es möglich sein, der östlichen Großmacht zu der Selbsterkenntnis zu verhelfen, daß das Selbstbestimmungsrecht, das in den Ländern der Dritten Welt nach 1945 die politische Landkarte verändert hat, auch für die Völker in Mittel- und Osteuropa auf Verwirklichung drängt. Die immer bewußter werdende internationale Bewegung zum Schutze der Menschenrechte wird es in unserem ausgehenden Jahrhundert nicht mehr lange zulassen, Millionen von Menschen unter fremdbestimmter Herrschaft und Gewalt zu halten und zu bevormunden. Ein Gefühl echter Sicherheit – auch im Blick auf die sich andeutende Verschiebung der globalen Machtgewichte nach Asien und dem Fernen Osten – wird man im Kreml so lange nicht haben können, wie die vor der russischen Tür liegenden Staaten – von den eigenen Völkerschaften ganz zu schweigen – nur mit militärischer Macht und mit den Instrumenten der Geheimpolizei in Botmäßigkeit gehalten werden können. Das ausschließliche Denken der sowjetischen Führung in militärischen Kategorien wird nicht durchzuhalten sein, wenn der ökonomische Fundus für eine Weltmachtstellung nicht nachwachsen kann.

Es geht letztlich darum, die westeuropäische Erfahrung, die speziell die deutsch-französische Beziehung charakterisiert, daß Kooperation und Integration auf der Basis der Gleichberechtigung und normierter Gerechtigkeit die allein angemessenen Mittel des Zusammenlebens im westlichen Teile Europas nach 1945 geworden sind, auf ganz Europa zu übertragen. Auf diesem Wege wird – wie dies schon 1967 im *Harmel*-Bericht[83] in erstaunlicher Klarheit erkannt worden ist – eine Annäherung der Interessenlage auch in der deutschen Frage möglich sein.

Wenn eingangs die politische Bühne Europas als eine starr gewordene Szenerie bezeichnet wurde, auf der Handlungsabläufe nicht mehr zustande kommen, so läßt sich doch zunehmend die Neigung feststellen, miteinander zu sprechen. Der gegenseitige Wirtschaftsaustausch hat sich belebt, und man beginnt auch sonst mancherlei Verhandlungen und verbindet sie mit einer Besuchsdiplomatie. Nur das eigentliche politische Gespräch ist noch karg, man bewegt sich sehr langsam aufeinander zu. Auch die nationale Frage bricht sich in Deutschland schrittweise Bahn. Darum müssen wir nach innen und nach außen auch stets im Gespräch über die offene deutsche Problematik bleiben. Dazu zählt

82 Vgl. *Zieger, Gottfried,* Rechtsgrundlagen der Außenbeziehungen des RGW, in: Rechtliche und wirtschaftliche Beziehungen zwischen den Integrationsräumen in West- und Osteuropa. 1980, S. 41.

83 Europa-Archiv, Kommuniqué über die Ministertagung des Nordatlantikrats vom 13.–14. Dezember 1967 in Brüssel mit Anhang: Bericht des Rats über die künftigen Aufgaben der Allianz, Europa-Archiv 1968 D 73 (D 75). Dazu *Gradl, Johann Baptist,* Friedenspolitik und deutsche Frage, Politik und Kultur 1983, Heft 3, S. 57 (60).

das Bewußtsein, daß die Deutschlandfrage im europäischen Rahmen lösbar ist[84]; erst das würde die Rückkehr zu wirklicher Normalität eröffnen. So wie die Spaltung Deutschlands einherging mit der Trennung Europas durch den eisernen Vorhang, wird eine Lösung der deutschen Frage nur stattfinden können, wenn sie eingebettet wird in den Prozeß einer Aufhebung der Teilung Europas und der Schaffung eines Ost- und Westeuropa umspannenden europäischen Koordinatensystems.

Diese Prognose setzt nur eines voraus: Politische Wachheit und vor allem Geduld. *Bismarck*[85] hat sie als »unerläßliches Requisit des Staatsmannes« bezeichnet.

[84] Vgl. hierzu *Everling, Ulrich,* Die Bundesrepublik Deutschland in der Europäischen Gemeinschaft – ihre Rolle in den siebziger Jahren und an der Schwelle der achtziger Jahre –, in: Das Europa der zweiten Generation. Gedächtnisschrift für *Christoph Sasse.* Bd. I. 1981, S. 35.

[85] *Hofmann, Hermann,* Fürst Bismarck 1890–1898, Bd. 1, 1913, S. 124.

Christoph Schreuer

# Der Einfluß des staatlichen Rechts auf die Auslegung völkerrechtlicher Verträge

## I. Einleitung

Mit dem Abschluß eines völkerrechtlichen Vertrages ist die mit dem Vertrag einhergehende Rechtsentwicklung noch keineswegs abgeschlossen. Die Anwendung und die dabei notwendige Auslegung des Vertrages bedingen einen ständigen Entwicklungsprozeß, der bei Abschluß des Vertrages oft schwer vorhersehbar ist.[1] Idealerweise wird sich dieser Entwicklungsprozeß im Einvernehmen oder doch unter Mitwirkung aller oder mehrerer Vertragspartner abspielen. Die Erfahrung hat jedoch gezeigt, daß bei der Anwendung gleichlautender Bestimmungen in verschiedenen Staaten durchaus die Gefahr eines Auseinanderklaffens der Interpretation besteht.[2] Diese Gefahr der divergierenden Entwicklung bei der Auslegung besteht vor allem bei solchen Verträgen, welche bei ihrer Anwendung nicht dem unmittelbaren Regulativ der Reziprozität zwischen den Vertragsparteien unterliegen. Dies ist insbesondere bei Verträgen der Fall, welche sich mit der Rechtsstellung von Einzelnen und Unternehmern befassen, also etwa Menschenrechtsschutz, Wirtschaftsrecht, Rechtsvereinheitlichung und dgl. Ein sehr wesentlicher Grund für diese Tendenz zur divergierenden Auslegung liegt im Einfluß des örtlichen staatlichen Rechts. Der Einfluß des staatlichen Rechts bei der Auslegung völkerrechtlicher Verträge beruht dabei im wesentlichen auf zwei Umständen: Einerseits sind die zur Auslegung berufenen Organe sehr häufig vom staatlichen Recht geschaffene Entscheidungsträger, also etwa Gerichte, Exekutivorgane, allenfalls auch der Gesetzgeber. Zum anderen zeigt der materielle Vertragsinhalt häufig enge Verbindungen zu staatlichem Recht, also etwa internationaler Menschenrechtsschutz und staatliche Grundrechte, Auslieferungsverträge und Strafrecht, Doppelbesteuerungsverträge und Steuerrecht usw. Sehr häufig treffen sowohl der organisatorische als auch der materielle Gesichtspunkt bei der Vertragsanwendung zusammen.

Die Einsicht in die Gefahr, den vereinheitlichenden Effekt völkerrechtlicher Verträge durch unterschiedliche Auslegungen zu verlieren, ist selbstverständlich keine neue Erkenntnis. Man hat dieses Phänomen auch bereits in bestimmten Bereichen sehr erfolgreich bekämpft. Die wirksamste Methode ist die Errichtung internationaler Entscheidungsorgane, deren Aufgabe es unter anderem ist, die Tätigkeit staatlicher Anwendungs- und Auslegungsorgane zu lenken und zu koordinieren. Hierher gehören selbstverständlich die Überwachungsorgane der Europäischen Menschenrechtskonvention, also Menschenrechtskommission, Gerichtshof und Ministerkomitee, aber auch und vor allem der Gerichtshof der Europäischen Gemeinschaften, dessen Vorabentscheidungsbefugnis in diesem Bereich ganz außerordentlich erfolgreich ist.

[1] Grundlegend dazu *Karl*, Vertrag und spätere Praxis im Völkerrecht (1983).

[2] Vgl. *Schreuer*, The Interpretation of Treaties by Domestic Courts, *BYIL* 45 (1971), S. 255, 264 m. w. H.

In jenen Bereichen, in denen derartige organisatorische Vorkehrungen fehlen, verbleibt nur die Rückbesinnung auf gewisse methodische Fragen der Vertragsauslegung. Ein Blick auf die einschlägigen Bestimmungen der Wiener Vertragsrechtskonvention (WVK), also Art. 31 und 32[3], zeigt keinen Hinweis auf eine Auslegung im Lichte oder Zusammenhang des staatlichen Rechts der Mitgliedstaaten. Es ist dort die Rede von Treu und Glauben, von der gewöhnlichen Bedeutung und von Ziel und Zweck sowie von Nebenübereinkünften, Urkunden, späterer Übung und dem allgemeinen Völkerrecht. Selbst vorbereitende Arbeiten und Umstände des Vertragsabschlusses sollen nur ausnahmsweise als ergänzende Auslegungsmittel herangezogen werden. Schon diese Aufzählung spricht sehr gegen die Legitimität der Einbeziehung staatsrechtlicher Gesichtspunkte bei der Auslegung. Dazu kommt noch die Bestimmung des Art. 27[4], wonach sich eine Vertragspartei nicht auf ihr innerstaatliches Recht berufen kann, um die Nichterfüllung eines Vertrages zu rechtfertigen. Wenngleich sich diese Bestimmung auf die Nichterfüllung bezieht, wird man ihr doch auch bezüglich der Auslegung einiges abgewinnen können. Sie bedeutet nun nicht, daß die Berücksichtigung staatlichen Rechts bei der Auslegung jedenfalls verboten ist. Es scheint aber klar zu sein, daß der anderen Streitpartei bei der Anwendung des Vertrages das eigene staatliche Recht nicht entgegengehalten werden kann. Mit anderen Worten: Eine allfällige Berücksichtigung staatlichen Rechts bei der Auslegung muß jedenfalls im Rahmen einer völkerrechtlich annehmbaren Auslegung bleiben. Schließlich spricht auch der Art. 46 WVK[5] noch die Problematik der Beziehung

[3] *Art. 31. Allgemeine Auslegungsregel*
(1) Ein Vertrag ist nach Treu und Glauben in Übereinstimmung mit der gewöhnlichen, seinen Bestimmungen in ihrem Zusammenhang zukommenden Bedeutung und im Lichte seines Zieles und Zweckes auszulegen.
(2) Für die Auslegung eines Vertrags bedeutet der Zusammenhang außer dem Vertragswortlaut samt Präambel und Anlagen
a) jede sich auf den Vertrag beziehende Übereinkunft, die zwischen allen Vertragsparteien anläßlich des Vertragsabschlusses getroffen wurde;
b) jede Urkunde, die von einer oder mehreren Vertragsparteien anläßlich des Vertragsabschlusses abgefaßt und von den anderen Vertragsparteien als eine sich auf den Vertrag beziehende Urkunde angenommen wurde.
(3) Außer dem Zusammenhang sind in gleicher Weise zu berücksichtigen
a) jede spätere Übereinkunft zwischen den Vertragsparteien über die Auslegung des Vertrags oder die Anwendung seiner Bestimmungen;
b) jede spätere Übung bei der Anwendung des Vertrags, aus der die Übereinstimmung der Vertragsparteien über seine Auslegung hervorgeht;
c) jeder in den Beziehungen zwischen den Vertragsparteien anwendbarer einschlägiger Völkerrechtssatz.
(4) Eine besondere Bedeutung ist einem Ausdruck beizulegen, wenn feststeht, daß die Vertragsparteien dies beabsichtigt haben.

*Art. 32. Ergänzende Auslegungsmittel*
Ergänzende Auslegungsmittel, insbesondere die vorbereitenden Arbeiten und die Umstände des Vertragsabschlusses, können herangezogen werden, um die sich unter Anwendung des Artikels 31 ergebende Bedeutung zu bestätigen oder die Bedeutung zu bestimmen, wenn die Auslegung nach Artikel 31
a) die Bedeutung mehrdeutig oder dunkel läßt oder
b) zu einem offensichtlich sinnwidrigen oder unvernünftigen Ergebnis führt.

[4] *Art. 27. Innerstaatliches Recht und Einhaltung von Verträgen*
Eine Vertragspartei kann sich nicht auf ihr innerstaatliches Recht berufen, um die Nichterfüllung eines Vertrags zu rechtfertigen. Diese Bestimmung läßt Artikel 46 unberührt.

[5] *Art. 46. Innerstaatliche Bestimmungen über die Zuständigkeit zum Abschluß von Verträgen*
(1) Ein Staat kann sich nicht darauf berufen, daß seine Zustimmung, durch einen Vertrag gebunden zu sein, unter Verletzung einer Bestimmung seines innerstaatlichen Rechts über die Zuständigkeit

zum staatlichen Recht an. Er bestimmt allerdings lediglich, daß ein Staat sich nur dann darauf berufen kann, daß seine Unterwerfung unter einen Vertrag unter Verletzung seines innerstaatlichen Rechts über die Zuständigkeit zum Abschluß von Verträgen zustande gekommen und daher ungültig sei, sofern diese Verletzung offenkundig war und eine innerstaatliche Rechtsvorschrift von grundlegender Bedeutung betraf. Ob aus dieser Bestimmung etwas zur Frage der Auslegung, allenfalls über einen Analogieschluß, gewonnen werden kann, ist sehr fraglich.[6]

Aber nun zur Praxis. Wie groß ist der Einfluß des staatlichen Rechts auf die Auslegung völkerrechtlicher Verträge tatsächlich in den einzelnen Entscheidungen? Läßt sich ein solcher Einfluß in der Tätigkeit staatlicher Gerichte und sonstiger Entscheidungsorgane, ja allenfalls sogar in der Tätigkeit internationaler Entscheidungsorgane, nachweisen? Bevor man sich auf eine Analyse der einschlägigen Entscheidungspraxis einläßt, sollte man sich allerdings durchaus im klaren sein, daß eine zu vordergründige Betrachtung der Entscheidungsbegründungen eine gewisse Gefahr mit sich bringt. Es ist kein sehr großes Geheimnis, daß gerade staatliche Gerichte nicht immer nur von jenen Gesichtspunkten motiviert sind, welche in der Entscheidungsbegründung ausgeführt sind. Juristisch geschulte Ausleger haben eine verständliche Neigung, ihre Entscheidungen mit Hilfe der akzeptierten Methoden zu begründen und zu untermauern. Ob das Ergebnis allerdings tatsächlich auf der teleologischen, der textorientierten oder der systematischen Auslegungsmethode beruht, welche in der Begründung angeführt wird, ist aber eine andere Frage. Gerade angesichts der unübersichtlichen Methodenfrage bei der Auslegung völkerrechtlicher Verträge ist diese Gefahr des Auseinanderklaffens zwischen Begründung und wahrer Motivation besonders groß. Daraus sollte keineswegs die Schlußfolgerung gezogen werden, daß die Analyse von Entscheidungsbegründungen zur Auslegung völkerrechtlicher Verträge wertlos ist. Man sollte lediglich das Objekt der Untersuchung vorsichtig auf andere mögliche Motive, die sich aus der Entscheidungssituation ergeben, erweitern. Dies gilt ganz besonders dort, wo wichtige internationale Interessen, aber auch rechtspolitische Positionen des Forumstaates eine Rolle spielen.

Die folgenden Betrachtungen zum Einfluß des staatlichen Rechts auf die Vertragsinterpretation setzen sich zunächst mit der grundsätzlichen Frage der Anwendung völkerrechtlicher oder staatsrechtlicher Auslegungsmethoden auf diese Verträge auseinander. Sodann ist kurz auf die Sprachenfrage in diesem Zusammenhang einzugehen. Ein weiterer Gesichtspunkt ist die staatsrechtskonforme, insbesondere verfassungskonforme Auslegung völkerrechtlicher Verträge. Schließlich ist auch noch auf die Frage einzugehen, wie aus dem staatlichen Recht bekannte einzelne Begriffe und Grundsätze, welche sich in völkerrechtlichen Verträgen wiederfinden, auszulegen sind.

## II. Zur Auslegungsmethode für transformierte Verträge

Das Problem, ob transformierte Verträge innerstaatlich nach Gesichtspunkten der Gesetzesinterpretation oder nach den Grundsätzen der völkerrechtlichen Vertragsinterpretation auszulegen sind, ergibt sich vor allem dort, wo die Transformation wie in der Bundes-

zum Abschluß von Verträgen ausgedrückt wurde und daher ungültig sei, sofern nicht die Verletzung offenkundig war und eine innerstaatliche Rechtsvorschrift von grundlegender Bedeutung betraf.
(2) Eine Verletzung ist offenkundig, wenn sie für jeden Staat, der sich hierbei im Einklang mit der allgemeinen Übung und nach Treu und Glauben verhält, objektiv erkennbar ist.

6 Siehe dazu auch unten Text zu Anm. 53 ff.

republik Deutschland durch die Erlassung eines förmlichen Gesetzes erfolgt.[7] Für die Vollzugslehre, die ja im Vertragsgesetz nur einen Anwendungsbefehl für den Vertrag sieht, dessen internationaler Charakter dadurch aber nicht berührt wird, ist es selbstverständlich, eine Interpretation nach völkerrechtlichen Gesichtspunkten zu fordern. Aber auch die Transformationstheorie kommt überwiegend nicht zum Ergebnis, daß für die Auslegung völkerrechtlicher Verträge die Grundsätze der innerstaatlichen Gesetzauslegung zu gelten hätten. Meist wird fingiert, das völkerrechtliche Umfeld und damit die völkerrechtskonforme Auslegung sei mit dem Vertragstext mittransformiert. Allerdings erscheint dieser Erklärungsversuch nicht ganz unproblematisch, da er kaum imstande ist, spätere Entwicklungen, etwa internationale und ausländische Praxis und Judikatur zum Vertrag, zu erfassen und so leicht zu einer Versteinerung der Auslegung mit dem Datum des Vertragsabschlusses führt.

Eine Untersuchung der deutschen, vor allem höchstgerichtlichen Entscheidungspraxis zeigt ganz deutlich, daß sich die Auslegung nach völkerrechtlichen Gesichtspunkten durchgesetzt hat. In den meisten Fällen erscheint dies den Gerichten so selbstverständlich, daß die Frage gar nicht ausdrücklich diskutiert wird. Es werden die Vorarbeiten, die vermutete Parteienabsicht oder andere typische völkerrechtliche Auslegungsgesichtspunkte berücksichtigt.[8] Im Champagner-Weizenbier-Fall hat der Bundesgerichtshof diesen Standpunkt im Jahre 1969 folgendermaßen umschrieben:

> Der vorliegende Staatsvertrag ist durch das Gesetz vom 21. Januar 1961 innerstaatliches Recht geworden (Art. 59 Abs. 2 GG). Staatsverträge verlieren durch ihre Transformierung in das innerstaatliche Recht nicht ihre Eigenschaft als Vertrag zwischen Staaten. Der doppelte Charakter des Zustimmungsgesetzes nach Art. 59 Abs. 2 GG, nämlich als Ermächtigung zum endgültigen Abschluß des Staatsvertrages und als Einverleibung seiner Regelung in das innerstaatliche Recht . . ., bedingt vielmehr in bezug auf den Staatsvertrag die Anwendung besonderer Auslegungsgrundsätze, die sich nicht völlig mit den bei der Auslegung innerstaatlicher Gesetze zu beachtenden Grundsätzen decken.[9]

Dennoch gibt es vereinzelte Entscheidungen, welche nicht dieser internationalistischen Einstellung gefolgt sind. Hier fällt vor allem eine Gruppe von Entscheidungen des Bundesgerichtshofs[10] und des Bundesverwaltungsgerichts[11] zum Londoner Schuldenabkommen[12] auf. Nach Art. 5 dieses Abkommens wurden Forderungen ausländischer Staaten und Staatsangehöriger gegen Deutschland, die mit dem 2. Weltkrieg in Zusammenhang stehen, einem Moratorium unterworfen. Der Bundesgerichtshof und das Bundesverwaltungsgericht legten diese Bestimmung in der Folge befremdlicherweise wie gesetzliche Bestimmungen allgemeiner Natur aus. Daraus folgte, daß selbst Klagen von Ausländern aus Staaten, die nicht Partei des Londoner Schuldenabkommens waren, abgewiesen wurden. Angesichts der sonst durchaus völkerrechtsoffenen Haltung deutscher Gerichte bei

7 Dazu insbes. *Partsch,* Die Anwendung des Völkerrechts im innerstaatlichen Recht, Berichte der Deutschen Gesellschaft für Völkerrecht 6 (1964), S. 111 f.; *Boehmer,* Der völkerrechtliche Vertrag im deutschen Recht (1965), S. 88 ff.; *Rudolf,* Völkerrecht und deutsches Recht (1967), S. 219; *Bleckmann,* Grundgesetz und Völkerrecht (1975), S. 288; *Mann,* Zur Wirkung des Zustimmungsgesetzes nach Artikel 59 Abs. 2 des Grundgesetzes, Jahrb. IR 18 (1975), 373, 378 f.

8 Siehe etwa RGZ 104, 352; RGZ 106, 56; RGZ 114, 188; RGZ 117, 286; RGZ 130, 220; RGZ 137, 1; RGZ 140, 353; RGZ 142, 241; BVerfGE 4, 168; BGH NJW 1963, 1744; BGHSt. 10, 221; BGHSt. 12, 36. Vgl. auch *Mosler,* Das Völkerrecht in der Praxis der deutschen Gerichte (1957), S. 25 ff.

9 BGHZ 52, 216 [219].

10 BGHZ 16, 207; WM 1963, 372; WM 1973, 871.

11 BVerwGE 35, 262.

12 BGBl. 1953 II, 333.

der Auslegung völkerrechtlicher Verträge drängt sich der Verdacht auf, daß diese Fälle nicht so sehr von rechtstheoretischen Überlegungen als vom erwünschten Ergebnis beeinflußt waren. Es ist zu hoffen, aber auch zu erwarten, daß es sich dabei um Einzelerscheinungen gehandelt hat.[13]

In der Schweiz und in Österreich erfolgt die parlamentarische Zustimmung und Inkorporation völkerrechtlicher Verträge nicht durch Gesetz, sondern durch einen Genehmigungsakt eigener Art, zusammen mit der anschließenden Kundmachung des Vertrages.[14] Hier stellt sich die Problematik der nationalen oder internationalen Interpretationsmethode etwas anders. Das heißt, eine Auslegungsmethode, wie sie auch der deutschen Vollzugslehre entspricht, liegt von vornherein näher.[15]

Die Frage der Auslegungsmethode ist besonders akut in Ländern wie Großbritannien, wo einerseits die Exekutive selbständig Verträge abschließt, andererseits die Anpassung des staatlichen Rechts an die daraus erwachsenden völkerrechtlichen Verpflichtungen durch Erlassung gewöhnlicher staatlicher Gesetze erfolgt.[16] Diese Anpassung erfolgt überdies nicht immer, sondern nur dort, wo sie für nötig gehalten wird.[17] Prominentestes Opfer dieser Praxis ist die Europäische Menschenrechtskonvention, die in Großbritannien bis heute nicht transformiert worden ist. Die Debatte um ihre innerstaatliche Geltung ist allerdings in den letzten Jahren sehr viel stärker geworden.[18] Trotz dieser streng dualistischen Haltung gegenüber völkerrechtlichen Verträgen zeigt sich, daß die englischen Gerichte, entsprechend ihrer pragmatischen Tradition, durchaus auch auf völkerrechtliche Verträge zurückgreifen, um staatliche Rechtsnormen mit ihrer Hilfe zu interpretieren. Diese Tendenz scheint sich im Laufe der Zeit sogar verstärkt zu haben und erstreckt sich nicht nur auf Gesetze, welche ausdrücklich auf die ihnen zugrunde liegenden völkerrechtlichen Verträge verweisen, sondern auch auf solche, die keinen Hinweis auf ihren internationalen Ursprung enthalten. Die Folge war, daß bei der Auslegung solcher Verträge vielfach die für die englische Gesetzauslegung typischen Regeln verworfen wurden und internationale Gesichtspunkte, etwa vorbereitende Arbeiten, berücksichtigt wurden.[19]

Die spezielle Transformation, also die Durchführung völkervertragsrechtlicher Verpflichtungen durch eigens erlassene innerstaatliche Gesetze, gibt es aber selbstverständlich auch in anderen Ländern. Es liegt dann, formal gesehen, eindeutig eine innerstaatliche Norm vor. Ihr internationaler Ursprung ist allenfalls aus den Motivenberichten oder sonstigen parlamentarischen Materialen erkennbar. In diesen Fällen ist die Frage nach der angemessenen Interpretationsmethode sehr viel schwieriger zu beurteilen. Ziel des staatlichen Gesetzes ist es einerseits, die völkerrechtliche Verpflichtung in möglichst effektiver Weise durchzuführen. Dies spricht sicherlich für eine internationalistische Auslegungsmethode.[20] Andererseits ist der Zweck derartiger Durchführungsbestimmungen

[13] Vgl. dazu auch *Bleckmann* in ZaöRV 32 (1972), S. 80 ff., *Mann* (Anm. 7), S. 382 ff.

[14] Siehe Art. 48, 49, 50 österr. Bundes-Verfassungsgesetz; Art. 85 (1) (b) der Schweizerischen Bundesverfassung.

[15] Zur Gerichtspraxis der Schweiz siehe insbes. *Kronauer*, Die Auslegung von Staatsverträgen durch das Schweizerische Bundesgericht (1972), S. 74, 142, 146.

[16] Lord *McNair*, The Law of Treaties (1961), S. 81 ff.; *Schreuer* (Anm. 2), S. 256 ff. m. w. H.

[17] Zur Gesetzgebungstechnik bei der Durchführung von Verträgen siehe *Crawford*, The International Law Standard in the Statutes of Australia and the United Kingdom, AJIL 73 (1979), S. 628.

[18] Vgl. *Riedel*, The Bill of Rights Fallacy? In Memoriam J. D. P. Mitchell (1983), S. 38.

[19] Detaillierter dazu *Schreuer* (Anm. 2), S. 270 f.; *Schreuer*, Wechselwirkungen zwischen Völkerrecht und Verfassung bei der Auslegung völkerrechtlicher Verträge, Berichte der Deutschen Gesellschaft für Völkerrecht 23 (1982), S. 67 ff.

[20] Vgl. dazu auch den StIG im Falle der *Interpretation of the Statute of the Memel Territory*, PCIJ Ser. A/B No. 49, S. 24 f. In ähnlichem Sinne zum Staatsvertrag auch der österreichische OGH in ÖJZ (1958), S. 516.

häufig auch der Versuch, den Vertragsinhalt möglichst harmonisch in die innerstaatliche Rechtsordnung einzugliedern. Dieser Gesichtspunkt spricht selbstverständlich mehr für eine Auslegung im systematischen Rahmen des staatlichen Rechts.

Die Praxis zu dieser Frage ist schon deshalb eher schwer zu beurteilen, da der völkerrechtliche Ursprung einschlägiger Gesetze oder Gesetzesbestimmungen oft gar nicht so leicht festzustellen ist. Jedenfalls dürften sich die Gerichte der internationalen Genealogie mancher staatlicher Rechtsvorschriften keineswegs bewußt sein. Wo der internationale Ursprung, etwa im Bereich der Rechtsvereinheitlichung, eindeutig ist, gibt es aber durchaus Hinweise dafür, daß die Gerichte bereit sind, sich mit dem völkerrechtlichen Ursprung der entsprechenden staatlichen Gesetzesbestimmungen auseinanderzusetzen und die betreffenden Bestimmungen etwa im Lichte der vorbereitenden Arbeiten oder auch unter Heranziehung ausländischer Entscheidungen in anderen Vertragsstaaten auszulegen. Dafür gibt es etwa Nachweise beim Wechsel- und Scheckrecht, das in einer großen Zahl von Ländern ja das Ergebnis internationaler Übereinkommen zur Rechtsangleichung ist.[21] Andererseits gibt es aber auch zahlreiche Entscheidungen zu speziell transformierten Verträgen, bei denen diese Vorgangsweise nicht verfolgt wurde.[22] Der Grund dafür dürfte nicht so sehr in rechtstheoretischen Überlegungen zum Verhältnis von Völkerrecht und Landesrecht liegen, sondern einfach in fehlender Information über den Ursprung der formell ja staatlichen Rechtsnormen.

Zu dieser Frage scheint es schwierig, generelle Lösungen anzubieten. Sowohl eine pauschale Anwendung der völkerrechtlichen Interpretationsmethoden als auch das andere Extrem eines Verbotes, ihren internationalen Ursprung in Betracht zu ziehen, wäre unpassend. Der Anwender wird sich die Mühe nicht ersparen können, bei der Auslegung die besonderen Umstände des Falles zu berücksichtigen. Dazu gehören das allfällige Ziel der Rechtsangleichung, aber auch das Bemühen einer möglichst vollständigen Anpassung und Eingliederung in das System der staatlichen Rechtsordnung. Es wird bei der Wahl der Auslegungsmethode daher immer ein vernünftiger Ausgleich zwischen der staatsrechtlichen Natur der Norm und deren internationaler Herkunft gesucht werden müssen.

## III. Authentische Vertragssprachen oder örtliche Amtssprache

Das Sprachenproblem bei der innerstaatlichen Auslegung völkerrechtlicher Verträge ist eigentlich nur eine Spezialfrage der Auslegungsmethode. Es geht hier vor allem um das Spannungsverhältnis zwischen den authentischen Vertragssprachen und der örtlichen Amtssprache. Das Völkerrecht, insbesondere Art. 33 der Vertragsrechtskonvention, stellt ausschließlich auf die authentischen Vertragssprachen ab.[23] Für das innerstaatliche

21 Siehe etwa BGHZ 10, 149; BGHZ 22, 148; BGHZ 56, 323. Zur Situation in der Schweiz siehe BGE 77 II 250; BGE 90 II 121 sowie die Ausführungen bei *Kronauer* (Anm. 15), S. 5 und 33 f.

22 *Bayer*, Auslegung und Ergänzung international vereinheitlichter Normen durch staatliche Gerichte, RabelsZ (1955), S. 610, 617 f.; *Kronauer* (Anm. 15), S. 7.

23 Art. 33. Auslegung von Verträgen mit zwei oder mehr authentischen Sprachen
(1) Ist ein Vertrag in zwei oder mehr Sprachen als authentisch festgelegt worden, so ist der Text in jeder Sprache in gleicher Weise maßgebend, sofern nicht der Vertrag vorsieht oder die Vertragsparteien vereinbaren, daß bei Abweichungen ein bestimmter Text vorgehen soll.
(2) Eine Vertragsfassung in einer anderen Sprache als einer der Sprachen, deren Text als authentisch festgelegt wurde, gilt nur dann als authentischer Wortlaut, wenn der Vertrag dies vorsieht oder die Vertragsparteien dies vereinbaren.
(3) Es wird vermutet, daß die Ausdrücke des Vertrags in jedem authentischen Text dieselbe Bedeutung haben.
(4) Außer in Fällen, in denen ein bestimmter Text nach Absatz 1 vorgeht, wird, wenn ein Vergleich

Organ ergibt sich die Frage, ob der Vertrag in den (der) völkerrechtlich ausschlaggebenden authentischen Sprache(n) oder in der Amtssprache des Forums auszulegen ist, welche entweder bloß eine von mehreren authentischen Sprachen ist oder, wie das bei Deutsch häufig der Fall ist, bloß eine nichtoffizielle Übersetzung bietet.[24] Sowohl die Vertreter der Vollzugslehre als auch der Transformationstheorie sind sich grundsätzlich darüber einig, daß sich der innerstaatliche Rechtsanwender nicht einfach auf die deutsche Übersetzung zurückziehen kann.[25] Dem entspricht auch die Praxis, fremdsprachige authentische Versionen zusammen mit einer Übersetzung im Bundesgesetzblatt kundzumachen. Die Sache wird schwierig, wenn nicht alle authentischen Versionen örtlich kundgemacht werden. Hier bliebe noch der Ausweg über die Sprachenklauseln der Verträge, welche die authentischen Sprachen bestimmen und als mittransformiert gelten können. Die fehlende örtliche Kundmachung in einzelnen authentischen Sprachen bleibt jedoch als Mangel bestehen. In Österreich ergibt sich als zusätzliches Problem die ausdrückliche Bestimmung des Art. 8 Bundes-Verfassungsgesetz, welcher die deutsche Sprache als Staatssprache der Republik bestimmt. Vereinzelt wurde die Meinung geäußert, diese Bestimmung sei auch auf völkerrechtliches Vertragsrecht anzuwenden. Dies würde bedeuten, Behörden wie Staatsbürger könnten sich allein auf eine im Bundesgesetzblatt kundgemachte Übersetzung stützen.[26] Diese Ansicht hat sich glücklicherweise nicht durchgesetzt. Allerdings hat sich die Veröffentlichungspraxis des österreichischen Bundesgesetzblatts insofern geändert, als seit einiger Zeit meist nur mehr englische und französische Versionen zusammen mit einer deutschen Übersetzung kundgemacht werden. Die früher übliche Kundmachung von Vertragstexten auch in allen möglichen exotischen Sprachen mußte der Einsicht weichen, daß der praktische Wert solcher Kundmachungen in keinem Verhältnis zum Aufwand steht. Allerdings hat auch die neue Praxis bei Verfassungsrechtlern zu erheblichen Bedenken geführt, da der Vertrag nur in all seinen authentischen Texten auch innerstaatliche Rechtsquelle ist.[27]

Welche weitreichende politische Bedeutung die Frage der authentischen Texte und einer Übersetzung in die örtliche Sprache hat, zeigt ein Beispiel aus einem Vertrag, bei welchem die Bundesrepublik zwar nicht Partei, aber sehr unmittelbar betroffen ist, nämlich das Viermächteabkommen über Berlin aus 1971. Dort findet sich in der englischen Version[28] der Satz »that the ties between the Western Sectors of Berlin and the Federal Republic of Germany will be maintained and developed«. Im Französischen findet sich für das Wort ties »liens«, im Russischen »svjazy«. Es kann weiter nicht überraschen, daß dieser heikle Vertragsterminus in der Bundesrepublik und in der DDR unterschiedliche Übersetzungen gefunden hat. Während man in der Bundesrepublik das Wort »Bindungen« wählte, also einen Begriff, der auch durchaus politische Implikationen hat, wählte man in der DDR das Wort »Verbindungen«, also ein Wort, das sich eher auf Verkehr und Kommunikation bezieht. Erschwert wird das Problem noch dadurch, daß der französische und

der authentischen Texte einen Bedeutungsunterschied aufdeckt, der durch die Anwendung der Artikel 31 und 32 nicht ausgeräumt werden kann, diejenige Bedeutung zugrunde gelegt, die unter Berücksichtigung von Ziel und Zweck des Vertrags die Wortlaute am besten miteinander in Einklang bringt.

24 Grundsätzlich dazu *Hilf*, Die Auslegung mehrsprachiger Verträge (1973).

25 *Boehmer* (Anm. 7), S. 81 ff.; *Partsch* (Anm. 7), S. 119 ff.; *Bleckmann* (Anm. 7), S. 288 f.; *Hilf* (Anm. 24), S. 144 f.

26 *Neisser, Schantl, Welan*, Betrachtungen zur Verfassungsgerichtsbarkeit, ÖJZ 27 (1972), S. 649; *Korinek*, Authentische Sprache der Menschenrechtskonvention, Der Staatsbürger 19, Folge 12 (1966).

27 *Öhlinger*, Berichte der Deutschen Gesellschaft für Völkerrecht 23 (1982), S. 108 f.

28 International Legal Materials 10 (1971), S. 895.

der englische Terminus mehr die bundesdeutsche Version zu stützen scheint, während der russische Terminus eher die DDR-Version rechtfertigt.[29]

Ein Blick auf die Gerichtspraxis zeigt, daß die bundesdeutschen Gerichte bei der Auslegung völkerrechtlicher Verträge fast immer auf die authentischen Texte abgestimmt haben.[30] Daß dabei eine Neigung besteht, zunächst vom deutschen Text auszugehen und nur in Zweifelsfällen auf die authentischen Sprachen zurückzugreifen, ist verständlich. Immerhin ist es als wichtige Errungenschaft zu betrachten, daß deutsche Höchstgerichte fremdsprachige authentische Versionen nicht zugunsten einer deutschen Version oder Übersetzung ablehnen.

In der Schweiz tritt das Problem der Mehrsprachigkeit auch im innerstaatlichen Bereich ständig auf. Es ist daher nur verständlich, daß sich im Zusammenhang mit authentischen Vertragssprachen keine wesentlichen Probleme ergeben haben.[31] In Österreich gibt es bloß vereinzelte, meist ältere Entscheidungen, die ausschließlich auf die deutsche Version abstellen.[32] In neuerer Zeit haben sich die Gerichte aber immer wieder auch mit den authentischen fremdsprachigen Versionen befaßt.[33] Dies ist gerade bei der Befassung des Verfassungsgerichtshofes mit der Europäischen Menschenrechtskonvention evident.[34] In einem Fall wurde die amtliche deutsche Übersetzung im Bundesgesetzblatt sogar ausdrücklich als unrichtig verworfen.[35]

Die grundsätzliche Bereitschaft, sich mit fremdsprachigen authentischen Vertragstexten auseinanderzusetzen, löst allerdings die Probleme im Detail noch nicht völlig. In der Mehrzahl der Fälle setzen sich die Gerichte ja mit dieser Frage nicht ausdrücklich auseinander. Daraus kann nicht geschlossen werden, daß die fremdsprachigen Texte nicht auch in Erwägung gezogen werden. Die Sprachenfrage stellt sich vielfach gar nicht als Problem und wird daher in der Begründung nicht eigens angeführt. Andererseits kann die Tendenz, zunächst einmal die deutsche Version heranzuziehen und nur in Zweifelsfällen auf die authentischen Sprachen zurückzugreifen, dann verhängnisvoll sein, wenn diese deutsche Fassung zwar falsch ist, aber dem Ausleger ganz klar erscheint. Dazu kommt das gar nicht so seltene Problem, daß mehrere authentische Versionen miteinander nicht völlig übereinstimmen. Für diesen Fall sieht die Wiener Vertragsrechtskonvention vor, daß diejenige Bedeutung zu wählen ist, die unter Berücksichtigung von Ziel und Zweck des Vertrages die Wortlaute am besten miteinander in Einklang bringt.[36]

Bei der praktischen Lösung dieses Problems werden Extremlösungen wohl kaum zum Ziel führen. Das Beharren auf der offiziellen Staatssprache wird ein Auslegungsorgan leicht in Kollision mit den völkerrechtlichen Verpflichtungen des Forumstaates bringen. Andererseits ist ein Beharren auf der gleichrangigen Heranziehung sämtlicher sprachlicher Versionen vor allem dann gänzlich illusorisch, wenn der Vertrag auch in einer oder mehreren exotischen Sprachen authentisch ist. Welcher Richter bei uns ist schon imstande, einen Vertragstext in chinesischer oder arabischer Sprache zu lesen und zu verstehen. Diese Erkenntnis sollte allerdings wiederum nicht in einen sprachlichen Defätismus

29 *Doeker, Melsheimer, Schröder,* Berlin and the Quadripartite Agreement of 1971, AJIL 67 (1973), S. 44, 59; *Ress,* Das privilegierte rechtliche Regime des Transitverkehrs von und nach West-Berlin, ZaöRV 34 (1974), 133 ff.

30 Detailliert bei *Hilf* (Anm. 24), S. 119 ff.

31 Dazu *Kronauer* (Anm. 15), S. 31 f.

32 VerfGH 60/1920; OGH SZ XIV/128; VerwGH 4362 (A).

33 Siehe etwa folgende Erkenntnisse des Verwaltungsgerichtshofs: 12 828 (A); 12 830 (A); 12 965 (A); 13 004 (A); 13 777 (A); 14 312 (A); 15 524 (F); 17 493 (A); N. F. 4362 (A). VerfGH 1405.

34 Z. B. VerfGH 4710; 5100; 5102; 6275; 7400.

35 VerfGH 6288.

36 Art. 33 Abs. 4 (Anm. 23).

münden, welcher die Bemühung um die authentischen Sprachen gänzlich über Bord wirft. Man muß hier einfach einen vernünftigen Kompromiß zwischen Authentizität des Vertragstexts und den sprachlichen Möglichkeiten des Gerichts finden.[37] Wie dieser Kompromiß im Einzelfall aussieht, hängt nicht zuletzt auch von der Wichtigkeit der Sprachenfrage ab. Es ist durchaus denkbar, daß bei einer Grundsatzentscheidung eines Höchstgerichts auch einmal Sprachexperten herangezogen werden.

## IV. Verfassungskonforme Interpretation

Nun zur Einwirkung des materiellen staatlichen Rechts auf die völkerrechtliche Vertragsauslegung. Hierher gehört natürlich in erster Linie die harmonisierende Auslegung, um Schwierigkeiten der Normenkollision zwischen völkerrechtlichem Vertrag und staatlichem Recht zu vermeiden. Dabei kann einerseits der Vertrag in einer Weise ausgelegt werden, der den staatsrechtlichen Erfordernissen entspricht, umgekehrt kommt es auch zur vertragskonformen Auslegung von staatlichem Recht. Diese Harmonisierungsstrategien sind sehr häufig.[38] Sie werden eigentlich immer, wenn Völkerrecht und staatliches Recht in einer konkreten Rechtsanwendungssituation zusammentreffen, bewußt oder unbewußt vollzogen. Ein besonders deutliches Beispiel für diese Vorgangsweise ist natürlich die vom Bundesverfassungsgericht vor allem im Saar-Urteil[39] geprägte Annäherungstheorie, wonach ein Vertrag dann nicht gegen das Grundgesetz verstößt, wenn sein Inhalt, ohne dem Grundgesetz voll zu entsprechen, einen verfassungskonformeren Zustand herbeiführt, als dies vorher der Fall war.

Derartige Harmonisierungsstrategien, die sich in Urteilsbegründungen keineswegs ausdrücklich finden müssen und derer sich das Entscheidungsorgan oft gar nicht bewußt sein mag, sind der Hauptgrund dafür, daß der in der Theorie so häufig beschworene Normenkonflikt zwischen Völkerrecht und Landesrecht mit allen seinen Regeln über Vorrang usw. in der Praxis recht selten auftritt.

Die Neigung staatlicher Entscheidungsorgane, völkerrechtliche Verträge staatsrechtskonform auszulegen, läuft selbstverständlich tendenziell dem Vereinheitlichungsziel des völkerrechtlichen Vertragsrechts zuwider und ist methodisch bedenklich. Dennoch ist sie nicht notwendigerweise illegitim oder gar völkerrechtswidrig, sofern sie im Rahmen des auch völkerrechtlich Vertretbaren bleibt.

Die Frage der verfassungskonformen Interpretation völkerrechtlicher Verträge hat vor allem in der Judikatur der Gerichte der Vereinigten Staaten und der Bundesrepublik eine Rolle gespielt. Dabei ist auffallend, daß in den Vereinigten Staaten Probleme des Föderalismus, insbesondere die Wahrung von Kompetenzen der Bundesstaaten gegenüber dem Bund, im Mittelpunkt der Auseinandersetzungen standen.[40] In der Bundesrepublik geht es meist entweder um Nachwirkungen des 2. Weltkrieges, vor allem territorialer Natur, oder um die Grundrechte. In einigen Staaten, etwa der Bundesrepublik[41], aber auch in Österreich[42], können Verträge von einem eigens dazu berufenen Gericht auf ihre Verfassungsmäßigkeit überprüft werden. In Österreich ist diese Situation trotz der ausdrücklichen Zuständigkeit des Verfassungsgerichtshofs allerdings bisher in der Praxis nicht auf-

[37] Detailliert zu diesem Problem *Hilf* (Anm. 24), S. 147 ff.; 190 ff.

[38] *Ress*, Wechselwirkungen zwischen Völkerrecht und Verfassung bei der Auslegung völkerrechtlicher Verträge, Berichte der Deutschen Gesellschaft für Völkerrecht 23 (1982), S. 36 ff. m. w. H.

[39] BVerfGH, 4, 157.

[40] Z. B. *Missouri v. Holland,* 252 U. S. 416. Siehe auch *Schreuer* (Anm. 2), S. 265 f.

[41] Art. 93 Abs. 1 Nr. 2 GG.

[42] Art. 140a B-VG.

getreten. Dies hat seinen Grund darin, daß immer dann, wenn völkerrechtliche Verträge oder einzelne ihrer Bestimmungen zu verfassungsrechtlichen Bedenken Anlaß geben könnten, die betreffenden Verträge oder Vertragsbestimmungen vorsorglich in Verfassungsrang erhoben werden. Der Zweck dieser Maßnahme besteht einfach darin, sie von der Überprüfung durch den Verfassungsgerichtshof freizustellen. Dies hat zu einer Unzahl von Verfassungsbestimmungen in den verschiedensten völkerrechtlichen Verträgen geführt.[43]

Wenn völkerrechtliche Verträge, wie in der Bundesrepublik, nun tatsächlich auf ihre Übereinstimmung mit der Verfassung überprüft werden, ergibt sich die paradoxe Situation, daß eine verfassungskonforme Interpretation dieser Verträge sich zunächst als völkerrechtsfreundlich darstellt, da sie ja eine Aufhebung oder Nichtanwendbarkeitserklärung des Vertrages verhindert und somit den Vertrag zunächst rettet.[44] Sofern diese verfassungskonforme Interpretation aber den Boden des völkerrechtlichen Grundkonsenses zwischen den Vertragsparteien verläßt, kann sich diese Völkerrechtsfreundlichkeit als Trojanisches Pferd entpuppen. Es wird schwierig sein, die Vertragspartner oder den Vertragspartner von der Richtigkeit einer einseitig auf das staatliche Recht bezogenen Auslegung zu überzeugen. Insofern kann auf das oben zu Art. 27 der Wiener Vertragsrechtskonvention Gesagte verwiesen werden.[45]

Das bekannteste und vielleicht auch extremste Beispiel für eine verfassungskonforme Interpretation in der bundesdeutschen Praxis ist das Grundlagenvertragsurteil des Zweiten Senats des Bundesverfassungsgerichts vom 31. Juli 1973.[46] Das Bundesverfassungsgericht erklärt zunächst, »daß unter mehreren möglichen Auslegungen die Auslegung zu wählen ist, nach der der Vertrag vor dem Grundgesetz Bestand hat«.[47] Diese Aussage erscheint noch durchaus akzeptabel. Das Bundesverfassungsgericht beschränkt sich jedoch in der Folge darauf festzustellen, ob dem Wortlaut des Vertrages eine denkmögliche Bedeutung beigemessen werden kann, welche grundgesetzkonform ist. Das Urteil enthält keinerlei Hinweise darauf, daß bei dieser Interpretation irgendwelche völkerrechtlichen Gesichtspunkte berücksichtigt worden sind. Das Bundesverfassungsgericht bekennt schließlich auch ganz freimütig: »Die vorstehende Begründung behandelt den Vertrag wie ein vom Bundesgesetzgeber erlassenes Gesetz, läßt also beiseite, daß es auch spezifische Grenzen für die *Vertrags*auslegung gibt.«[48] Gerechtfertigt wird diese Vorgangsweise mit dem dem Vertrag zugrunde liegenden Grunddissens über die »nationale Frage«. Wenngleich schon diese Vorgangsweise methodologisch bedenklich ist, ließe sie sich doch noch mit dem tendenziell völkerrechtsfreundlichen Bestreben auf Vertragserhaltung rechtfertigen. In seinem letzten Absatz erklärt jedoch das Bundesverfassungsgericht, auch der Vertragspartner müsse diese an der Verfassungskonformität orientierte Auslegung gegen sich gelten lassen. Grund dafür sei die Tatsache, daß ihm das Verfassungsrecht seines Partners bekannt gewesen sei und er auch von dem anhängigen Überprüfungsverfahren gewußt hätte.[49]

Wenngleich nicht ausgeschlossen werden kann, daß Vertragspartner einem Vertrag einen Sinn geben wollten, der im Lichte der Rechtsordnung einer der Parteien eine beson-

[43] Dazu vor allem *Öhlinger,* Der völkerrechtliche Vertrag im staatlichen Recht (1973), S. 196 ff.; vgl. auch *Schreuer,* Beschlüsse internationaler Organe im österreichischen Staatsrecht, ZaöRV 37 (1977), S. 468.

[44] *Ress* (Anm. 38), S. 45 f.

[45] Text zu Anm. 4.

[46] BVerfGE 36, 1.

[47] BVerfGE 36, 1 [14].

[48] BVerfGE 36, 1 [35].

[49] BVerfGE 36, 1 [36].

dere Bedeutung hat[50], so wird dies im besonderen Falle zu beweisen sein. Das bloße Wissen um die Rechtsordnung des Vertragspartners wird hier nicht ausreichen. Für die Interpretation völkerrechtlicher Verträge entscheidend ist der dem Vertrag zugrunde liegende Konsens. Ein allfälliger bewiesener Dissens zu einem Punkt kann durchaus zur Abgrenzung des Vertragskonsenses dienen. Er kann aber schwerlich zur Rechtfertigung einer ganz auf dem Verfassungsrecht einer Partei beruhenden Auslegung herangezogen werden. Die von einer Partei solcherart vertretene Interpretation kann sich allenfalls durch Duldung der anderen Vertragspartei(en) durchsetzen. Sie kann aber nicht von vornherein als für die andere(n) Vertragspartei(en) bindend angesehen werden.[51] Eine nützliche Kontrolle für die Beurteilung des eigenen Realismus bei der Auslegung von Verträgen ist das Spiegelbildprinzip. Auf den Grundlagenvertrag angewandt wäre das die Frage, inwieweit eine Auslegung durch die DDR in Konformität mit deren eigener Verfassung akzeptabel erschiene.[52]

Im Bezugsrahmen der Wiener Vertragsrechtskonvention, die allerdings formell auf den Grundlagenvertrag nicht anwendbar ist, scheint die Vorgangsweise des Bundesverfassungsgerichts auf einer großzügigen Analogie aus Art. 46 zu beruhen.[53] Nach dieser Bestimmung kann sich ein Staat nur dann darauf berufen, daß seine Zustimmung, durch einen Vertrag gebunden zu sein, ungültig sei, weil sie unter Verletzung einer Bestimmung seines innerstaatlichen Rechts über die Zuständigkeit zum Abschluß von Verträgen ausgedrückt wurde, sofern diese Verletzung offenkundig war und eine innerstaatliche Rechtsvorschrift von grundlegender Bedeutung betraf. Selbst wenn man diese Bestimmung, die sich eigentlich mit der Ungültigkeit des Vertrages beschäftigt, so weit interpretieren darf, daß sie sich auch auf die Auslegung bezieht, dürfte sie hier nicht zutreffen. Sowohl aus der Entstehungsgeschichte, dem Wortlaut als auch dem Zusammenhang von Art. 46 WVK ergibt sich recht deutlich, daß die hier angesprochenen innerstaatlichen Rechtsvorschriften nicht materieller Natur sind, sondern sich lediglich auf die formelle Abschlußkompetenz beziehen.[54] Allerdings ist auch die gegenteilige Meinung schon vertreten worden.[55] Somit verbleibt auch hier nur der Rückgriff auf Art. 27 WVK, wonach sich eine Vertragspartei nicht auf ihr innerstaatliches Recht berufen kann. Insofern stellt Art. 46 bloß eine hier nicht zutreffende Ausnahme vom Grundsatz des Art. 27 dar.

Auffallend ist denn auch der Kontrast zum zwei Jahre später ergangenen Beschluß des Ersten Senats des Bundesverfassungsgerichts zu den Ostverträgen.[56] Hier wird bei durchaus ähnlicher Sachlage ein ganz anderer methodischer Weg eingeschlagen: Neben dem Wortlaut der Verträge wird auch ihr Ziel und Zweck erwogen, die mit dem Abschluß in Zusammenhang stehenden völkerrechtlichen Dokumente werden analysiert sowie die internationalen Umstände beim Abschluß in die Betrachtung mit einbezogen.

Bei der wissenschaftlichen Analyse derartiger Entscheidungen erscheint es besonders ratsam, die formalen Argumente zur Auslegungsmethode und Normenkollision und allenfalls des Vorrangs mit einer gewissen Vorsicht und Distanz zu betrachten. Gerade in solchen Fällen hängt nicht nur der Ausgang einer Entscheidung, sondern auch die zugrun-

50 Art. 31 Abs. 4 WVK (Anm. 3).

51 Zur umfangreichen Debatte zu diesem Urteil siehe statt vieler *Ress* (Anm. 38), S. 22 ff., 44 ff. m. w. H.

52 Vgl. auch *Simma,* Der Grundvertrag und das Recht der völkerrechtlichen Verträge, AöR 100 (1975), S. 4, 17 f.

53 Anm. 5.

54 *Ress* (Anm. 38), S. 23 f. m. w. H.

55 *Simma* (Anm. 52), S. 18 ff. Siehe auch die Diskussionsbeiträge zu dieser Frage in: Berichte der Deutschen Gesellschaft für Völkerrecht 23 (1982), S. 96 f., 101, 102 f., 110 f., 123.

56 BVerfGE 40, 141.

de gelegte Begründung sehr stark von den besonderen Umständen des Falles ab. Es wurde bereits eingangs auf das Spannungsverhältnis zwischen Motivation und Begründung bei der Auslegung und Anwendung völkerrechtlicher Verträge verwiesen. Im Einzelfall hängt viel von den Interessen und Werten, die auf dem Spiele stehen, und vom Selbstverständnis und der politischen Loyalität des Entscheidungsorgans ab.[57]

In einem weiteren Sinne gehört zur verfassungskonformen Interpretation auch eine Auslegung, welche den Vertrag im Begriffs- und Wertsystem der örtlichen Rechtsordnung[58], aber auch in dem Gesellschaftssystem des Forumstaates sieht. Diese Tendenz ist allgegenwärtig, wird aber vom Ausleger selten artikuliert und ist ihm wohl auch oft gar nicht bewußt. Besonders augenfällig wird diese Tendenz zur systemkonformen Auslegung bei Menschenrechtsverträgen. Es ist sicherlich kein Zufall, daß die Europäische Menschenrechtskonvention in ihrer praktischen Anwendung im Rahmen der verhältnismäßig homogenen Wertordnung Westeuropas einen ganz anderen Inhalt bekommen hat als etwa der UN-Pakt über die bürgerlichen und politischen Rechte. Für uns besonders augenfällig ist das bei der innerstaatlichen Anwendung und Auslegung dieses Vertrages durch die Sowjetunion und andere »sozialistische« Staaten. Die Sowjetunion steht ja auf dem Standpunkt, sie habe ihre Verpflichtungen aus internationalen Menschenrechtsverträgen dadurch erfüllt, daß entsprechende innerstaatliche Verfassungs- und Gesetzesnormen bestünden. Aus der progressiven Gesellschaftsordnung, in welcher die Ausbeutung einer Klasse durch die andere abgeschafft worden sei, ergebe sich das Problem des Menschenrechtsschutzes gar nicht in der Form wie im Westen. Diese unterschiedliche sozioökonomische Ausgangslage rechtfertige auch die vom Westen abweichende Praxis bei der Durchführung.[59] Aus diesem Grunde erübrige sich auch eine weitreichende internationale Überwachung der Verpflichtung aus diesen Verträgen gegenüber der Sowjetunion und anderen »sozialistischen« Staaten.[60]

Schließlich kann auch der manchmal behauptete Grundsatz der restriktiven Interpretation völkerrechtlicher Verträge unter dem Blickwinkel der staatsrechtskonformen Auslegung gesehen werden. Durch die einschränkende Interpretation von Verträgen, die in den Regelungsbereich der staatlichen Rechtsordnung eingreifen, wird der Freiraum des staatlichen Rechts verteidigt und der verändernde Einfluß des Vertragsrechts zurückgedrängt. Allerdings war die restriktive Interpretation nie eine allgemein anerkannte Auslegungsmethode des Völkerrechts und diente wohl mehr zur Untermauerung eines ganz bestimmten Zwecks. Es ist sicher kein Zufall, daß sie sich bei deutschen Gerichten vor allem bei der Auslegung des Friedensvertrags von Versailles einer gewissen Beliebtheit erfreut hat.[61] Wie Bernhardt nachgewiesen hat, wird sie in neuerer Zeit nur mehr selten herangezogen.[62]

57 Allgemein zu dieser Frage *Schreuer,* Die Behandlung internationaler Organakte durch staatliche Gerichte (1977), S. 308 ff.

58 Vgl. etwa die Auslegung der Genfer Flüchtlingskonvention »im Rahmen der Wertordnung des Grundgesetzes« durch das Bundesverwaltungsgericht, BVerwGE 49, 44.

59 Vgl. dazu *Uibopuu* und *Beitzke* in Berichte der Deutschen Gesellschaft für Völkerrecht 23 (1982), S. 96, 106.

60 *Kartaškin,* Meždunarodnye pakty o pravach čeloveka (Internationale Menschenrechtspakte), Sovetskij, ežegodnik meždunarodnogo prava (Soviet Year-Book of International Law) (1975), S. 151.

61 Z. B.: RGZ 104, 189; RGZ 107, 407; RGZ 112, 81; IPRspr. 1930, S. 262; *Bayer* (Anm. 22), S. 610.

62 *Bernhardt,* Die Auslegung völkerrechtlicher Verträge insbesondere in der neueren Rechtsprechung internationaler Gerichte (1963), S. 143 ff.; *Schreuer* (Anm. 2), S. 283 ff.

## V. Staatliche Rechtsterminologie und völkerrechtliche Verträge

Schließlich verbleibt noch die Frage der Auslegung einzelner Begriffe in völkerrechtlichen Verträgen im Lichte der innerstaatlichen Rechtsterminologie. Dieses Phänomen ist natürlich nicht so spektakulär wie die verfassungskonforme Auslegung, kommt dafür aber um so öfter vor. Die Neigung staatlicher Rechtsanwender, die Begriffe völkerrechtlicher Verträge im Lichte ihrer innerstaatlichen Rechtsterminologie auszulegen, ist naheliegend. Diese Versuchung wird noch größer, wenn der Vertrag nur in der örtlichen Amtssprache ausgelegt wird. Hier ergibt sich eine wichtige Querverbindung zum oben behandelten Sprachenproblem. Selbstverständlich ist es aber höchst zweifelhaft, ob ein in einem völkerrechtlichen Vertrag verwendeter Terminus tatsächlich bedeutungsidentisch mit einem Begriff des örtlichen staatlichen Rechts ist.

Eine derartige Bedeutungsidentität ist aber keineswegs ausgeschlossen. Sie kann von den Vertragspartnern sogar ausdrücklich beabsichtigt sein. Bisweilen wird zur Klärung des Vertragsinhalts auf staatliches Recht verwiesen, oder staatsrechtliche Begriffe werden bewußt rezipiert. Derartige Verweisungen zum Zwecke der Auslegung finden sich bisweilen in Doppelbesteuerungsverträgen[63] und fanden sich in den älteren Darlehensverträgen der Weltbank.[64] Art. 31 Abs. 4 der Wiener Vertragsrechtskonvention trägt dieser Möglichkeit Rechnung, indem er vorsieht, daß einem Ausdruck eine besondere Bedeutung dann beizulegen ist, wenn feststeht, daß die Vertragsparteien dies beabsichtigt haben.

Sofern keine klaren Hinweise vorliegen, daß eine Anknüpfung an das staatliche Recht beabsichtigt war, wird eine Auslegung jedoch nach autonomen, d. h. völkerrechtlichen Gesichtspunkten vorzunehmen sein. Dabei kann eine rechtsvergleichende Methode insbesondere unter Heranziehung der Rechtsordnungen der Vertragspartner durchaus hilfreich sein.[65] Die Judikatur staatlicher Gerichte zu dieser Frage ist recht uneinheitlich.[66] Grundsätzlich läßt sich wohl ein Trend zur autonomen Auslegung vertraglicher Begriffe erkennen.[67] Dennoch gibt es genug Beispiele für Begriffsübernahmen aus dem staatlichen Recht.[68] Ein besonders anschauliches Beispiel für eine derartige Begriffsübernahme bei der völkerrechtlichen Vertragsauslegung bietet eine Erkenntnis des österreichischen

63 Allgemein dazu *Debatin,* Auslegungsmaximen zum internationalen Steuerrecht AWD 15 (1969), S. 477, *Guggenheim,* Landesrechtliche Begriffe im Völkerrecht, FS Wehberg (1956), S. 133, 137. Zur deutschen Gerichtspraxis siehe Finanzgericht Münster, Fontes Juris Gentium A, II, 6 No. 11; Finanzgericht Bremen, Fontes A, II, 6 No. 22; Schleswig-Holsteinisches Finanzgericht, Fontes A, II, 6 No. 95. Die Praxis zum Deutsch-Schweizerischen Doppelbesteuerungsabkommen, BGBl. 1959 II 1252, welches eine derartige allgemeine Auslegungsklausel nicht kennt, ist widersprüchlich: Bundesfinanzhof, Fontes A, II, 6 No. 33 sowie Fontes A, II, 7 No. 1; Finanzgericht Baden-Württemberg, Fontes A, II, 6 No. 73; Finanzgericht Hamburg, Fontes A, II, 6 No. 103; Finanzgericht Düsseldorf, Fontes A, II, 6 No. 104. Zur schweizerischen Praxis siehe *Kronauer* (Anm. 15), S. 61.

64 Z. B. Art. IX Section 2 der Abkommen mit Indien in 154 UNTS, S. 393, und 155 UNTS, S. 117.

65 Vgl. dazu *Rabel,* Rechtsvergleichung und internationale Rechtsprechung, RabelsZ 1 (1927), S. 14 f.; *Bayer* (Anm. 22), S. 626 ff.; *Mosler,* Rechtsvergleichung vor völkerrechtlichen Gerichten, FS Verdroß (1971), S. 384; *Hailbronner,* Ziele und Methoden völkerrechtlich relevanter Rechtsvergleichung, ZaöRV 36 (1976), S. 190, 222 f.; *Strebel,* Einwirkungen nationalen Rechts auf das Völkerrecht, ZaöRV 36 (1976), S. 168, 181 f.

66 Vgl. auch *Schreuer* (Anm. 2), S. 267 ff.

67 RGSt. 27, 126; Reichsgericht JW 1932, S. 243; RGZ 131, 250 [256]; BGHZ 52, 194 [205]; BGHZ 52, 216 [255]; Bundesfinanzhof, Fontes A, II, 4 No. 347, Bundesverwaltungsgericht ZaöRV 28 (1968), S. 144. Schweiz: BGE 43 I 99, 101.

68 Vgl. etwa RGSt. 66, 165, [169 f.]; OVG Münster, Fontes A, II, 5 No. 137; belgische Cour de cassation in *Jadin c/ Truyens,* 24 ILR 594; Supreme Court of New York in *Bochory v. Pan American Airways,* 24 ILR 630; US International Claims Commission im *Bogovic* Claim, 21 ILR 156. Zur schweizerischen Praxis detalliert *Kronauer* (Anm. 15), S. 59 ff.

Verwaltungsgerichtshofes aus dem Jahre 1957.[69] In diesem Fall wollte ein österreichischer Segelfliegerklub ein Segelflugzeug deutscher Bauart erwerben. Er geriet dabei in Konflikt mit Art. 16 des Österreichischen Staatsvertrages, der den Erwerb von Luftfahrzeugen deutscher und japanischer Bauart verbietet. Zur Auslegung des Begriffes Luftfahrzeug greift der Verwaltungsgerichtshof auf die Legaldefinition des Luftverkehrsgesetzes zurück. Da nach der Definition des Luftverkehrsgesetzes der Begriff Luftfahrzeug neben Flugzeugen auch Luftschiffe, Segelflugzeuge, Ballone, Drachen und ähnliche für die Bewegung im Luftraum bestimmte Geräte umfaßt, mußte das Verbot des Staatsvertrages auch für den Segelfliegerklub gelten. Abgesehen von den rein methodologischen Vorbehalten zu diesem Fall scheint es mir auch recht offenkundig, daß mit diesem Ergebnis die Intentionen der Vertragsparteien nicht getroffen worden sind.

Besonders kritisch wird die Frage der autonomen oder staatsrechtsorientierten Interpretation völkerrechtlicher Vertragsbegriffe, wenn es sich um Verträge handelt, welche in einem engen inhaltlichen Zusammenhang mit dem Staatsrecht der Mitgliedstaaten stehen, also etwa die Schaffung von Mindeststandards für die staatliche Rechtsordnung anstreben. Dies ist insbesondere bei den Konventionen zum Schutz der Menschenrechte der Fall. Kommission und Gerichtshof haben wiederholt darauf hingewiesen, daß die Bestimmungen der Europäischen Menschenrechtskonvention eine autonome Bedeutung hätten und daher nicht in dem Sinne interpretiert werden können, wie sie in der jeweiligen staatlichen Rechtsordnung verstanden werden.[70] Dies heißt nun keineswegs, daß das staatliche Recht der Mitgliedstaaten für die Auslegung der Menschenrechtskonvention bedeutungslos ist. Vielmehr pflegen die Überwachungsorgane der Menschenrechtskonvention eine Methode der wertenden Rechtsvergleichung. Das heißt, sie berücksichtigen sehr wohl die nationalen Wertvorstellungen der Mitgliedstaaten, wie sie im innerstaatlichen Recht zum Ausdruck kommen.[71] Voraussetzung ist allerdings, daß die nationalen Rechtsordnungen auch tatsächlich gemeinsame Wertvorstellungen zum Ausdruck bringen. Die Erfahrung hat gezeigt, daß dies bei der Europäischen Menschenrechtskonvention durchaus der Fall ist. Bei Verträgen, welche Staaten unterschiedlicher ideologischer Ausrichtung umfassen oder gar universell ausgerichtet sind, ist diese Vorgangsweise ungleich schwieriger, wenn nicht überhaupt unmöglich.[72] Gerade bei derartigen Verträgen, denen eine inhomogene Wertstruktur der Rechtsordnungen der Mitgliedstaaten zugrunde liegt, ist eine internationale Begriffserklärung besonders wichtig. Diese Begriffsklärung kann nicht nur durch den Vertragstext selbst angestrebt werden, sondern auch durch begleitende Überwachungsmechanismen, ja sogar interpretative Erklärungen internationaler Organe.

69 Erkenntnisse und Beschlüsse des Verwaltungsgerichtshofs, N. F. Nr. 4362 (A). Im gleichen Sinne siehe bereits zwei Erkenntnisse aus den 20er Jahren: VerwGH 13 285 (F) und 13 303 (F).

70 Siehe insbes. die Kommission in Application No. 1931/63, YBEuConvHR 7 (1964) 212, 222; Application No. 808/60, YBEuConvHR 5 (1962) 108, 122; Application No. 2145/64, YBEuConvHR 8 (1965) 282, 312; Fall *Le Compte* EuGRZ 1980, S. 590. Dazu auch die Gegenüberstellung des Gerichtshofes im Falle *Neumeister,* Ser. A Vol. 8, S. 28, 36. Vgl. auch den Fall *Engel,* Ser. A Vol. 22, S. 35 f., zur Interpretation der »criminal charge«, sowie das *König*- Urteil, Ser. A Vol. 27, S. 30, zum Begriff der »civil rights and obligations«.

71 Zu dieser Problematik siehe vor allem *Mosler* (Anm. 65); *ibid.,* L'influence du droit international sur la Convention européenne des droits de l'homme, Miscellanea, W. J. Ganshof van der Meersch, Bd. 1 (1972), S. 521; *ibid.*, Problems of Interpretation in the Case Law of the European Court of Human Rights, in Essays on the Development of the International Legal Order in memory, of H. F. van Panhyus (1980), S. 149; *Ress* (Anm. 38), S. 17 f., 20 f. m. w. H.

72 *Ress* (Anm. 38), S. 29 f.

## VI. Schluß

Dieser kurze Versuch eines Überblicks über den Einfluß des staatlichen Rechts auf die Interpretation völkerrechtlicher Verträge ergibt kein einheitliches Bild. Es ist kaum überraschend, daß die Versuchung, auf staatsrechtliche Methoden, Normen und Begriffe zurückzugreifen, bei internationalen Entscheidungsorganen sehr viel geringer ist als bei staatlichen Auslegern. Wie das Beispiel der Europäischen Menschenrechtskonvention zeigt, kann der vergleichende Rückgriff auf das staatliche Recht aber durchaus seine Berechtigung bei der Auslegung völkerrechtlicher Verträge haben. Auch die Praxis staatlicher Ausleger zeigt eine klare Tendenz zur Erkenntnis, daß ein völkerrechtlicher Vertrag primär nach den im Völkerrecht akzeptierten Auslegungsmethoden, d. h. im internationalen Zusammenhang, gesehen werden muß. Die Fälle, in denen staatliche Ausleger völkerrechtlicher Verträge offensichtlich stark von ihrem staatlichen Recht beeinflußt gewesen sind, dürften einerseits auf die eher unreflektierte Übertragung gewohnter Methoden bei der Rechtsanwendung überhaupt zurückzuführen sein, andererseits auf eine gewisse Loyalität gegenüber den politischen Interessen und ideologischen Wertungen des Forumstaats. Die Forderung nach einer völkerrechtsgetreuen, d. h. internationalistischen Auslegungsmethode sollte aber von der realistischen Erkenntnis geleitet sein, daß sich ein gewisses Spannungsverhältnis zwischen Völkerrecht und staatlichem Recht vor allem bei der innerstaatlichen Auslegung völkerrechtlicher Verträge nie ganz ausschalten lassen wird.

Dieter Blumenwitz

# »ex factis ius oritur« – »ex iniuria ius non oritur«

## I. Zur Frage einer Ersitzung der deutschen Ostgebiete durch die UdSSR und Polen

Das moderne Völkerrecht steht heute mehr denn je unter einer Spannung, die in den Parömien

»ex factis ius oritur« – aus der Faktizität entsteht Recht – und

»ex iniuria ius non oritur« – aus Unrecht kann nicht Recht werden –

ihren Ausdruck gefunden hat[1]. Das gilt in einem besonderen Maße für die Lehre vom Gebietserwerb. So stellt sich z. B. die Frage, ob die Ersitzung von Gebieten noch möglich ist, sofern diese durch völkerrechtswidrige Gewaltanwendung besetzt wurden. Einige Völkerrechtsautoren wollen den Gebietserwerb nur von der andauernden Effektivität der Herrschaft auf einem bestimmten Gebiet abhängig machen[2]; andere halten dem entgegen, daß der Grundsatz der Effektivität bzw. Faktizität nur innerhalb des Rahmens gelten kann, den das Völkerrecht abgesteckt hat, da seine schrankenlose Anwendung zwangsweise zur Aufhebung der Völkerrechtsordnung führen würde[3]. Einen interessanten Teilaspekt dieses weiterhin offenen Grundsatzproblems liefert die in der Bundesrepublik Deutschland im Zusammenhang mit dem völkerrechtlichen Status Ostdeutschlands in jüngster Zeit immer wieder erwogene Frage, ob die Ersitzung für die Volksrepublik Polen (und Entsprechendes gilt für die Sowjetunion) ein völkerrechtlicher Titel zum Erwerb der östlich von Oder und Neiße gelegenen Gebiete des Deutschen Reichs nach dem Stande vom 31. 12. 1937 sein kann und wie sich Deutschland verhalten muß, um eine Ersitzung zu verhindern. Ungeachtet des theoretischen Meinungsstreits zur Situation der Oder-Neiße-Gebiete behandeln nämlich Polen und die Sowjetunion die Oder-Neiße-Gebiete als Teil ihres Staatsgebiets. Den »faits accomplis« der Inbesitznahme dieser Gebiete und der Vertreibung der deutschen Bevölkerung folgten die Besiedelung der verlassenen Gebiete durch eine polnische Bevölkerung und die Integration der vertriebenen deutschen Bevölkerung in der Bundesrepublik Deutschland.

Die Ersitzung bildet einen Titel zum Erwerb von Staatsgebiet in zwei an sich ganz verschiedenen Fällen:

- Es läßt sich im einzelnen Fall nicht oder nicht mehr nachweisen, nach welchem vom Völkerrecht anerkannten Titel ein Gebiet, das sich seit längerer Zeit im Besitz eines Staates befindet, erworben wurde.

[1] Vgl. *W. Frhr. Marschall von Bieberstein.* Zum Problem der völkerrechtlichen Anerkennung der beiden deutschen Regierungen. Ein Beitrag zur Diskussion über die Rechtslage Deutschlands, 1959, S. 165 ff.

[2] Vgl. z. B. *Zimmer,* Gewaltsame territoriale Veränderungen und ihre völkerrechtliche Legitimation, 1971.

[3] Vgl. z. B. *Verdross-Simma,* Universelles Völkerrecht, 1976, S. 562 f.

- Es ist bekannt, daß ein Gebiet widerrechtlich in Besitz genommen wurde, aber über das Vorkommnis ist in der Zwischenzeit »Gras gewachsen«, und der frühere Besitzer bemüht sich nicht mehr um die Wiedererlangung.

Nur im zuletzt genannten Sinne könnte die Ersitzung als Grund für den Erwerb von deutschem Staatsgebiet durch die Volksrepublik Polen bedeutsam werden.

Die Ersitzung setzt weiter voraus, daß das betroffene Gebiet nicht durch andere vom Völkerrecht anerkannte Gründe erworben wurde. Im Hinblick auf die östlich von Oder und Neiße gelegenen Gebiete Deutschlands in seinen Grenzen vom 31. Dezember 1937 wäre demnach *auszuschließen,*

- daß sich die Volksrepublik Polen die Gebiete einseitig aneignen (»okkupieren«) konnte; dies träfe nur zu, wenn das deutsche Territorium herrenlos gewesen, das Deutsche Reich also 1945 durch debellatio oder später durch dismembratio untergegangen wäre; dem stehen jedoch die durch zahlreiche völkerrechtliche Dokumente belegbare Verantwortung der vier Siegermächte für Deutschland als Ganzes und der interalliierte Friedensvertragsvorbehalt entgegen;
- daß die Volksrepublik Polen die Gebiete rechtswirksam durch völkerrechtliche Entscheidung (Adjudikation) – etwa durch das Potsdamer Abkommen – erlangen konnte; Gebietserwerb durch Adjudikation auf der Grundlage des Potsdamer Abkommens ist schon deshalb auszuschließen, weil es hier an einer Deutschland bindenden Vertragsgrundlage fehlt;
- daß die Ostverträge – insbesondere Art. 3 Moskauer und Art. I Warschauer Vertrag – bindende Verfügungen über deutsche Gebiete enthalten, den gegenwärtigen Inhabern der Gebietshoheit die territoriale Souveränität vermitteln oder einer friedensvertraglichen Regelung vorgreifen; dies entspricht der von Bundesregierung und gesetzgebenden Körperschaften vertretenen restriktiven Interpretation der Ostverträge[4], die das Bundesverfassungsgericht in seiner Entscheidung vom 7. Juli 1975[5] mit Bindungswirkung für Bund und Länder festgeschrieben hat: Die Gebiete östlich von Oder und Neiße sind mit dem Inkrafttreten der Ostverträge *nicht* aus der rechtlichen Zugehörigkeit zu Deutschland entlassen und der Souveränität der Sowjetunion und Polens endgültig unterstellt worden.

  Der besondere Charakter der Ersitzung als eines nur subsidiären Titels zum Gebietserwerb macht deutlich, daß weder die Sowjetunion noch Polen in ihr eine geeignete Rechtsgrundlage für den Erwerb der deutschen Ostgebiete sehen können. Die Ersitzung der deutschen Ostgebiete spielt aber eine nicht unerhebliche Rolle in den innerpolitischen Auseinandersetzungen in der Bundesrepublik Deutschland. Sie ermöglicht nämlich – quasi unkontrolliert von Gesetzgeber und Verfassungsgericht – die rechtliche Ausgliederung der deutschen Ostgebiete aus dem Reichsverband, ohne daß ein verantwortliches Handeln der Bundesregierung oder der Siegermächte konkret nachgewiesen werden müßte. Die Ersitzungsproblematik steht im engen Zusammenhang mit Annexion und Annexionsverbot im modernen Völkerrecht.

Damit hat sich die weitere Untersuchung auf die Frage der Annexion ostdeutscher Gebiete durch die Volksrepublik Polen, deren Rechtmäßigkeit in Anbetracht des universellen Gewaltanwendungsverbotes und der Stimson-Doktrin (Grundsatz der Nichtanerkennung gewaltsamer Gebietsveränderungen) sowie auf die Möglichkeit der Heilung widerrechtlicher Annexionen durch das Rechtsinstitut der Ersitzung zu konzentrieren.

[4] Vgl. *Blumenwitz,* Was ist Deutschland? 1982, S. 36 ff.

[5] BVerfGE 40, S. 141 ff.

## II. Die Annexion im Völkerrecht

Unter Annexion versteht man die gewaltsame, regelmäßig im Anschluß an eine militärische Niederlage des Gegners erfolgende Einverleibung fremden Territoriums mit Aneignungsabsicht[6]. Es handelt sich um einen einseitigen Rechtsakt eines Staates, der sich gegen den Willen des bisherigen Gebietsherrn richtet. Je nachdem, ob die Annexion nur einen Teil eines fremden Staatsgebiets oder das gesamte Territorium eines anderen Staates erfaßt, spricht man von partieller oder Totalannexion[7]. Zum Teil wird als Annexion nur die nicht einverständliche Abtrennung nur eines Teils des Staatsgebiets durch einen anderen Staat verstanden, während die Erwerbung der Herrschaft, die das gesamte Staatsgebiet eines anderen Staates umfaßt, als Unterwerfung bezeichnet wird[8]. Die Totalannexion oder Unterwerfung hat den Untergang des betroffenen Staates zur Folge.

Die Annexion unterscheidet sich von der originären Okkupation dadurch, daß sie ein Gebiet betrifft, über das ein Staat schon Herrschaft innegehabt hat, während bei der originären Okkupation ein Gebiet einverleibt wird, das noch nicht zum Staatsgebiet eines anderen Staates gehört.

Von der Zession und der Adjudikation unterscheidet sich die Annexion dadurch, daß die Annexion gegen den Willen oder jedenfalls ohne Einverständniserklärung des Staates erfolgt, der bisher die Herrschaft über das betroffene Gebiet besessen hat, während Zession und Adjudikation als Grundlage einen völkerrechtlichen Vertrag haben, durch den sich die bisherigen Gebietsherrn zur Abtretung eines Gebiets oder zur Unterwerfung unter einen Schiedsspruch, der über die Herrschaftsverhältnisse in einem strittigen Territorium entscheidet, verpflichten.

In objektiver Hinsicht erfordert die Annexion die umfassende und wirksame Besetzung fremden Territoriums unter vollkommener Beseitigung der ursprünglichen Staatsgewalt. Die Verdrängung der bisherigen Staatsgewalt aus dem zu annektierenden Gebiet muß in solcher Weise erfolgen, daß ihre Wiedereinsetzung aussichtslos erscheint. Für eine Totalannexion genügt im Falle eines Krieges keineswegs die militärische Eroberung und Besetzung des Staatsgebiets, sondern es muß Debellation vorliegen. Die bisherige Staatsgewalt und deren Verbündete dürfen nicht in der Lage sein, auf den Besitzstand des Siegers weiterhin einzuwirken. Die effektive Besitznahme des betroffenen Staatsgebiets braucht nicht notwendig durch militärische Gewalt zu erfolgen, sie kann auch durch den Druck eines mächtigen Nachbarn geschehen.

Als subjektive Voraussetzung müssen eine ausdrückliche Annexionserklärung oder gleichwertige Handlungen hinzukommen, aus denen ersichtlich ist, daß die Inbesitznahme des fraglichen Gebiets als Annexion von dem in Besitz nehmenden Staat gewollt ist[9]. Der in Besitz nehmende Staat kann aber auch erklären, daß er keinen Annexionswil-

6 Vgl. zur Annexion: *Scheuner,* Die Annexion im modernen Völkerrecht, Friedenswarte 1949, S. 81 ff.; *Krülle,* Die völkerrechtlichen Aspekte des Oder-Neiße-Problems 1970, S. 196 ff.; *Oppenheim-Lauterpacht,* International Law, Vol. I, 8. Aufl. 1955, S. 566 ff.; *Bindschedler* in: Strupp/Schlochauer, Wörterbuch des Völkerrechts, Bd. I, S. 68 ff.; *Menzel/Ipsen,* Völkerrecht, 2. Aufl. 1979, S. 159 ff.

7 Vgl. *Dahm,* Völkerrecht, Bd. 1, 1956, S. 589.

8 Vgl. *Berber,* Lehrbuch des Völkerrechts, Bd. I, 1960, S. 341.

9 Vgl. Die Annexionserklärung der UdSSR in bezug auf das nördliche Ostpreußen im Dekret des Präsidiums des Obersten Sowjets vom 7. 4. 1946; dt. Text bei *Kraus,* Der völkerrechtliche Status der deutschen Ostgebiete 1964, S. 74.
Weitere Erklärungen erschienen in den offiziellen Umbenennungen ostpreußischer Städte in den Dekreten vom 2. 7. 1946 und 25. 12. 1946 und in der Deklaration von Kaliningrad zum Verwaltungsgebiet (Oblast) der Russischen Sozialistischen Föderativen Sowjetrepubliken durch Art. 22 des verfassungsändernden Gesetzes vom 25. 2. 1947 über die Änderung und Ergänzung des Textes

len habe. So haben die Sieger des Zweiten Weltkrieges ausdrücklich erklärt, daß eine Annexion Deutschlands nicht beabsichtigt sei[10].

Schließlich muß die Annexion auch gegen den Willen des betroffenen Staates oder doch ohne seine Zustimmung erfolgen[11].

## III. Von der Annexionsfreiheit zum Annexionsverbot

Im Mittelalter entwickelte die Scholastik, insbesondere Thomas von Aquino in seiner Summa theologica unter Berufung auf Augustinus, die Lehre vom gerechten Krieg (bellum iustum). Danach war ein Krieg nur gerecht, wenn er aus einem gerechten Grund (ex iusta causa) und mit rechter Absicht (intentio recta) geführt wurde. Hugo Grotius lehrte, daß nach dem Naturrecht durch einen gerechten Krieg nur das erworben werden dürfe, was der verdienten Strafe ungefähr entspreche. Mit dem gerechten Krieg war damit auch die gerechte Annexion erlaubt.

Unter der Geltung des klassischen Völkerrechts des 17. bis 19. Jahrhunderts stand den souveränen Staaten das Recht der Annexion zu, wenn sie in einem Krieg den Gegner völlig niedergerungen und seine Staatsgewalt vernichtet hatten.

Häufig war die Annexion sogar Motivation zu Krieg. Mit durch die Annexion erfolgenden Verschiebungen der Gebietshoheit waren in der Regel keine Nachteile für die Bewohner des betroffenen Gebiets verbunden. Völkermord, Vertreibung und Konfiskation von Privateigentum waren ausgeschlossen. Die Annexionsfreiheit des klassischen Völkerrechts war die Folge des Prinzips des freien Kriegführungsrechts (ius ad bellum). Annexionsfreiheit und Kriegsfreiheit waren untrennbar miteinander verknüpft. Trotz der Annexionsfreiheit war hinsichtlich eines Angriffskrieges und seiner auf Annexion gerichteten Ziele gerade in der Praxis eine erhebliche Unsicherheit bezüglich einer Rechtmäßigkeit bereits vom 17. Jahrhundert an feststellbar, die dazu führte, zusätzliche Rechtfertigungsgründe für Annexionen zu suchen.

Mit der modernen Entwicklung des Völkerrechts[12] ist an die Stelle des freien Kriegführungsrechts das Kriegs- bzw. Gewaltverbot getreten. Konsequenterweise folgte diesem Wandel von Kriegsfreiheit zum Gewaltverbot auch ein Wandel von Annexionsfreiheit

der Verfassung der UdSSR; vgl. *Meissner,* Die Verfassungsentwicklung der Sowjetunion seit dem 2. Weltkrieg, JIR, 1949, S. 766 ff.; *Krülle,* a. a. O. (Anm. 6), S. 205. Als maßgebliche Annexionserklärung Polens bezüglich der deutschen Ostgebiete kommt das Dekret vom 13. 11. 1945 betreffend die Verwaltung der wiedergewonnenen Gebiete in Betracht (Gesetzblatt der Republik Polen 1945, Nr. 51, Pos. 295). Vgl. auch die Warschauer Deklaration vom 6. 6. 1950 (EA 1950, S. 3215) und den Görlitzer Vertrag (GBl. DDR 1950 II, S. 1205 ff.), Texte auch bei *Blumenwitz,* a. a. O. (Anm. 4), S. 86 ff.

10 Vgl. die Berliner Erklärung vom 5. 6. 1945 (Amtsblatt des Kontrollrats in Deutschland, Ergänzungsblatt Nr. 1, S. 6). Danach übernahmen die vier Siegermächte »die oberste Regierungsgewalt in Deutschland« (»Supreme Authority«). Dies geschah nach ihren Worten, um »Vorkehrungen für die Einstellung weiterer Feindseligkeiten seitens der deutschen Streitkräfte, für die Aufrechterhaltung der Ordnung in Deutschland und für die Verwaltung des Landes zu treffen«. Die Übernahme zu den vorstehend genannten Zwecken bewirkt nicht die Annektierung Deutschlands.

11 Das Deutsche Reich hat niemals seine Zustimmung zu einem russischen bzw. polnischen Gebietserwerb erteilt. Eine solche Zustimmung hat auch die Bundesrepublik Deutschland in den Ostverträgen nicht gegeben; vgl. *Blumenwitz,* a. a. O. (Anm. 4), S. 36 ff.

12 Briand-Kellogg-Pakt vom 27. 8. 1928, Art. 2 Abs. 4 UN-Charta; dt. Text: RGBl. 1929 II, S. 97. In ihm erklärten die vertragschließenden Staaten, »daß sie den Krieg als Mittel zur Lösung internationaler Streitfälle verurteilten und auf ihn als Werkzeug nationaler Politik in ihren gegenseitigen Beziehungen verzichten«.

zum Annexionsverbot. So macht das Verbot eines Angriffskrieges eine vom Angreifer durchgeführte Annexion nach dem Krieg völkerrechtswidrig (ex iniuria ius non oritur). Umstritten ist heute, ob ein Vorgang der Entkolonialisierung, der objektiv den Tatbestand der Annexion erfüllt, aber im Einklang mit dem Selbstbestimmungsrecht der Völker steht[13], als völkerrechtswidrige Annexion zu qualifizieren ist; dies hängt von der Tragweite der Legitimierung des sog. nationalen Befreiungskampfes ab. Umstritten ist auch die Frage nach der Beurteilung einer Annexion durch den Angegriffenen nach einem Verteidigungskrieg[14]. Eine solche Gegenannexion als die von einem siegreich gebliebenen Angegriffenen nach Kriegsende gegen den besiegten Staat erklärte Annexion wird zum Teil als Abschreckungsmittel gegen Aggressionen gebilligt[15]. So gilt nach Auffassung der sowjetischen Völkerrechtslehre das Annexionsverbot nicht für den Angegriffenen. Dieser könne sich vielmehr das Gebiet des besiegten Angreifers einverleiben. Sie setzt sich damit jedoch in Widerspruch zu Lenin[16], der jede Annexion als »eine Verletzung des Selbstbestimmungsrechts der Nation« schlechthin für unrechtmäßig erklärte.

Die Zulässigkeit einer Gegenannexion[17] widerspräche Art. 51 UN-Charta. Nach Art. 51 UN-Charta ist lediglich die Verteidigung des Angegriffenen gerechtfertigt. Der dieser Bestimmung immanente Verhältnismäßigkeitsgrundsatz rechtfertigt eine Gewaltanwendung nur insoweit, als sie zur Verteidigung erforderlich ist, billigt aber keine darüber hinausgehenden territorialen Gebietsgewinne. Akzeptiert man dagegen das Recht zur Gegenannexion, so kann nicht ausgeschlossen werden, daß ein Staat einen Angriff in der Absicht provoziert, nach der militärischen Niederringung des Gegners dessen Territorium zu annektieren. Zudem ist die Abgrenzung von Angriff und Verteidigung überaus zweifelhaft, zumal es keine internationale Instanz gibt, die diese Frage gegen die Interessen einer Großmacht verbindlich entscheiden könnte. Schließlich wird eine abschreckende Wirkung auf den potentiellen Aggressor durch die Tatsache erreicht, daß er im Fall der Niederlage durch den Friedensvertrag zu einer Zession verpflichtet werden kann.

Jede Annexion ist somit verboten. Ein Staat, der Gebiete zwangsweise annektiert, handelt völkerrechtswidrig[18]. Die Völkerrechtswidrigkeit einer Annexion läßt sich gegebenenfalls auch aus dem – allerdings in Umfang und Rechtsgeltung nicht unbestrittenen – Selbstbestimmungsrecht der Völker ableiten. Das Annexionsverbot gilt grundsätzlich auch für die Siegermächte des 2. Weltkrieges. Der Feindstaatenartikel 107 der UN-Charta, wonach die Siegermächte Kriegsfolgemaßnahmen in eigener Regie (d. h. ohne Mitwirkung der für die Friedenssicherung an sich zuständigen UN-Organe) treffen können, zeichnet die verantwortlichen Staaten nicht von der Beachtung des allgemeinen Völ-

13 Vgl. z. B. die Eroberung Goas und anderer portugiesischer Besitzungen auf dem indischen Subkontinent durch Indien im Jahre 1961.

14 Vgl. z. B. die Annexion der Gebiete jenseits von Oder und Neiße durch Polen und die Sowjetunion; die Annexion arabischer Gebiete durch Israel, sofern der Krieg Israels als Verteidigungskrieg anzusehen ist.

15 *Menzel,* Verfassungswidrigkeit der Ostverträge von 1970? DÖV 1971, S. 374 f.; anders noch *ders.,* Völkerrecht 1962, S. 178.

16 *Lenin,* Werke Bd. 26 (1961), S. 240; Bd. 22 (1960), S. 320.

17 Die Problematik der Gegenannexion hat in der Erörterung der Ostverträge eine gewisse Rolle gespielt, weil ein Teil der Interpreten die territorialen Bestimmungen als Anerkennung einer Annexion betrachten wollten; vgl. *Menzel,* DÖV 1971, S. 374 f.

18 Vgl. *Eagleton,* International Government, 3. Aufl. 1957, S. 56 f.; *Fenwick,* International Law, 4. Aufl. 1965, S. 425; *Cavaré,* Le droit international public positif, Tome I, 1951, S. 274; *Langer,* Seizure of Territory, The Stimson Doctrine and Related Principles in Legal and Theory and Diplomatic Practice, 1947, S. 117; *Dahm,* Bd. I, a. a. O. (Anm. 7), S. 604 ff.; *Verdross,* Völkerrecht, 5. Aufl. 1964, S. 288; auch: *Tunkin,* Das Völkerrecht der Gegenwart, 1963, S. 221 ff.; *Molodzow* in: Völkerrecht, Akademie der Wissenschaften der UdSSR, 1960, S. 189 ff.

kerrechts frei. Deshalb können die Deutschland betreffenden territorialen Fragen endgültig nur durch einen Friedensvertrag mit Deutschland geregelt werden (Friedensvertragsvorbehalt).

### IV. Die Stimson-Doktrin

Anläßlich des Mandschurei-Konflikts erklärte der amerikanische Außenminister Stimson am 7. 1. 1932, die USA würden in Zukunft keine gewaltsam erfolgten Gebietsveränderungen mehr anerkennen. Diese sogenannte Stimson-Doktrin will verhindern, daß unter Verletzung des Gewaltverbots erfolgte und daher völkerrechtlich unwirksame Gebietsveränderungen durch die konsolidierende Wirkung der Anerkennung seitens dritter Staaten schließlich doch Rechtsgültigkeit erlangen.

Der Grundsatz der Nichtanerkennung gewaltsamer Gebietsveränderungen wurde mit der Resolution des Völkerbundes vom 11. 3. 1932 zu einem Prinzip des Völkerrechts erhoben. Durch den Saavedra-Lamas-Vertrag vom 10. 10. 1933[19], die Montevideo-Konvention[20] und die Bogotá-Charta vom 30. 4. 1948[21] wurde die Stimson-Doktrin zur Rechtsverpflichtung für die amerikanischen Staaten. Sie fand auch Eingang in Beschlüsse der UNO, so in den Deklarationsentwurf über die Rechte und Pflichten der Staaten[22], in die Aggressionsdefinition und die Prinzipiendeklaration[23].

In der Praxis wurde die Stimson-Doktrin selten befolgt. So wurde die Annexion Abessiniens durch Italien 1936 im Laufe der Zeit von nahezu allen Staaten anerkannt, 1938 wurde der Anschluß Österreichs fast allgemein gebilligt, und im Zweiten Weltkrieg stieß die Einverleibung finnischen Gebiets durch die Sowjetunion kaum auf Widerspruch. Die Eroberung Goas und anderer portugiesischer Besitzungen auf dem indischen Subkontinent durch Indien 1961 blieb ebenfalls nahezu unwidersprochen. Allerdings wird der Annexion der baltischen Staaten durch die Sowjetunion bis in die Gegenwart die Anerkennung versagt.

### V. Zur Frage der nachträglichen Legitimierung einer widerrechtlichen Annexion durch Ersitzung

Wird einer gewaltsamen Annexion nicht entgegengetreten, sondern ein solcher Zustand von den übrigen Staaten geduldet, kann eine nachträgliche Heilung des widerrechtlichen Gebietserwerbs durch Ersitzung eintreten[24]. Trotz des völkerrechtlichen Annexionsverbotes und trotz des sich generell an die Staaten der Völkergemeinschaft richtenden Ver-

19 LNTS 193, S. 393.
20 AJIL 34, Suppl. 74.
21 UNTS 119, S. 48.
22 YBILC 1949, S. 286.
23 Res. 2625 XXV.
24 Schon die Klassiker ließen einen Gebietserwerb auf Grund einer Ersitzung aus rechtspolitischen Erwägungen zu; vgl. *Grotius*, De iure belli ac pacis, lib II, Cap. IV, §§ IV-IX; *Vattel*, Le droit des gens ou principes de la loi naturelle, liv. II, chap. XI, § 147. Aber auch die moderne Völkerrechtslehre spricht sich zum Teil für einen Erwerbstitel der Ersitzung aus. Vgl. *Oppenheim-Lauterpacht*, Vol. I, a. a. O. (Anm. 6), S. 575 ff.; *Schwarzenberger*, Title to Territory. Response to a challenge, AJIL 51 (1957), S. 322; *Berber*, Bd. 1, a. a. O. (Anm. 8), S. 346 ff.; *Dahm*, Bd. I, a. a. O. (Anm. 7), S. 593 ff.; a. A.: *von der Heydte*, Völkerrecht I, 1958, S. 255; *Wengler*, Völkerrecht II, 1964, S. 981; *Schätzel*, Internationales Recht, Bd. I, Das Recht des völkerrechtlichen Gebietserwerbs, 1959, S. 44, 45, 259.

bots, rechtswidrigen Gebietserwerb anzuerkennen, wird damit der Rechtsgrundsatz »ex iniuria ius non oritur« zugunsten der Maxime der praktischen Politik »ex factis ius oritur« modifiziert.

### *1. Die Voraussetzungen einer wirksamen Ersitzung*

Voraussetzung für eine wirksame Ersitzung ist die ungestörte, ununterbrochene und unbestrittene Herrschaftsausübung (»undisturbed, uninterrupted and unchallenged«) während geraumer Zeit[25]. Die Herrschaftsausübung muß mit animus domini ausgeübt und nach außen dokumentiert werden. Guter Glaube des ersitzenden Staates ist nach h. M. nicht erforderlich[26].

Eine ungestörte Ausübung der Gebietshoheit liegt vor, wenn weder der Staat noch die Bevölkerung des annektierten Gebietes erkennbar Widerstand entgegensetzen. Unbestritten ist die Ausübung der Gebietshoheit, wenn sie von allen Staaten der Völkergemeinschaft geduldet wird. Ist ein anderer Staat der Auffassung, ebenfalls Ansprüche auf das betreffende Territorium zu haben, so hat er von Beginn seines Besitzverlustes an unmißverständlich durch Proteste und durch sein gesamtes sonstiges Verhalten deutlich zu machen, daß er einen durch Ersitzung erfolgenden Gebietserwerb des annektierenden Staates nicht hinnehmen will. Schließlich muß sich der ersitzende Staat seit geraumer Zeit und ohne wesentliche Unterbrechung im Besitz des Gebietes befinden. Eine präzise Zeitgrenze kann das Völkerrecht nicht vorschreiben. Es kommt hierbei auf die Umstände des Einzelfalles an.

### *2. Die Staatenpraxis*

#### *a) Die Ersitzung als Titel zum Erwerb von Territorium in internationalen Streitfällen*

(1) Die internationale Praxis respektierte den Gebietserwerb durch Ersitzung in mehreren Fällen:

- Im Schiedsvertrag zwischen Großbritannien und Venezuela über die Regelung des Streites um die Grenze von Britisch-Guayana 1897[27] wurde vereinbart, daß das Gericht die Ausübung der Hoheitsgewalt über 50 Jahre als Rechtstitel ansehen sollte.
- Im Schiedsspruch des Ständigen Internationalen Schiedshofes im Grisbadarna-Fall 1909[28] wurde das zwischen Norwegen und Schweden streitige Gebiet Schweden schon deshalb zugesprochen, weil es dort in gutem Glauben seine Hoheitsgewalt lange Zeit unwidersprochen ausgeübt habe. So heißt es dort:

  ». . . dans le droit des gens, c'est un principe bien établi, qu'il faut s'abstenir autant que possible de modifier l'état des choses existant de fait et depuis longtemps[29]«
- Auch der Präsident des StIGH, Max Huber, hat als Schiedsrichter im Palmas-Fall[30] die Ersitzung als einen rechtsgültigen und unbestreitbaren Titel bezeichnet:

[25] So der amerikanisch-mexikanische Schiedsspruch vom 15. 6. 1911 im Fall El Chamizal, AJ 5 (1911), S. 785.

[26] Vgl. auch *Krülle*, a. a. O. (Anm. 6), S. 215 ff.

[27] Nouveau Récueil général de traités XXXXIX, S. 583 ff.

[28] *Scott*, The Hague Court Reports 1916, S. 487 ff.

[29] *Scott*, a. a. O. (Anm. 28), S. 493.

[30] Reports of International Arbitral Awards Vol. II, S. 829 ff.

». . . practice, as well as doctrine, recognizes – though under different legal formulae and with certain differences as to the conditions required – that the continuous and peaceful display of territorial sovereignty (peaceful in relation to other States) is as good as a title.«[31]

– Im El-Chamizal-Schiedsspruch aus dem Jahre 1911[32] waren mexikanische Proteste ausschlaggebend dafür, daß die USA mit ihrem auf Ersitzung gestützten Anspruch nicht durchdrangen.

(2) In der Rechtsprechung des Ständigen Internationalen Gerichtshofes (StIGH) und des Internationalen Gerichtshofs (IGH) ist der Grundsatz der Ersitzung mehrfach angewendet worden:

– Im Urteil des StIGH über die Rechtsstellung von Ostgrönland (1933) wird Dänemarks Recht im wesentlichen daraus hergeleitet, daß es spätestens seit dem 17. Jahrhundert seine Hoheitsgewalt über Grönland ausgeübt und für Grönland Verträge abgeschlossen habe, ohne auf Widerstand bei anderen Staaten zu stoßen[33].

– Im Rechtsstreit zwischen Norwegen und dem Vereinigten Königreich über die Fischereirechte an der norwegischen Küste (1951) kam der IGH zum Ergebnis, Norwegen habe die von ihm in Anspruch genommene Methode für die Bestimmung der Küstengewässer über 60 Jahre unangefochten anwenden können und habe deshalb entsprechendes Recht erlangt[34]. Der Gerichtshof schloß aus der konstanten Beanspruchung und Manifestierung des norwegischen Vermessungssystems und aus dem Schweigen der interessierten Staaten:

»c'est en définitive ce système lui-même qui aurait bénéficié d'une tolérance générale, fondement d'une consolidation historique qui le rendait opposable à tous les États«[35].

– Im Rechtsstreit zwischen Frankreich und dem Vereinigten Königreich über den Besitz der Minquiers- und Ecrehos-Gruppe[36] kam es dem IGH ebenfalls auf die tatsächlichen Verhältnisse an. Die Inseln wurden dem Vereinigten Königreich zugesprochen, da England die Hoheitsrechte in alter und neuer Zeit ohne Protest Frankreichs ausgeübt habe, während Frankreich seine Ansprüche nicht vor dem Ende des 19. Jahrhunderts vorgebracht hätte.

(3) Nach anerkannter internationaler Spruchpraxis ist die eineinhalb Jahrhunderte währende effektive Herrschaft der Briten über dic Falkland-Inseln ein Gebietserwerbstitel für das Vereinigte Königreich. Die von argentinischer Seite gelegentlich vorgetragenen Proteste gegen die Ausübung britischer Hoheitsrechte über die Inseln vermochten den vom Palmas-Schiedsspruch geforderten »peaceful display« britischer Staatsgewalt nicht zu unterbrechen[37].

(4) Die ungestörte, ununterbrochene und unbestrittene Herrschaftsausübung liegt auch dem Uti-possidetis-Prinzip zugrunde.

Als die früheren spanischen und portugiesischen Kolonien in Südamerika die Unabhängigkeit erlangten, gab es zunächst Auseinandersetzungen um den Verlauf der Grenzen in den unübersichtlichen und unwegsamen Gebieten. Die jungen

31 Reports of International Arbitral Awards Vol. II, S. 839.

32 Reports of International Arbitral Awards Vol. XI, S. 308 ff.

33 Permanent Court of International Justice, Reports of Judgements, Advisory Opinions, Orders and other Acts and Documents A/B 53.

34 Recueil des Arrêts, Avis consultatifs et Ordonnances 1951, S. 116 ff.

35 Recueil des Arrêts, Avis consultatifs et Ordonnance 1951, S. 138.

36 Recueil des Arrêts, Avis consultatifs et Ordonnances 1953, S. 47 ff.

37 Dazu vgl. *Blumenwitz,* Falkland oder Malvinas?, in: Zeitschrift für Politik, 1982, S. 318 ff.

Staaten legten die Streitigkeiten schließlich dadurch bei, daß sie die Grenzen der früheren spanischen Verwaltungsbezirke bzw. den tatsächlichen territorialen Besitzstand des Jahres 1810 als Staatsgrenze zwischen sich anerkannten.

Eine Regelung der Grenzstreitigkeiten auf der Grundlage der Regel des Uti possidetis von 1821, der »continued and unopposed assertion of . . . authority . . ., under claim of right«, hatte das Schiedsgericht im Rechtsstreit zwischen Guatemala und Honduras 1933 zu treffen[38].

(5) Auch die nationalen Rechte bieten Beispiele für die Anerkennung der Ersitzung als Titel für den Gebietserwerb. So hat der Supreme Court der USA mehrfach entschieden, daß man altüberlieferte, über lange Zeit unangefochtene Grenzen zwischen den einzelnen Staaten der USA als rechtsmäßig hinnehmen müsse[39].

*b) Die Würdigung der Staatenpraxis im Hinblick auf die besondere Lage der deutschen Ostgebiete*

Die politische Bedeutung der bislang durch Ersitzung erworbenen Gebiete ist im Vergleich zu den deutschen Ostgebieten gering. Es handelte sich um dünnbesiedelte Grenzgebiete oder entlegene Inseln.

Ostdeutschland, den Grenzen von 1937 entsprechend, umfaßt dagegen die östlich der Oder und der Lausitzer Neiße liegenden deutschen Provinzen, die eine Kornkammer Europas waren und reich an Bodenschätzen sind. Zu den Ostgebieten gehören Ostpreußen mit dem Regierungsbezirk Westpreußen, Ostpommern mit der westlich der Oder liegenden Hauptstadt Stettin, Nieder- und Oberschlesien, die Grenzmark Posen, Westpreußen und der östliche Teil der Mark Brandenburg. Das sind 114 140 qkm, fast 25 % des Deutschen Reiches nach dem Stande von 1937. Nach der Volkszählung vom 17. Mai 1939 belief sich die Bevölkerungszahl auf knapp 10 Millionen Einwohner.

Die internationale Praxis respektierte bislang den Gebietserwerb durch Ersitzung weiter nur, wenn es sich im Einzelfall nicht nachweisen ließ, nach welchem vom Völkerrecht anerkannten Titel ein Gebiet, das sich seit längerer Zeit im Besitz eines Staates befand, erworben wurde. Der Gebietserwerb stand auch nicht im Widerspruch zu ausdrücklichen völkerrechtlichen Regelungen der Beteiligten oder interessierten Staaten.

Soweit Gebiete, die später durch Ersitzung erworben wurden, gewaltsam einverleibt wurden, erfolgte dies nicht unter Verstoß gegen das Annexionsverbot, das erst mit der Entwicklung des freien Kriegführungsrechts zum Kriegs- bzw. Gewaltverbot Eingang im Völkerrecht fand. Daß sich z. B. Großbritannien im 19. Jahrhundert nur gewaltsam den Zugang zu den Falkland-Inseln (wieder) verschaffen konnte, schadete nicht, da sich der Vorgang ausschließlich nach den 1833 geltenden Völkerrechtsnormen beurteilte, die im Gegensatz zur heutigen Rechtslage kein Gewaltanwendungsverbot in den zwischenstaatlichen Beziehungen kannten. Die Ächtung der Gewalt in den internationalen Beziehungen im heutigen Völkerrecht muß sich dagegen auf die Rechtsfolgen nicht legitimen Gewaltgebrauchs auswirken.

Die im Zusammenhang mit dem Völkerrechtsinstitut der Ersitzung entwickelte Staatenpraxis vermittelt für den Erwerb ostdeutscher Gebiete durch die Volksrepublik Polen keinen unmittelbaren Präzedenzfall, da bei einem wirtschaftlich und politisch so bedeutenden Gebiet wie den deutschen Ostprovinzen im Zentrum Europas

38 Reports of International Arbitral Awards Vol. II, S. 1307 (1324).

39 Belege bei *Hackworth*, Digest of International Law 1, § 63.

eine nur faktische Regelung bislang noch nicht vorgekommen ist, da weiterhin als verbindlich angesehene Verträge einer Ersitzung nach Staatenpraxis entgegenstehen und da schließlich Nachweise für eine Ersitzung im Widerspruch zum universell geltenden Gewaltanwendungsverbot nicht zu erbringen sind.

Das Vorliegen des für die völkerrechtliche Ersitzung entscheidenden Elements, nämlich die lange währende, ungestörte und unbestrittene Herrschaftsausübung der Volksrepublik Polen über die deutschen Ostgebiete, bedarf deshalb einer besonders eingehenden Untersuchung.

### *3. Zur Frage der ungestörten, unbestrittenen und lange währenden Herrschaftsausübung der Volksrepublik Polen über die deutschen Ostgebiete*

#### *a) Erkennbarer Widerspruch gegen die polnische Herrschaftsausübung*

Es gilt heute als unbestritten, daß die Bevölkerung in den polnischer Staatsgewalt unterstellten deutschen Ostgebieten keinen erkennbaren Widerstand gegen die polnische Herrschaft ausübt[40]. Ein derartiger Annexion und Ersitzung hemmender Widerstand kann allerdings auch nicht erwartet werden, wenn der das Gebiet sich einverleibende Staat die angestammte Bevölkerung vertreibt oder mit menschenrechtswidrigen Praktiken einschüchtert. Der ersitzende Staat darf sich nicht auf Umstände berufen, die er selbst unter Verletzung grundlegender Normen des Völkerrechts herbeigeführt hat. So ist z. B. in zahlreichen UN-Resolutionen anerkannt worden, daß Israel und die Türkei aus der Vertreibung der Palästinenser bzw. der griechischen Zyprioten keine rechtlichen Vorteile – etwa bei der Verwirklichung des Selbstbestimmungsrechts der neu angesiedelten Bevölkerung – haben erlangen können.

#### *b) Duldung der polnischen Herrschaftsausübung durch die Staaten der Völkergemeinschaft*

(1) Die Siegermächte räumten der Volksrepublik Polen im Potsdamer Abkommen zunächst nur Verwaltungskompetenzen ein. Nach Ziff. VI und IX des Abkommens wurden die deutschen Ostgebiete »vorbehaltlich der endgültigen Bestimmungen der territorialen Fragen bei der Friedensregelung« teilweise unter sowjetische und teilweise unter polnische »Verwaltung« gestellt. Während der Umfang des Gebietes, das Polen im Friedensvertrag mit Deutschland zugesprochen werden sollte, noch nicht näher bestimmt war (die Westmächte erkannten nur einen nicht näher spezifizierten »gebietsmäßigen Kompensationsanspruch« an), wurde der UdSSR das Königsberger Gebiet bereits in Aussicht gestellt. Die sich aus dem Vorbehalt der »Friedensregelung« ergebende Vorläufigkeit und Genehmigungsbedürftigkeit der Gebietszuweisung wurde nach dem Abschluß der Potsdamer Konferenz – trotz der bereits eingeleiteten Vertreibung der deutschen Bevölkerung – auch von der Sowjetunion und Polen respektiert.

Der sowjetisch-polnische Vertrag vom 16. August 1945[41], der den Verlauf der sowjetisch-polnischen Grenzlinie durch Ostpreußen beschreibt, wiederholt in seinem Art. 3 ausdrücklich den Friedensvertragsvorbehalt unter Bezugnahme auf die Potsdamer Konferenz.

40 Eine bloße Unzufriedenheit mit dem Regime, wie sie insbesondere zu Beginn der achtziger Jahre zum Ausdruck kam, ist nicht ausreichend.

41 UNTS Bd. 10, S. 193.

Die logische Konsequenz der Viermächte-Verantwortung für »Deutschland als Ganzes« – darunter ist Deutschland in den Grenzen vom 31. 12. 1937 zu verstehen – ist der Fortbestand der deutschen territorialen Souveränität über die deutschen Ostgebiete, über die bis zum Abschluß eines Friedensvertrages die vier Hauptsiegermächte ihrem Selbstverständnis nach gesamthänderisch, im übrigen aber frei von den Bindungen der UN-Charta verfügen.

(2) Eine der wichtigsten Formen, mit deren Hilfe ein Staat einseitig zwischenstaatliche Beziehungen rechtlich gestalten kann, ist die Anerkennung[42]. Sie ist die Erklärung eines Völkerrechtssubjekts, einem Zustand oder Anspruch als rechtmäßig anzusehen. Durch die Anerkennung wird der Anerkennende verpflichtet, den einmal anerkannten Zustand oder Anspruch nicht mehr in Zweifel zu ziehen.

Im Gegensatz zur DDR[43] haben die Bundesrepublik Deutschland und die drei Westalliierten die faktische Ausgliederung der deutschen Ostgebiete aus dem deutschen Gesamtstaat rechtlich nicht anerkannt. Die grenzbezogenen Regelungen der Ostverträge beziehen sich nur auf die Ausübung polnischer Gebietshoheit und berühren nicht den von den vier Mächten geregelten Status quo[44]. Die Haltung der Bundesrepublik findet ihren Ausdruck in einer Reihe von Gesetzen, die an »Deutschland in seinen Grenzen vom 31. 12. 1937« – wenn auch nur förmlich – festhalten. Auch im zwischenstaatlichen Bereich hat die Bundesrepublik immer wieder versucht, dieser Auffassung Geltung zu verschaffen.

Völkerrechtlich läßt sich die Haltung der Bundesrepublik zu den deutschen Ostgebieten mit der Unterscheidung von »Gebietshoheit« und »territorialer Souveränität« erklären; beide Begriffe verhalten sich zueinander in etwa wie »Besitz« und »Eigentum« im innerstaatlichen Recht: Die »territoriale Souveränität« ist das Recht, über das Staatsgebiet oder Teile desselben endgültig und ohne Einschaltung anderer Stellen verfügen zu können. Es wäre also mit dem Eigentum an einer Sache vergleichbar. Die »Gebietshoheit« ist das Recht, auf dem betreffenden Staatsgebiet gegenüber den Bewohnern Akte der Staatsgewalt zu setzen. Es handelt sich um die Ausübung der tatsächlichen Herrschaft, die mit dem Besitz einer Sache zu vergleichen ist. So kann die Volksrepublik Polen in den deutschen Ostgebieten Staatsgewalt in jeder Form ausüben, aber bis zu einer endgültigen friedensvertraglichen Regelung nicht über den Status der Gebiete verfügen[45].

Obwohl Polen die territoriale Souveränität noch nicht formell übertragen wurde, könnte sie Polen doch im Laufe der Zeit erworben haben. Die Reaktion der Siegermächte als Treuhänder für Deutschland als Ganzes, der Bundesrepublik Deutschland als Wahrerin der Interessen des gesamtdeutschen Volkes und unter Umständen der weiteren Rechtsgemeinschaft spielt insoweit eine entscheidende Rolle im Rechtbildungsprozeß, da Ersitzung nur möglich ist, wenn die effektive Ausübung von Hoheitsgewalt unangefochten erfolgt. Die Siegermächte und die Bundesrepublik Deutschland sind daher, um Rechtsverluste zu vermeiden, gehal-

42 Vgl *Krülle,* a. a. O. (Anm. 6), S. 222 ff.

43 Vgl. Abkommen zwischen der Deutschen Demokratischen Republik und der Republik Polen über die Markierung der festgelegten und bestehenden deutsch-polnischen Staatsgrenze (Görlitzer Vertrag) vom 6. 7. 1950 (Text: GBl. DDR 1950 II, S. 1205 ff.); auch *Blumenwitz,* a. a. O. (Anm. 4), S. 87 f. Zum Görlitzer Vertrag aus der Sicht der DDR vgl. Arbeitsgemeinschaft für Völkerrecht beim Institut internationaler Beziehungen an der Akademie für Staats- und Rechtswissenschaften der DDR (Hrsg.), Völkerrecht I, S. 7.

44 Vgl. *Blumenwitz,* a. a. O. (Anm. 4), S. 36 ff.

45 Vgl. *Verdross/Simma/Geiger,* Territoriale Souveränität und Gebietshoheit. Zur völkerrechtlichen Lage der Oder-Neiße-Gebiete, 1980, S. 15 ff.

ten, ausdrücklich klarzustellen, daß die Anerkennung oder Duldung der Gebietshoheit nicht als endgültige Hinnahme der territorialen Souveränität der Volksrepublik Polen über die deutschen Ostgebiete mißverstanden werden darf.

Im Zeitalter des universellen Gewaltanwendungsverbots dürfen Staaten ihren Rechtsstandpunkt nicht mehr mit gewaltsamen Mitteln durchsetzen. Deshalb kann auch aus der Nichtanwendung gewaltsamer Mittel kein Rechtsverlust abgeleitet werden. Das Unterlassen von Androhung und Anwendung von Gewalt zum Zweck der Änderung internationaler Demarkationslinien darf keinesfalls als Präjudiz für die Haltung der Bundesrepublik in bezug auf den Status der Ostgebiete ausgelegt werden. Dies bestätigt auch die UN-Deklaration über die »freundschaftlichen Beziehungen«, die mit der Resolution A/2625 XXV angenommen wurde. Die schlichte Bekundung des Rechtsstandpunktes ist ausreichend, solange ihr nicht der Einwand des »venire contra factum proprium« entgegengehalten werden kann. Solange der Tatbestand des »Verschweigens« nicht erfüllt wird, verlangt auch das Völkerrecht vom betroffenen Staat nicht, daß er bei jeder sich irgendwie bietenden Gelegenheit protestiert.

Die erforderlichen Klarstellungen wurden bei Abschluß der Ostverträge getroffen. Dieser Rechtsstandpunkt muß aber auch künftig immer wieder nach außen beharrlich vertreten werden.

(3) Die Staatenpraxis lehrt, daß auch der Bewahrung eines »nudum ius« Bedeutung zukommen kann.

So hat der Berliner Kongreß von 1878 Österreich-Ungarn ermächtigt, Bosnien und die Herzegowina, die damals Teile des türkischen Staatsgebiets waren, »zu besetzen und zu verwalten«. Nach 30 Jahren wollte Österreich-Ungarn diese Gebiete annektieren, d. h. zu der seit 1878 ausgeübten Gebietshoheit nunmehr die territoriale Souveränität hinzugewinnen. Österreich versuchte, sich auf die Ersitzung in Analogie zum bürgerlichen Recht zu berufen. Eine Analogie lag aber nicht vor, da Österreich-Ungarn zwischen 1878 und 1908 das Gebiet nicht als »Eigentum« beanspruchen konnte[46].

Nach 1945 war die deutsche territoriale Souveränität über das Saarland auf ein »nudum ius« zusammengeschrumpft, während die Gebietshoheit über das Saarland bis zum 1. 1. 1937 zwischen Frankreich und einer saarländischen Regierung geteilt war. Im Saarvertrag vom 27. 10. 1956[47] erklärte dann Frankreich, damit einverstanden zu sein, daß die Bundesrepublik Deutschland ihre Gebietshoheit auch auf das Saarland ausdehnt[48].

(4) Obgleich Gebietshoheit und territoriale Souveränität in der Rechtsdogmatik scharf zu trennen sind, sind sie doch in der Staatenpraxis zwei Seiten ein und derselben Münze. Wegen der phänotypischen Affinität von Gebietshoheit und territorialer Souveränität erscheint daher der Schluß von der Anerkennung bzw. Duldung der Gebietshoheit auf die Duldung der territorialen Souveränität nicht ausgeschlossen, insbesondere dann, wenn die Bundesrepublik und die drei Westmächte es versäumen, ausdrücklich klarzustellen, daß die Anerkennung bzw. Duldung der Gebietshoheit nicht als Hinnahme der territorialen Souveränität mißverstanden werden darf.

[46] Vgl. dazu *Reibstein,* Völkerrecht Bd. 2, 1963, S. 597 ff.

[47] Text: *von Münch,* Dokumente des geteilten Deutschland, Bd. I, 2. Aufl. 1976, S. 457 ff.

[48] Vgl. auch das noch nicht ratifizierte Mundatwald-Abkommen vom 31. Juli 1962, Text: *von Münch,* a. a. O. (Anm. 47), S. 462 ff.; vgl. dazu *Blumenwitz,* Die Darstellung der Grenzen Deutschlands in kartographischen Werken, 1980, S. 20.

Ob die Bundesrepublik derartige Erklärungen ausschließlich der Vier-(Drei-) Mächte-Ebene vorbehalten kann, ist eine Frage ihres nationalen Selbstverständnisses, das auch durch die Verfassungsordnung des Grundgesetzes vorbestimmt ist.

Für das Verfassungsverständnis der 50er und auch noch der 60er Jahre war die Identität von Deutschland und Bundesrepublik Deutschland und die verpflichtende Rolle der Bundesrepublik, für das ganze deutsche Volk zu sprechen, selbstverständlich. Die sog. neue deutsche Ostpolitik hat mit dem akzeptierten »Vorteil, nicht ganz souverän zu sein«, eine der Teilordnungslehre nicht unähnliche Distanz zwischen der Bundesrepublik Deutschland (die durch die Ostverträge verpflichtet wird) und dem »gesamtdeutschen Souverän« (der von der Vertragspolitik angeblich nicht berührt wurde) geschaffen. Das Bundesverfassungsgericht hat jedoch dieser sich anbahnenden Zweigleisigkeit und der Verlagerung aller deutschlandrechtlicher Kompetenzen auf die Viermächteverantwortung Grenzen gesetzt: Das Grundvertragsurteil[49] stellt ausdrücklich fest, es sei verfassungswidrig, »wenn die Verweisung auf die Viermächte-Verantwortung für Gesamtdeutschland bedeuten würde, künftig sei sie allein noch eine (letzte) rechtliche Klammer für die Fortexistenz Gesamtdeutschlands«; verfassungskonform ist die Verweisung auf die Viermächte-Verantwortung nur, wenn sie eine *weitere* Rechtsgrundlage für das Bemühen der Bundesrepublik um Wiedervereinigung bildet, »nämlich eine ›völkerrechtliche‹ neben der staatsrechtlichen« Klammer.

### c) *Die Ersitzungsfrist*

Im Gegensatz zu entsprechenden Institutionen des innerstaatlichen Rechts ist die völkerrechtliche Ersitzung nicht an bestimmte Fristen gebunden. Bereits beim Palmas-Fall, der eines der bedeutendsten Präjudizien für die Frage der Ersitzung darstellt, wurde offenbar, daß die Bestimmung des für die Ersitzung notwendigen Zeitraums der Sache nach nur als Konkretisierung des Vertrauensprinzips verstanden werden darf[50].

Das Völkerrecht als ein noch »unterentwickeltes« Normensystem bedarf bei seiner Bestätigung, Auslegung und notwendigen Ergänzung der Hilfe anderer Normenkomplexe, die im Wege der Rechtsvergleichung zu erschließen sind. So läßt sich in einer Reihe von Fällen – zumindest indirekt – aus nationalen Rechtsordnungen entnehmen, was nach Überzeugung der betreffenden Staaten auch völkerrechtlich für geboten gehalten wird. Die innerstaatliche Rechtspraxis vermag aber nichts darüber auszusagen, ob das innerstaatlich gebotene Verhalten auch von einer entsprechenden Norm des Völkergewohnheitsrechts verlangt wird. Da auch strittig ist, ob die Parallelität be-

49 BVerfGE 36, S. 19.

50 In den verhältnismäßig seltenen Fällen der Staatenpraxis wurden unterschiedliche Zeiten für die Ersitzungsfrist zur Diskussion gestellt. Im Palmas-Fall (vgl. oben Anm. 30) waren es über 200 Jahre, in der Entscheidung des IGH im norwegisch-britischen Streit um die Fischereirechte an der norwegischen Küste (vgl. Anm. 34) über 60 Jahre, in Art. 4 des Schiedsvertrages zwischen Großbritannien und Venezuela von 1897 (vgl. oben Anm. 27) war an 50 Jahre gedacht. *Berber,* a. a. O. (Anm. 8), S. 347, verlangt eine »beachtliche Zeit«, *Dahm,* Bd. I, a. a. O. (Anm. 7), S. 594, »geraume Zeit«, *Fenwick,* a. a. O. (Anm. 18), S. 420, »a long term of years«; ähnlich *Gould,* A Introduction to International Law 1957, S. 356. Nach *Oppenheim-Lauterpacht,* Vol. I, a. a. O. (Anm. 6), S. 576, ist ausreichend »such a lenght of time as is necessary to create the general convention that the present condition of things is in conformity with international order«; zustimmend *Krülle,* a. a. O. (Anm. 6), S. 217.

stimmter rechtlicher Regelungen im innerstaatlichen Recht für die Erzeugung allgemeiner Rechtsgrundsätze ausreicht oder ob eine besondere Rezeption durch die Völkerrechtsordnung hinzutreten muß, können innerstaatliche Ersitzungsvorschriften in der Regel nicht ohne weiteres für den zwischenstaatlichen Bereich fruchtbar gemacht werden.

So muß z. B. berücksichtigt werden, daß ein Rechtssubjekt des innerstaatlichen Rechts sich jederzeit den für ihn nachteiligen Folgen der Ersitzung durch Klageerhebung entziehen kann. Ein derartiges Instrumentarium stellt das zwischenstaatliche Recht nicht zur Verfügung, so daß der gebotene Schutz vor Völkerrechtsverletzungen nicht durch kurze Ersitzungsfristen noch weiter eingeschränkt werden darf.

Die Völkerrechtsordnung muß im Hinblick auf ihre besonderen Verhältnisse Fristen autonom entwickeln und erhält von den verschiedenen Landesrechten allenfalls nur Denkanstöße.

**Zusammenfassung**

1. Der Ersitzung als völkerrechtlichem Titel zum Erwerb von Staatsgebiet steht im modernen Völkerrecht das Gewaltanwendungs- und Annexionsverbot entgegen.
2. Die Staatenpraxis vermittelt keinen Präzedenzfall für den Erwerb durch Ersitzung eines politisch und wirtschaftlich so bedeutenden Territoriums, wie die deutschen Ostgebiete es darstellen.
3. Der ersitzende Staat erwirbt Staatsgebiet nach dem Grundsatz von »Treu und Glauben«; er kann sich deshalb nicht auf Umstände berufen, die er (wie z. B. die Vertreibung der angestammten Bevölkerung) selber völkerrechtswidrig herbeigeführt hat.
4. Aufgrund der bestehenden Völkerrechtslage (Friedensvertragsvorbehalt, auf den auch der Warschauer Vertrag Bezug nimmt) kann vorerst noch nicht von einer Duldung polnischer territorialer Souveränität (im Gegensatz zur Duldung polnischer Staatsgewalt) in den deutschen Ostgebieten ausgegangen werden.
5. Im Gegensatz zum innerstaatlichen Recht kennt das Völkerrecht keine bestimmten Ersitzungsfristen. Da die Ersitzungstatbestände des inner- und des zwischenstaatlichen Rechts kaum vergleichbar und Formalismen der zwischenstaatlichen Ordnung fremd sind, läßt sich die Lücke im völkerrechtlichen Normsystem auch nicht ohne weiteres durch die sich an innerstaatlichem Zivilrecht und seinen Verjährungs- und Verschweigungsregelungen orientierenden allgemeinen Rechtsgrundsätze schließen.
6. Für die Frage nach der territorialen Souveränität über die deutschen Ostgebiete gilt damit nach wie vor der Grundsatz »ex iniuria ius non oritur«.

Rupert Scholz

# Die Effektivität der deutschen Staatsangehörigkeit

## I.

Die Frage nach der Effektivität der deutschen Staatsangehörigkeit, die Frage, ob es im geteilten Deutschland inzwischen vielleicht zwei unterschiedliche Staatsangehörigkeiten gibt, sowie die Frage, wie sich die gesamtdeutsche Staatsangehörigkeit im Sinne des Deutschen Reiches bzw. der nationalen Einheit Gesamtdeutschlands zu den Entwicklungen im Staatsangehörigkeitsrecht des geteilten Deutschlands, namentlich zur Staatsbürgerschaftsgesetzgebung der DDR (StBG vom 20. 2. 1967)[1], verhält, rückt zunehmend in den Mittelpunkt nicht nur politischer, sondern auch rechtlicher Auseinandersetzungen.[2] Der unlösliche Kontext von Recht und Politik auch in diesem Feld – wie in allen anderen Problemfeldern, die mit der deutschen Teilung und der fortbestehenden Einheit der deutschen Nation zusammenhängen – rückt den Betrachtungsansatz der Effektivität – in prinzipiell legitimer Weise – vielfältig in den Vordergrund von Betrachtung und Bewertung. Denn das Staatsangehörigkeitsrecht steht allgemein im Schnittfeld von Staatsrecht und Völkerrecht, im Schnittfeld der Ordnungskomponenten ggf. konkurrierender innerstaatlicher Rechtsordnungen und wechselseitig auszugleichender international-rechtlicher Ordnungsmaßstäbe – ein Satz allerdings, der zugleich, wenn man ihn auf das spezifische Problemfeld des Staatsangehörigkeitsrechts im geteilten Deutschland wendet, nicht mißverstanden werden darf: Das Prinzip der gesamtdeutschen Staatsangehörigkeit besteht, wie im einzelnen noch darzulegen sein wird, unverändert fort. Nur auf seiner Grundlage kann und darf die Frage nach der Effektivität gestellt werden; nur auf ihrer Grundlage kann sie zutreffend beantwortet werden.

Die Frage nach der Effektivität der Staatsangehörigkeit begreift sich als juristisches Kriterium, das auch die – vielfältig politisch mitdefinierte – Faktizität spezifischer Konkurrenzlagen in Rechtsordnungen und staatsbürgerlichen Ansprüchen oder Abhängigkeitslagen betrachtungs- und bewertungsmäßig mit einzubeziehen sucht.[3] Auch dies ist,

[1] GBl. I 1967, S. 3.

[2] Vgl. zuletzt insbes. BVerfGE 36, 1 ff.; BVerwGE 66, 277 ff.; Randelzhofer, in: Maunz-Dürig, GG, Stand: September 1983, Art. 16 I Rdnr. 70 ff.; Stern, Staatsrecht, Bd. I, 2. Aufl. 1984, S. 263 ff.; ders., DVBl. 1982, 165 ff.; Bernhardt, VVDStRL 38,7/28 ff.; Mampel, ROW 1983, 233 ff.; E. Klein, NJW 1983, 2289 ff.; ders., in: FS Mampel, 1983, S. 345/348 f.; Hailbronner, JuS 1981, 712 ff.; Schröder, AVR Bd. 21 (1983), S. 409 ff.; ders., in: FS Mampel, 1983, S. 71/81 f.; Drobnig, ROW 1983, 171 ff.; von Mangoldt, JZ 1983, 543 ff.; ders., Bachof-FS, 1984, S. 77 ff.; Wyduckel, DVBl. 1983, 457 ff.; Zieger, in: Fünf Jahre Grundvertragsurteil des BVerfG, 1979, S. 189 ff.; ders., FAZ vom 1. 12. 1981, S. 8; ders., NJW 1984, S. 699 ff.; Meessen, Europa-Archiv 1973, 515 ff.; v. Morr, Der Bestand der deutschen Staatsangehörigkeit nach dem Grundvertrag, 1977; R. Scholz/Pitschas, demnächst in NJW 1984.

[3] Zur Lehre von der Effektivität vgl. allgemein Ferid, Der Neubürger im internationalen Privatrecht, 1949, S. 56 ff.; ders. RabelsZ 23 (1958), 498 ff.; Kegel, Internationales Privatrecht, 4. Aufl. 1978, S. 202; R. Scholz/Pitschas, NJW 1984 (Fn. 1); von Bar, JZ 1984, 126; Beitzke, JZ 1959, 124 ff.; ders., JZ 1983, 214 ff.; Neuhaus, Die Grundbegriffe des internationalen Privatrechts, 2. Aufl. 1976, S. 213; Kropholler, Internationales Einheitsrecht, 1975, S. 333; Palandt-Heldrich, BGB, 43. Aufl. 1984, Art. 7 EGBGB, Vorbem. 7 a, bb) m. w. Nachw.; vgl. neuerdings bes. noch v. Mangoldt, Bachof-FS, 1984, S. 77 ff.

auf die Fragestellung der deutschen Staatsanghörigkeit gewendet, prinzipiell legitim. Denn die Problematik des Staatsangehörigkeitsrechts in Deutschland läßt sich nicht allein nach den Specifica juristisch vorgegebener Grundpositionen beantworten. Sie fordert gerade aus der Sicht der eigenen Effektivität die Einbeziehung politisch-faktischer Bewertungselemente; dies jedenfalls und zumindest so weit, wie es um die ebenso rechtmäßige wie sachgerechte Einordnung, Zuordnung und ggf. auch Auflösung politischer Konkurrenz- oder Kollisionslagen in der Person des einzelnen Staatsbürgers geht. In diesem Sinne begreift sich das Kriterium der *Effektivität einer Staatsangehörigkeit als Maßstab kollisionsrechtlicher Sachgerechtigkeit* – so vor allem im internationalen Privatrecht.[4] Indessen steht vor dem Einsatz solcher Kriterien die Grundfrage nach der normativen Qualität der deutschen Staatsangehörigkeit im geteilten Deutschland insgesamt.

## II.

Ihre politische Zuspitzung hat die Frage der deutschen Staatsanghörigkeit durch den permanenten Versuch der DDR erfahren, sich aus den Ordnungszusammenhängen einer unverändert fortbestehenden gesamtdeutschen Staatsangehörigkeit herauszulösen, hierdurch die deutsche Teilung möglichst zu zementieren und darüber hinaus gegenüber der Bundesrepublik den Anspruch geltend zu machen, ihrerseits eine völker- wie staatsrechtlich eigenständige Staatsbürgerschaft der DDR anzuerkennen. Obwohl der zwischen der Bundesrepublik und der DDR am 21. 12. 1972 abgeschlossene Vertrag über die Grundlagen der Beziehungen zwischen der Bundesrepublik Deutschland und der Deutschen Demokratischen Republik[5] ausdrücklich keine Regelung der Staatsangehörigkeit enthält – die Bundesrepublik hat zu Protokoll erklärt: »Staatsangehörigkeitsfragen sind durch den Vertrag nicht geregelt worden«; ein Vorbehalt, den die DDR kannte und als solchen akzeptiert hat. Die DDR hat ihrerseits lediglich zu Protokoll erklärt: »Die Deutsche Demokratische Republik geht davon aus, daß der Vertrag eine Regelung der Staatsangehörigkeitsfragen erleichtern wird« – hat die DDR – erstmals in den sog. Geraer Forderungen von 1980 – wieder gefordert, daß im Zuge einer möglichst vollständigen Herstellung völkerrechtlicher Beziehungen auch »die Staatsangehörigkeit der DDR« von der Bundesrepublik rechtlich anerkannt und politisch respektiert werde.[6] Obwohl diese Forderung rechtlich wie politisch, wie bereits an dieser Stelle vorausgeschickt sei, unbegründet ist, zieht sie auch in der Bundesrepublik inzwischen einige politische Wellen. Immer häufiger wird davon gesprochen, daß man sich auf diese Forderung der DDR doch zumindest teilweise einlassen solle, daß man die Staatsangehörigkeit der DDR doch »respektieren« könne, um so vielleicht neuen Bewegungsspielraum o. ä. in der Deutschlandpolitik zu gewinnen.[7]

Als Beispiel sei auf die im Jahre 1983 gefaßten »Thesen zur Analyse und Weiterentwicklung sozialdemokratischer Berlin-, Deutschland- und Friedenspolitik« des zuständigen Ausschusses der Berliner SPD aufmerksam gemacht, der dafür votiert, »daß wir eine DDR-Staatsbürgerschaft zur Kenntnis nehmen und respektieren – wie wir auch die Existenz des von uns unabhängigen, selbständigen Staates DDR respektieren«. Diese Empfehlung konkretisiert ein noch deutlicheres Votum, das wie folgt lautet: »Wir müssen . . . damit aufhören, auch nur den Anschein zu erwecken, als seien unsere Rechtspositionen in den Bestand der DDR zielende Ansprüche.« Läßt man einmal die schon aus juristischer

4 Vgl. R. Scholz/Pitschas, NJW 1984 (Fn. 1).
5 Vgl. BGBl. 1973 II S. 421.
6 Vgl. dazu bereits R. Scholz, FAZ vom 22. 9. 1983, S. 10.
7 Siehe dazu auch R. Scholz, DArch. 1984, S. 258/261 f.

Sicht ebenso mißverständliche wie mißdeutende Artikulation dieses Votums und die mangelnde Reflexion über den Begriff einer »Respektierung« beiseite, so bleibt doch und jedenfalls der politische Grundtenor eindeutig: nämlich das nicht nur politisch, sondern auch juristisch begründete Eintreten für die DDR-Staatsbürgerschaft. Hieran ändert auch der folgende – nur scheinbar salvierende – Hinweis auf den »Fortbestand der deutschen Staatsangehörigkeit« nichts, da zugleich erklärt wird, »daß wir aus dem Fortbestand der deutschen Staatsangehörigkeit kein Recht auf Ausübung von Staatsgewalt über DDR-Bürger herleiten, daß wir Kollisionen zwischen unserem Staatsangehörigkeitsrecht und dem DDR-Staatsbürgerschaftsrecht vermeiden müssen«.

Politisch wie rechtlich bewegen sich solche Erwägungen oder gar Postulate im absolut ungesicherten Raum. Denn weder das Völkerrecht noch das Staatsrecht, noch der Grundlagenvertrag geben Handlungsspielraum in dieser Richtung. Politisch um so fragwürdiger ist es, mit solchen Erwägungen oder Postulaten sich auf die abschüssige Bahn einer Argumentation zu begeben, die die DDR häufig pflegt: nämlich den an die Bundesrepublik adressierten Vorwurf der angeblichen »juristischen Aggression«[8] oder der »völkerrechtswidrigen Intervention«[9], wenn sie, die Bundesrepublik, an der gesamtdeutschen Staatsangehörigkeit als ihrer Staatsangehörigkeit festhalte. Die Bundesrepublik leugne angeblich die »Souveränität« oder »Völkerrechtssubjektivität der DDR«; sie mische sich angeblich in die inneren Angelegenheiten der DDR ein, indem sie sich die Regelung des DDR-Staatsangehörigkeitsrechts anmaße.[10] Näheres Zusehen offenbart freilich rasch und gewiß, daß alle diese und ähnliche Vorwürfe politisch wie rechtlich unbegründet sind, ja, daß eher umgekehrt entsprechende Vorwürfe gegenüber der DDR und ihren staatsangehörigkeitsrechtlichen Ansprüchen artikuliert werden könnten.

## III.

Nach dem Staatsangehörigkeitsrecht der Bundesrepublik hat die deutsche Staatsangehörigkeit jedermann, der die Voraussetzungen des Reichs- und Staatsangehörigkeitsgesetzes vom 22. 7. 1913 (RuStAG)[11] und des Art. 116 GG erfüllt, demzufolge »›Deutscher‹ im Sinne dieses Grundgesetzes ist . . ., wer die deutsche Staatsangehörigkeit besitzt oder als Flüchtling oder Vertriebener deutscher Volkszugehörigkeit oder als dessen Ehegatte oder Abkömmling in dem Gebiete des Deutschen Reiches nach dem Stande vom 31. Dezember 1937 Aufnahme gefunden hat«. Die Bundesrepublik hat kein neues Staatsangehörigkeitsgesetz erlassen, ihre Staatsangehörigkeit ist unverändert diejenige Gesamtdeutschlands. Dies bedeutet, daß deutsche Staatsangehörige im Sinne des GG nicht nur die Bürger der Bundesrepublik, sondern auch die Deutschen in der DDR, Ost-Berlin und in den Ostgebieten sind. Nach Art. 16 Abs. 1 GG darf diese deutsche Staatsangehörigkeit niemandem gegen seinen Willen, also auch nicht solchen Personen entzogen werden, die nicht im Gebiet der Bundesrepublik leben.

Im Einklang mit dieser verfassungsrechtlichen Ausgangslage hat die Bundesrepublik auch deshalb an der gesamtdeutschen Staatsangehörigkeit als ihrer Staatsangehörigkeit festgehalten, weil jede Regelung der Staatsangehörigkeit notwendig *»Deutschland als Ganzes«* und damit die *fortbestehenden alliierten Vorbehaltsrechte hinsichtlich Gesamt-*

[8] Vgl. Völkerrecht, Lehrbuch, hrsg. von der Arbeitsgemeinschaft für Völkerrecht beim Institut für Internationale Beziehungen an der Akademie für Staats- und Rechtswissenschaft der DDR, Teil 1, 2. Aufl. 1981, S. 217.

[9] Ebd. (Fn. 8), S. 221.

[10] Ebd. (Fn. 8), S. 217, 220, vgl. dazu auch Randelzhofer, a. a. O. (Fn. 2), Rdnr. 76 f.; Stern, DVBl. 1982, 165/169; Bernhardt, VVDStRL 38, 29.

*deutschlands* berühren würde.[12] Wie die Bundesrepublik keine Befugnis hat, über die deutschen Grenzen in völkerrechtlicher Qualität zu disponieren, so hat sie auch keine Befugnis, über die gesamtdeutsche Staatsangehörigkeit bzw. über die Staatsangehörigkeit des gesamtdeutschen Staatsvolkes Dispositionen zu treffen, die an deren gesamtdeutschen bzw. national-einheitlichen Kern rühren würden.

Die Vorbehalte der vier Siegermächte des Zweiten Weltkrieges hinsichtlich »Deutschlands als Ganzem« stehen allen vier gleichsam zur gesamten Hand zu, erlauben keinem die einseitige Lösung oder das einseitige Ausscheiden und perpetuieren zugleich den Fortbestand des Deutschen Reiches bzw. der gesamtdeutschen Staatlichkeit als Völkerrechtssubjekt im andauernden Zustand der occupatio bellica. Änderungen an diesem Rechtszustand haben sich weder durch den Moskauer und den Warschauer Vertrag von 1970 noch durch den Grundlagenvertrag mit der DDR ergeben. Folgerichtig hat das BVerfG in seinem Urteil zum Grundlagenvertrag ausgeführt, daß »der Status des Deutschen im Sinne des Grundgesetzes, der die in diesem Grundgesetz statuierte deutsche Staatsangehörigkeit besitzt, ... durch keine Maßnahme, die der Bundesrepublik Deutschland zuzurechnen ist, gemindert oder verkürzt werden darf.«[13] Dies folge »aus der mit dem Status des Staatsangehörigen verbundenen Schutzpflicht des Heimatstaates«. »Müßte der Vertrag dahin verstanden werden, daß die Bürger der Deutschen Demokratischen Republik im Geltungsbereich des Grundgesetzes nicht mehr als Deutsche im Sinne des Art. 16 und des Art. 116 Abs. 1 GG behandelt werden dürften, so stünde er eindeutig im Widerspruch zum Grundgesetz ... Der Vertrag bedarf ... der Auslegung, daß – unbeschadet jeder Regelung des Staatsangehörigkeitsrechts in der Deutschen Demokratischen Republik – die Bundesrepublik Deutschland jeden Bürger der Deutschen Demokratischen Republik, der in den Schutzbereich der Bundesrepublik und ihrer Verfassung gerät, gemäß Art. 116 Abs. 1 und 16 GG als Deutschen wie jeden Bürger der Bundesrepublik behandelt«.[14]

## IV.

Die DDR reklamiert dagegen eine eigene Staatsangehörigkeit seit Erlaß ihres Staatsbürgerschaftsgesetzes vom 20. 2. 1967, das die bis zu diesem Zeitpunkt auch in der DDR prinzipiell fortbestehende Geltung des RuStAG beendete. In der Präambel zum StBG heißt es zwar, daß die Staatsbürgerschaft der DDR bzw. deren Erwerb mit der Gründung der DDR am 7. 10. 1949 automatisch entstanden sei. Diese Feststellung ist indessen fiktiv, soweit die DDR-Staatsbürgerschaft als ein aliud zur deutschen Staatsangehörigkeit im Sinne des RuStAG postuliert wird. Dies belegt implizit auch Art. 1 Abs. 4 DDR-Verfassung vom 7. 10. 1949, der – insoweit durchaus im Einklang mit dem GG – ausführt: »Es gibt nur eine deutsche Staatsangehörigkeit«, womit – wie die Entstehungsgeschichte der seinerzeitigen DDR-Verfassung belegt – die gesamtdeutsche Staatsangehörigkeit gemeint war. Dies möchte man indessen heute nicht mehr wahrhaben. Im (offiziösen) Lehrbuch des »Staatsrechts der DDR« heißt es hierzu, daß die seinerzeitige DDR-Verf. in der Tat »für ein einheitliches antifaschistisch-demokratisches Gesamtdeutschland« konzipiert war. Aus dem Umstand jedoch, daß diese Verfassung »nur für die DDR in Kraft gesetzt werden konnte«, habe sich »die entscheidende Konsequenz« dahin ergeben, daß jene Verfassung und damit auch ihre Staatsangehörigkeitsregelung auf das Gebiet der DDR beschränkt werden mußte. Als weitere Folgerung wird behauptet: »Von einem Bekennt-

[11] RGBl. S. 583, zuletzt geänd. durch G. vom 18. 7. 1979 (BGBl. I S. 1061).
[12] S. auch Stern, DVBl. 1982, 170.
[13] BVerfGE 36, 1/30.
[14] BVerfGE 36, 1/31.

nis zu einer einheitlichen deutschen Staatsangehörigkeit, die gleichermaßen die Staatsbürgerschaft der sozialistischen DDR wie die der imperialistischen BRD umfaßt, konnte daher nie die Rede sein.«[15]

Die – bereits immanent zu konstatierende – Inkonsequenz dieser These ist jedoch offenkundig: Entweder handelt es sich bei der Staatsbürgerschaft der DDR im Sinne des StBG um die identische Staatsbürgerschaft, die 1949 für Gesamtdeutschland konzipiert wurde, geltungsmäßig aber nur auf dem Gebiet der DDR durchgesetzt werden konnte, oder im Jahre 1967 sollte eine qualitativ anders geartete, von vornherein auf das Gebiet und die Bevölkerung der DDR beschränkte neue Staatsbürgerschaft entstehen, die sich folgerichtig von der ursprünglichen, gesamtdeutsch gedachten Staatsangehörigkeit konstitutiv unterscheiden sollte. Allein aus dem Umstand, daß die ursprünglich gesamtdeutsche Staatsangehörigkeitskonzeption nicht gesamtdeutsch durchsetzbar war, folgt mit Sicherheit keine entsprechend konstitutive Neu- oder Umorientierung der (materialen) Qualität der deutschen Staatsangehörigkeit in der DDR. Hieran ändert weder die Aufhebung jener alten Verfassungsbestimmung von 1949 noch der Erlaß des StBG von 1967 etwas.

Betrachtet man schließlich die Staatsbürgerschaftsgesetzgebung der DDR im Lichte der fortbestehenden alliierten Vorbehaltsrechte für Deutschland als Ganzes, so wird noch offenkundiger, daß die DDR sich auch mit ihrem StBG aus dem gesamtdeutschen Grundbezug auch ihrer Staatsbürgerschaft nicht ungehindert oder gar vollends lösen konnte. Denn für eine derart konstitutive Neuregelung fehlte der DDR – ebenso wie im umgekehrten Falle der Bundesrepublik – bereits die völkerrechtliche Legitimation. Man mag zwar davon ausgehen, daß das StBG der DDR nicht ohne das Einverständnis der Sowjetunion erlassen wurde; die Sowjetunion konnte indessen auch im Bereich ihrer ehemaligen Besatzungszone nicht allein über jene alliierten Vorbehaltsrechte disponieren; diese stehen, wie nochmals hervorgehoben sei, allen vier Siegermächten gemeinsam zu, können also auch nur von diesen gemeinschaftlich aufgegeben oder im konstitutiven Sinne verändert werden.[16] So bedarf es eigentlich nur am Rande des Hinweises darauf, daß die Sowjetunion auch im übrigen keineswegs ihre besatzungsrechtlich-originären Befugnisse im Verhältnis zum Staatsbürgerschaftsrecht der DDR aufgegeben hat, sondern diese durchaus bei gegebenem Anlaß reklamiert hat.[17] Die DDR tut sich daher schon von der eigenen, politisch vertretenen Position her äußerst schwer, ihrem Bestreben nach Anerkennung oder Respektierung einer eigenen, von der gesamtdeutschen Staatsangehörigkeit konstitutiv unterschiedenen Staatsbürgerschaft Geltung zu verschaffen. Als problemverschärfend erweisen sich dabei noch einige Besonderheiten, die die DDR ihrem Staatsbürgerschaftsrecht zugrunde gelegt hat und deren Anerkennung oder Respektierung sie – zumindest implizit – mit postuliert: Die Staatsbürgerschaft der DDR umschließt – insoweit sicherlich im Einklang mit den Grundsätzen des Völkerrechts zum Recht der Staatsangehörigkeit – denjenigen Personenkreis, auf den sich die Herrschaft des eigenen Staates bezieht (Gebiets- und Personalhoheit).[18] Die konkrete Ausgestaltung dieses Hoheitsrechts erweist sich bei näherem Zusehen jedoch als außerordentlich weit und z. T. auch aus der Sicht des Völkerrechts als durchaus fragwürdig. So bestimmt z. B. § 3 Abs. 2 StBG, daß ein Bürger der DDR der Zustimmung der zuständigen DDR-Staatsorgane bedarf, wenn

[15] Vgl. Staatsrecht der DDR, hrsg. von der Akademie für Staats- und Rechtswissenschaft der DDR (Autorenkollektiv: Assmann u. a.), 1978, S. 156.

[16] So auch Schröder, AVR Bd. 21 (1983), S. 409/426; a. A. Stern, DVBl. 1982, 165/169: Die Bundesrepublik Deutschland und die DDR sind zur Regelung der Staatsangehörigkeit kompetent.

[17] Vgl. dazu z. B. Schröder, a. a. O. (Fn. 16), S. 424 f.

[18] Vgl. Staatsrecht der DDR (Fn. 15), S. 160.

er die Staatsbürgerschaft eines anderen Landes erwerben will. Die DDR behält sich mit anderen Worten die Befugnis vor, selbst darüber zu entscheiden, wem, wann und unter welchen Voraussetzungen das Recht, eine andere Staatsbürgerschaft zu erwerben, konzediert wird. Eine solche Regelung ist auch international gesehen außerordentlich ungewöhnlich und wirft durchaus die Frage auf, inwieweit die DDR damit in das souveräne Recht anderer Staaten, über die eigene Staatsangehörigkeit und damit die eigenen Einbürgerungsvoraussetzungen zu entscheiden, in völkerrechtswidriger Weise eingreift. Speziell aus innerdeutscher Sicht müßte darauf aufmerksam gemacht werden, daß die DDR – bei unterstellter Unterscheidbarkeit einer »deutschen Staatsangehörigkeit der Bundesrepublik« und einer »deutschen Staatsangehörigkeit der DDR« – mit dieser Bestimmung auch die Befugnis für sich in Anspruch nehmen würde, darüber zu entscheiden, ob und unter welchen Voraussetzungen einer »ihrer Staatsbürger« die Staatsangehörigkeit der Bundesrepublik erlangen könnte. Das Staatsangehörigkeitsrecht der Bundesrepublik anerkennt solche Mitwirkungs- oder Zustimmungsvorbehalte anderer Staaten bei der Einbürgerung von bisherigen Angehörigen dieser Staaten jedoch – und dies im Einklang mit dem allgemeinen Völkerrecht – prinzipiell nicht.[19] Im Verhältnis zur DDR bestehen zwar derartige völkerrechtliche Beziehungen nicht. Gerade diejenigen aber, die für den Schritt zu solchen Beziehungen – und ein solcher läge letztlich auch in der »Respektierung« bzw. in einer faktischen Anerkennung der DDR-Staatsbürgerschaft – votieren, müßten sich die impliziten Voraussetzungen ihrer These überlegen; sie sähen sich in der Tat vor die Frage gestellt, wie eine derart völkerrechtswidrige Staatsbürgerschaftsgesetzgebung aus der Sicht der Bundesrepublik beurteilt und bewertet werden sollte. Politisch stellt sich vor allem die Frage, ob die von der DDR behauptete angebliche »juristische Aggression« des Staatsangehörigkeitsrechts der Bundesrepublik gegenüber dem der DDR nicht in Wahrheit im umgekehrten Sinne zu erkennen und damit auch abzuwehren ist. Alles dies jedoch sind Fragen, die sich die Befürworter der »Respektierung« einer DDR-Staatsbürgerschaft wohl noch nicht hinlänglich vergegenwärtigt haben.

Die DDR stellt sich in ihrem Staatsbürgerschaftsrecht des weiteren auf den Standpunkt, daß es keinen eigenständigen Anspruch auf Entlassung aus der Staatsbürgerschaft oder auf Auswanderung aus der DDR gebe.[20] Auch diese These müßte bei entsprechender Anerkennung oder »Respektierung« der DDR-Staatsbürgerschaft hingenommen werden. Die DDR definiert ihre Staatsbürgerschaft als »geschichtliche Aufhebung der bürgerlichen Staatsangehörigkeit«, die »mit der Bundesbürgerschaft der BRD unvereinbar« sei;[21] sie verpflichtet ihre Staatsbürgerschaft und damit ihre Bürger dem »sozialistischen Internationalismus« und damit »den Erfordernissen des revolutionären Weltprozesses«.[22] Die DDR verpflichtet ihre Bürger über ihr StBG auch außerhalb der Grenzen der DDR deren Gesetzen (Strafgesetz, Wehrpflicht etc.); sie fordert von ihren Bürgern auch außerhalb der eigenen Grenzen, sich nicht an einer Politik »zu beteiligen, die gegen die sozialistische Staatengemeinschaft oder einen Teil davon gerichtet ist«;[23] sie verpflich-

19 Eine Ausnahme kommt nur in Betracht bei völkerrechtlich garantierter Gegenseitigkeit; das bedeutet für die Bundesrepublik, daß ggf. entsprechende vertragliche Vereinbarungen bei der Ausübung des Einbürgerungsermessens gemäß § 8 Abs. 1 RuStAG berücksichtigt werden können (vgl. z. B. VGH B-W., ESVGH 31, 250/253 f.; BayVGH, Urt. v. 30. 7. 1982 Nr. 5 B 80 A. 1257). Keinem Staat ist es jedoch erlaubt, mit einseitiger Verbindlichkeit entsprechende Zustimmungsvorbehalte zu statuieren.

20 Vgl. Riege/Kulke, Nationalität: deutsch-Staatsbürgerschaft: DDR, Schriftenreihe Recht in unserer Zeit, hrsg. vom Staatsverlag der DDR, 1980, S. 75.

21 Vgl. Riege/Kulke, a. a. O. (Fn. 20), S. 28.

22 Vgl. Riege/Kulke, a. a. O. (Fn. 20), S. 19.

23 Riege/Kulke, a. a. O. (Fn. 20), S. 105.

tet ihre Bürger schließlich zur Rückkehr in die DDR.[24] Das Staatsbürgerschaftsrecht der DDR weitet das völkerrechtliche Schutzrecht des Staates über seine Staatsangehörigen damit in einer Weise aus, wie dies mit den Grundsätzen unseres Staatsangehörigkeitsrechts und seiner demokratisch-rechtsstaatlichen Struktur nicht zu vereinbaren ist. Das gleiche gilt für das Recht der Ausbürgerung, die sich die DDR bekanntlich auch gegenüber Vertretern der politischen Opposition im eigenen Lande vorbehält. Nimmt man solchen Bürgern der DDR durch Anerkennung einer konstitutiv-ausschließlichen DDR-Staatsbürgerschaft implizit auch die gesamtdeutsche Staatsangehörigkeit der Bundesrepublik, so trägt man im Ergebnis zu deren Staatenlosigkeit bei – ein nicht nur mit Art. 16 GG unvereinbares Ergebnis.

Das Völkerrecht verbietet auch der DDR, in das Staatsangehörigkeitsrecht der Bundesrepublik einzugreifen.[25] Denn die Regelung des Staatsangehörigkeitsrechts ist eigene Angelegenheit eines jeden Staates. Jeder Staat verfügt über das souveräne Recht, Fragen der Staatsangehörigkeit innerhalb der eigenen Grenzen selbst zu regeln. Kein Staat darf die Staatsangehörigkeit eines anderen Staates regeln oder in dessen Staatsangehörigkeitsrecht eingreifen. Die Bundesrepublik hat gegen dieses Verbot nie verstoßen.[26] Sie hat sich mit den Bestimmungen des GG und der Beibehaltung des RuStAG stets darauf beschränkt, an der gesamtdeutschen Staatsangehörigkeit als Staatsangehörigkeit der Bundesrepublik einschließlich Berlins festzuhalten.[27] Dies bedeutet, daß auch jedem Einwohner der DDR, soweit in seiner Person die gesetzlichen Voraussetzungen der gesamtdeutschen Staatsangehörigkeit gegeben sind, innerhalb der Bundesrepublik (einschließlich Berlins) das Recht der deutschen Staatsangehörigkeit zusteht. In das Staatsangehörigkeitsrecht der DDR wird damit in keiner Weise eingegriffen; soweit dies innere Angelegenheit der DDR selbst ist, bleiben deren Regelungen voll geachtet. Die DDR unternimmt dagegen, wie gezeigt, durchaus Gegenteiliges, wenn sie der Bundesrepublik das Recht zur eigenen Staatsangehörigkeitsregelung nach Maßgabe der Bestimmungen aus Art. 16, 116 GG und des RuStAG bestreitet.

Ein weiterer Verstoß der DDR wird im übrigen dort versucht, wo es um die Staatsangehörigkeit der Einwohner von Berlin (West) geht.[28] Obwohl das RuStAG und ebenso die grundgesetzlichen Bestimmungen der Art. 16 und 116 GG auch im Lande Berlin gelten (insoweit besteht kein besatzungsrechtlicher Geltungsvorbehalt gegenüber dem GG), behauptet die DDR, daß die »Bewohner Westberlins« wegen dessen angeblich »besonderen politischen Status . . . keine Staatsangehörigen der BRD sind«.[29] Mit dieser Behauptung greift die DDR nicht nur in unzulässiger Manier in das Staatsangehörigkeitsrecht der Bundesrepublik ein, sondern sie tastet auch und erneut die alliierten Vorbehaltsrechte für Deutschland als Ganzem an; denn diese Vorbehaltsrechte finden im Status von (ganz) Berlin ihren spezifischen und die Offenheit der deutschen Frage unmittelbar dokumentierenden Ausdruck. Gerade für die Bevölkerung Berlins, und zwar für den westlichen wie den östlichen Teil der Stadt, kann von *keiner* deutschen Instanz der Fortbestand der gesamtdeutschen Staatsangehörigkeit eliminiert werden. Für die Bewohner des westlichen Teils der Stadt tragen dem das GG und das RuStAG unmittelbar Rechnung. Für den östlichen Teil der Stadt versucht die DDR über ihr StBG und ihre ebensooft wiederholte wie

24 Vgl. Riege/Kulke, a. a. O. (Fn. 20), S. 106.
25 Vgl. Stern, Staatsrecht (Fn. 2), S. 269 m. w. Nachw. Fn. 98.
26 Vgl. zuletzt die ausführlichen Nachweise durch Stern, DVBl. 1982, 165/166 ff., und Randelzhofer, a. a. O. (Fn. 2), Rdnr. 77 ff.
27 Vgl. Stern, Staatsrecht (Fn. 2), S. 269.
28 Zur Staatsangehörigkeit der Berliner vgl. z. B. Grawert, Der Staat, Bd. 12 (1973), S. 289 ff.; Schröder, AVR Bd. 21 (1983), S. 409 ff.; ders., FS Mampel, 1983, S. 71/82.
29 Vgl. Völkerrecht (Fn. 8), S. 221.

unrichtige These von der angeblich integralen Zugehörigkeit Ost-Berlins zur DDR das Gegenteil zu bewirken. Indessen, da keine Regelung der deutschen Staatsangehörigkeit – sei es der DDR, sei es der Bundesrepublik – die alliierten Vorbehaltsrechte hinsichtlich Deutschlands als Ganzem und damit seines prinzipiellen Fortbestands als (nur derzeit handlungsunfähiges) Völkerrechtssubjekt ausräumen kann, bleibt ein solcher Versuch auch im Bereich des Staatsbürgerschaftsrechts von vornherein zum Scheitern verurteilt.

## V.

Unabhängig davon, daß die Staatsangehörigkeit der Bundesrepublik diejenige Gesamtdeutschlands ist, hat sich (spätestens) mit dem Erlaß des StBG bzw. mit der (versuchten) Aufkündigung der gesamtdeutschen Staatsangehörigkeit im Sinne der DDR-Verf. von 1949 durch die DDR eine Entwicklung des Staatsangehörigkeitsrechts in Deutschland ergeben, die zu Kollisionstatbeständen oder doch zu tatsächlichen Konkurrenzlagen in der Person des einzelnen deutschen Bürgers führen kann. Folgerichtig stellt sich die Frage, wie sich die jeweiligen Rechtsordnungen zueinander zu verhalten haben bzw. wie entsprechenden Kollisions- oder Konkurrenzverhältnissen in ebenso staats- wie völkerrechtsgemäßer Weise zu begegnen ist.[30] Daß das Staatsbürgerschaftsrecht der DDR hierbei nicht etwa schlicht ignoriert werden kann, liegt auf der Hand. Denn an der tatsächlichen Situation der Verpflichtung der Einwohner der DDR auf das dortige Staatsbürgerschaftsrecht kommt niemand vorbei. Und so ist es auch durchaus folgerichtig, wenn das BVerfG in seiner Entscheidung zum Grundlagenvertrag davon spricht, daß nur soviel zu gewährleisten sei, »daß – unbeschadet jeder Regelung des Staatsangehörigkeitsrechts in der Deutschen Demokratischen Republik – die Bundesrepublik Deutschland jeden Bürger der Deutschen Demokratischen Republik, der in den Schutzbereich der Bundesrepublik und ihrer Verfassung gerät, gem. Art. 116 Abs. 1 und 16 GG als Deutschen wie jeden Bürger der Bundesrepublik behandelt«.[31] Dies bedeutet, daß den Einwohnern der DDR neben der Staatsbürgerschaft der DDR auch die gesamtdeutsche Staatsangehörigkeit zusteht und daß sie diese ebenso wie jeder Einwohner der Bundesrepublik in uneingeschränktem Maße in Anspruch nehmen dürfen. Gleichzeitig bestreitet die Bundesrepublik der DDR jedoch nicht das Recht, Staatsbürgerschaftsfragen für den eigenen Bereich unabhängig von der Bundesrepublik zu regeln. Art. 6 Grundlagenvertrag spricht insoweit davon, daß die Bundesrepublik und die DDR »von dem Grundsatz« ausgehen, »daß die Hoheitsgewalt jedes der beiden Staaten sich auf sein Staatsgebiet beschränkt« und daß »die Unabhängigkeit und Selbständigkeit jedes der beiden Staaten in seinen inneren und äußeren Angelegenheiten« respektiert wird. Dieser Grundsatz gilt auch im hiesigen Bereich; bestätigt durch die Formel des BVerfG vom Unbeschadetsein »jeder Regelung des Staatsangehörigkeitsrechts«[32] in der DDR.

Die Bundesrepublik garantiert jedem Einwohner der DDR die gesamtdeutsche Staatsangehörigkeit, wobei diese Garantie sich zunächst als Angebot oder Option begreift und lediglich für denjenigen Einwohner der DDR zum verbindlichen Grundsatz wird, der sich auf Dauer in der Bundesrepublik aufhält oder niederläßt. Soweit ein Einwohner der DDR sich nur vorübergehend bzw. als Gast in der Bundesrepublik aufhält, steht es ihm durchaus frei, die Rechte der gesamtdeutschen Staatsangehörigkeit nicht wahrzunehmen.[33]

30 Vgl. dazu R. Scholz/Pitschas, NJW 1984 (Fn. 1).

31 BVerfGE 36, 1/31.

32 Vgl. Fn. 31.

33 Vgl. R. Scholz/Pitschas, NJW 1984 (Fn. 1); Stern, DVBl. 1982, 165/169; E. Klein, NJW 1983, 2289/2290; Scheuner, Europa-Archiv, 1979, 346/347 f., 354.

Dies bedeutet indessen nicht, daß das Verhältnis von gesamtdeutscher Staatsangehörigkeit und DDR-Staatsbürgerschaft von vornherein im Verhältnis einer mehrfachen oder doppelten Staatsangehörigkeit zu definieren wäre.[34] Da das Recht der Staatsangehörigkeit in Deutschland insgesamt den genannten alliierten Vorbehaltsrechten unterliegt, also schlechthin den auch staatsangehörigkeitsrechtlich relevanten Beschränkungen aus dem Fortbestand des Völkerrechtssubjekts Gesamtdeutschland untersteht, kann sich kein partikulares Staatsangehörigkeitsrecht in Deutschland von der Qualität entwickeln, daß konstitutive Konkurrenzen zwischen völkerrechtlich voll voneinander unterschiedenen Staatsangehörigkeiten entstehen. Aus diesem Grunde kann auch die Bundesrepublik ihr Staatsangehörigkeitsrecht nicht in der Richtung verändern oder neu fassen, daß eine ausschließlich bundesrepublikanische Staatsangehörigkeit entstünde, die sich von der gesamtdeutschen Staatsangehörigkeit voll abzuheben suchte. Die Bundesrepublik hat zwar ihre verfassungsrechtliche Kompetenz, das Staatsangehörigkeitsrecht zu regeln und damit auch inhaltlich zu verändern (vgl. Art. 73 Nr. 2 GG). Solche Regelungen oder Veränderungen unterstehen jedoch stets dem nicht nur verfassungsrechtlichen, sondern auch völkerrechtlichen Vorbehalt, daß eine vollkommene Loslösung von der gesamtdeutschen Staatsangehörigkeit ausgeschlossen bleibt. Nicht nur Art. 16, 116 GG verbieten der Bundesrepublik die Aufkündigung des gesamtdeutschen Grundbezuges aller Regelungen des Staatsangehörigkeitsrechts. Deshalb könnte die Bundesrepublik sich auch nicht im Wege der Verfassungsänderung aus jenen zwingenden Ordnungszusammenhängen der gesamtdeutschen Staatsangehörigkeit lösen. Spiegelbildlich gilt das gleiche für die DDR. Diese hat zwar mit der Abkehr von der gesamtdeutschen Staatsangehörigkeit im Sinne der DDR-Verf. von 1949 den staatsrechtlichen Versuch unternommen, sich von der gesamtdeutschen Staatsangehörigkeit zu lösen – weiter konkretisiert im Erlaß des StBG von 1967. Indessen konnte sich auch die DDR damit nicht von den alliierten Vorbehalten und deren *vökerrechtlicher Bestandsgewährleistung zumindest einer Restfunktion der gesamtdeutschen Staatsangehörigkeit* befreien, wie sie *wesensnotwendiges Merkmal des staats- und völkerrechtlichen Restbestandes des Deutschen Reiches* ist.

Besteht in der *Bundesrepublik Deckungsgleichheit zwischen der völkerrechtlichen und der verfassungsrechtlichen Staatsangehörigkeitsregelung*, so besteht für die *DDR heute keine vergleichbare Kongruenz* mehr. Dies ändert indessen nichts daran, daß beide deutsche Teilstaaten in ihrem Staatsangehörigkeitsrecht der spezifischen Klammerfunktion aus jenen alliierten Vorbehaltsrechten unterstehen[35], die die *materielle Grundidentität oder doch (Rest-)Verbundenheit aller innerstaatlichen Staatsangehörigkeitsregelungen in der Bundesrepublik wie in der DDR* präsentieren und gewährleisten.

## VI.

Auf der Grundlage dessen erweisen sich verschiedene Thesen, die bisher zur Entwicklung des Staatsangehörigkeitsrechts in Deutschland vertreten wurden, als nicht haltbar: Angefangen von der These, daß eine gesamtdeutsche Staatsangehörigkeit überhaupt nicht mehr bestünde[36], bis hin zur These, daß sich unter dem Mantel der gesamtdeutschen Staatsangehörigkeit in der Bundesrepublik und in der DDR eigenständige Staatsange-

[34] Vgl. dazu Stern, Staatsrecht (Fn. 2), S. 268 f.; ders., DVBl. 1982, 165/167 f.; Randelzhofer, a. a. O. (Fn. 2), Rdnr. 77, 83; Mampel, ROW 1983, 233/240; Böckenförde, Festgabe C. Schmitt, 1968, II, S. 423/458 f.; Heldrich, NJW 1978, 2169/2171.

[35] Vgl. dazu neuerdings auch Fiedler, in: Meissner/Zieger (Hrsg.), Staatliche Kontinuität unter besonderer Berücksichtigung der Rechtslage Deutschlands, 1983, S. 9/17.

[36] Vgl. Ridder, Gedächtnisschrift F. Klein, 1977, S. 437/441; Schnapp, Rdnr. 33 zu Art. 16, in: von Münch, GG, Bd. 1, 2. Aufl. 1981: Eine einheitliche deutsche Staatsangehörigkeit sei mittlerweile wirklichkeitsfremd.

hörigkeiten gebildet hätten[37], sowie bis hin zu der These, daß neben die (gesamt-)deutsche Staatsangehörigkeit eine bundesdeutsche Staatsangehörigkeit eigener Art getreten sei[38], erweisen sich alle solche Auffassungen als völker- bzw. staatsrechtlich nicht begründbar.[39] Die gleiche Feststellung gilt im übrigen für jene These, daß über das Verhältnis des Staatsangehörigkeitsrechts der Bundesrepublik zum Staatsangehörigkeitsrecht der DDR derzeit überhaupt keine exakte Aussage möglich sei.[40] Letzteres stellt überdies und im Grunde nichts anderes als einen Versuch der schlichten Problemverdrängung dar, den sich weder eine verantwortliche Politik noch Rechtsprechung und Rechtslehre in der Bundesrepublik angesichts eines so evidenten und zugleich derart sensiblen Themas wie dem der deutschen Staatsangehörigkeit leisten können.

Auch die vorgenannte übergeordnete Klammer- und Identitätsfunktion allen Staatsangehörigkeitsrechts im geteilten Deutschland führt indessen über die angesprochenen Konkurrenz- und Kollisionslagen nicht hinweg.

Offenkundig sind diese vor allem im Zusammenhang mit der Entscheidung des BVerwG vom 30. 11. 1982[41] (bzw. im Zusammenhang mit dem vorgenannten Urteil des OVG Münster vom 5. 9. 1978)[42] geworden. In diesem Urteil ging es um die Frage, ob ein Ausländer, dem in der DDR ein für Bürger der DDR bestimmter Personalausweis erteilt wird, damit auch die deutsche Staatsangehörigkeit im Sinne des GG erwirbt. Im Gegensatz zum OVG Münster hat das BVerwG diese Frage aus den folgenden Gründen verneint:[43] Unter Berufung auf das Urteil des BVerfG zum Grundlagenvertrag sei davon auszugehen, daß die einheitliche deutsche Staatsangehörigkeit im Verhältnis zur Bundesrepublik durch Regelungen des Staatsbürgerschaftsrechts der DDR nicht berührt worden sei, daß sich die verfassungsrechtlichen Regelungen der Art. 16, 116 Abs. 1 GG »nach dem Sinnzusammenhang« »auf Personen« bezögen, »die nach Bundesrecht Deutsche im Sinne des GG sind«. Damit sei »nicht zweifelhaft, daß Bürger der DDR nach dem Staatsangehörigkeitsrecht der Bundesrepublik Deutschland in aller Regel den Status eines Deutschen im Sinne des Art. 16, 116 Abs. 1 GG besäßen«. Offen sei damit aber die Frage, ob jemand deutscher Staatsangehöriger sei, der »zwar keinen Erwerbstatbestand der staatsangehörigkeitsrechtlichen Bundesgesetze, aber einen Erwerbstatbestand für die Staatsbürgerschaft der DDR erfüllt«; mit anderen Worten also derjenige, der im konstitutiven Einbürgerungsverfahren die Staatsangehörigkeit der DDR gemäß dem StBG erwirbt. Selbst die Anerkennung einer Regelungskompetenz der DDR im Staatsangehörigkeitsrecht bedeute jedoch nicht, daß hinsichtlich der (gesamt-)deutschen Staatsangehörigkeit der Bundesrepublik auf Erwerbstatbestände des Staatsbürgerschaftsrechts der DDR abgestellt werden könnte. Insoweit bleibe unverändert und allein das Bundesrecht, d. h. die Rechtsordnung der Bundesrepublik, maßgebend. Folgerichtig könnten in der DDR Eingebürgerte nicht automatisch deutsche Staatsangehörige im Sinne der gesamtdeutschen Staatsangehörigkeit der Bundesrepublik werden.

Dieses Urteil des BVerwG ist ebenso auf Zustimmung wie auf Kritik gestoßen.[44] Die

37 So Böckenförde, a. a. O. (Fn. 34), S. 458 f.

38 So Meessen, Europa-Archiv 1973, 515 ff.; ders., JZ 1972, 673 ff.

39 So auch Stern, Staatsrecht (Fn. 2), S. 268; ders., DVBl. 1982, 167 f.; Randelzhofer, a. a. O. (Fn. 2), Rdnr. 70.

40 So aber Doehring, Das Staatsrecht der Bundesrepublik Deutschland, 2. Aufl. 1980, S. 95.

41 BVerwGE 66, 277 ff. = JZ 1983, 539 ff., m. Anm. von Mangoldt = DVBl. 1983, 453 ff. m. Anm. Wyduckel.

42 OVGE 33, 298.

43 BVerwGE 66, 277/278 ff.

44 Vgl. z. B. Randelzhofer, a. a. O. (Fn. 2), Rdnr. 78; von Mangoldt, JZ 1983, 543 ff.; Wyduckel, DVBl. 1982, 457 ff.; Stern, Staatsrecht (Fn. 2), S. 270 einerseits und Mampel, ROW 1983, 233 ff.; E. Klein, NJW 1983, 2289 ff. andererseits.

Zustimmung konzentriert sich vor allem auf die Feststellung, daß in der Tat der Rechtsordnung der DDR keine volle oder uneingeschränkte Zuständigkeit des Inhalts zustehen kann, über die Staatsangehörigkeit der Bundesrepublik, also die gesamtdeutsche Staatsangehörigkeit, in Erwerb und Verlust zu disponieren. Beides muß, soweit es um den Bereich der Bundesrepublik selbst geht, dem Staatsangehörigkeitsrecht der Bundesrepublik (eingeschlossen deren gesamtdeutscher Grundorientierung) vorbehalten bleiben.[45]

Kritisch wird vor allem geltend gemacht, daß damit letztlich doch ein Bruch zwischen der Identität von DDR-Staatsbürgerschaft und gesamtdeutscher Staatsangehörigkeit (mit dem Recht entsprechend einheitlicher Geltendmachung in der Bundesrepublik) hergestellt werde.[46]

Im Ergebnis führt die Entscheidung des BVerwG in der Tat dazu, daß zwischen solchen Staatsbürgern der DDR, die die gesamtdeutsche Staatsangehörigkeit besitzen, und solchen Staatsbürgern der DDR unterschieden werden muß, die diese nicht besitzen, vielmehr nur die Staatsbürgerschaft der DDR – auf der Grundlage der dortigen Rechtsordnung – besitzen; ein Ergebnis, das namentlich unter dem Aspekt des Fortbestandes eines einheitlichen deutschen Staatsvolkes nicht ohne jede Problematik ist.[47] Andererseits läßt sich gegen dieses Argument leicht anführen, daß der Tatbestand des einheitlichen deutschen Staatsvolkes und seines Tatbestandes zumindest nicht ohne einen grundsätzlichen Sinnbezug zur deutschen Volkszugehörigkeit und damit zur deutschen Nation gesehen und gedeutet werden darf. Im Gegenteil, gerade Art. 116 Abs. 1 GG stellt unmittelbar auf die deutsche Volkszugehörigkeit als Grundmerkmal der Einheit der deutschen Nation und ihrer nationalen Grundlegitimation für das Recht der Staatsangehörigkeit ab. Dies bedeutet, daß auch für das deutsche Staatsvolk und seine Einheit nicht bloß formal nach jeweils zuerkannten Staatsangehörigkeiten, sondern – zumindest im Streit- und Grenzfall – auch material nach entsprechenden (nationalen) Volkszugehörigkeiten entschieden werden muß.

Noch deutlicher wird dies anhand des Verlusts der Staatsangehörigkeit. Wenn das StBG der DDR beispielsweise einem Bürger die DDR-Staatsbürgerschaft entzieht, obwohl dieser unbestreitbar deutscher Volkszugehörigkeit ist, so bleibt dieser Vorgang für die (gesamt-)deutsche Staatsangehörigkeit jenes Bürgers von vornherein ohne Belang. Keine Regelung des DDR-Staatsbürgerschaftsrechts kann einem Bürger die deutsche Staatsangehörigkeit auch mit Wirkung gegenüber der Bundesrepublik und ihrer Regelung des deutschen Staatsangehörigkeitsrechts entziehen (vgl. Art. 16 Abs. 1 GG).

## VII.

Als Lösungsweg kommen unterschiedliche Varianten in Betracht:

a) Wollte man voll auf die Regelungskompetenz des DDR-Staatsbürgerschaftsrechts – also auf die Linie des OVG Münster – abstellen, so würde zwar die formale Einheit des (gesamt-)deutschen Staatsvolkes aufrechterhalten bleiben;[48] andererseits wäre jedoch davon auszugehen, daß der entsprechende Regelungswille der DDR in aller Regel fehlen wird und daß der DDR implizit auch die Befugnis eingeräumt würde, nach eigenem Belieben sich von den Grundprinzipien des (gesamt-)deutschen Staatsangehörigkeitsrechts abzuwenden. Bisher ist dies nämlich und immerhin nicht der Fall: Auch das StBG orientiert sich vor allem an der traditionellen Richtschnur des Abstammungsprinzips als Grundlage der deutschen Staatsangehörigkeit.[49]

45 Vgl. insbes. Randelzhofer, a. a. O. (Fn. 44); von Mangoldt, a. a. O. (Fn. 44), S. 546 f.
46 So insbes. Mampel, ROW 1983, 240.
47 Vgl. E. Klein, NJW 1983, 2289/2290.
48 Darauf stellt E. Klein, NJW 1983, 2290 ab.
49 Vgl. Staatsrecht der DDR (Fn. 15), S. 161; s. dazu auch Mampel, ROW 1983, 233/242.

Auf Veränderungen in diesem Bereich hätte man jedoch keine Möglichkeit der Einflußnahme, wenn man allein auf die (absolute) Regelungskompetenz der DDR abstellen wollte. Eine Grenze ergäbe sich erst über den ordre public, auf den das Staatsangehörigkeitsrecht allgemein und auch das BVerfG im Grundlagenvertragsurteil abhebt.[50] Indessen erscheint der – vor allem an Mißbrauchstatbeständen orientierte – Rahmen des ordre public zu eng, um jede prinzipielle Veränderung auf dem Gebiet des Staatsangehörigkeitsrechts insgesamt aufzufangen. Des weiteren bliebe der vom BVerwG betonte Aspekt außer Betracht, daß das Staatsangehörigkeitsrecht in der Bundesrepublik bundesrechtlichen Maßstäben als primärer Ordnungskategorie verpflichtet bleiben muß.[51]

b) Gegen ein ausschließliches Abstellen auf die bundesrechtliche Regelung spricht die Erwägung, daß damit von der Seite des Bundesrechts eine weitgehende Aufspaltung im Verhältnis zum DDR-Staatsbürgerschaftsrecht auftreten könnte, also gleichsam von westlicher Seite her die Einheit des deutschen Staatsvolkes in Frage gestellt werden könnte.[52] Näheres Zusehen offenbart indessen, daß dieser Aspekt nur dann wirkliche Problematik entfalten kann, wenn man dem Bundesgesetzgeber absolute Regelungsfreiheit in Fragen der Staatsangehörigkeit einräumen würde. Nachdem indessen bereits deutlich wurde, daß die Regelungskompetenz des Bundesgesetzgebers über die Prinzipien der Art. 116 Abs. 1 und 16 GG an die materiellen Kriterien der deutschen Volkszugehörigkeit gebunden ist, und nachdem des weiteren deutlich wurde, daß der Bundesgesetzgeber über die alliierten Vorbehaltsrechte auch nicht in Staatsangehörigkeitsfragen gegen die Tatbestände der gesamtdeutschen Staatsangehörigkeitsbindung verstoßen darf, erweist sich ein Abstellen auf das Bundesrecht als doch und letztlich unproblematisch. Voraussetzung bleibt dabei allerdings, was das BVerwG nicht hinreichend herausstellt, daß der *Bundesgesetzgeber* nur über eine *inhaltlich* entsprechend *begrenzte Regelungskompetenz* verfügt und auf diese Weise auch in der Pflicht bleibt, Einwohnern der DDR in prinzipiell unveränderter Form die (gesamt-)deutsche Staatsangehörigkeit (optionsmäßig) offenzuhalten.

Hiermit ist zugleich dafür Sorge getragen, daß Einwohnern der DDR, denen innerhalb der DDR die dortige Staatsbürgerschaft verweigert oder aberkannt worden ist, in der Bundesrepublik – nach Maßgabe des entsprechenden Bundesrechts und seiner Orientierung am Prinzip der deutschen Volkszugehörigkeit – die (gesamt-)deutsche Staatsangehörigkeit unverändert erhalten bleibt. Es kommt insoweit allein darauf an, ob der betreffende DDR-Einwohner, wenn er in die Bundesrepublik kommt bzw. im Verhältnis zur Bundesrepublik seine deutsche Staatsangehörigkeit geltend macht, die materiellen Voraussetzungen der deutschen Staatsangehörigkeit im Sinne des Art. 116 GG in Verbindung mit dem RuStAG erfüllt. Ggf. wird es hierzu freilich entsprechender Feststellungen bedürfen – Feststellungen, die von den zuständigen Behörden mit gebotener Verbindlichkeit getroffen werden müssen.

c) Als dritter Lösungsweg ist ein »dualistisches« Verfahren vorgeschlagen worden[53], demzufolge die Bundesrepublik ebenso wie die DDR über entsprechende Regelungskompetenzen der Staatsangehörigkeit verfügen; bis zur staatlichen Reorganisation Deutschlands als Ganzem werde diese Kompetenz von beiden Staaten in Deutschland in gleicher Weise wahrgenommen. Die Konsequenz dessen ist die, daß Einbürgerungen in der DDR automatisch auch die (gesamt-)deutsche Staatsangehörigkeit begründen. Hiermit wird zugleich der Vorbehalt wieder wach, daß die DDR in aller Regel nicht mit entsprechendem Willen tätig wird. Des weiteren muß sich dieser »dualistische« Lösungsan-

[50] Vgl. BVerfGE 36, 1/30; Mampel ROW 1983, 233/243.

[51] Vgl. BVerwGE 66, 277/284.

[52] So z. B. E. Klein, NJW 1983, 2290.

[53] Vgl. Mampel, ROW 1983, 233/240 ff. m. w. Nachw.

satz die Frage stellen, wie bei Regelungen der DDR zu verfahren ist, die aus dem System des deutschen Staatsangehörigkeitsrechts (völlig) herausfallen. Im Augenblick ist dies angesichts des Umstands (noch) nicht der Fall, als auch die DDR vor allem auf das Abstammungsprinzip abstellt.[54] Sollte sich dies jedoch ändern, würde es entsprechender Korrekturen bedürfen; es wäre dann nicht mehr möglich, von einer entsprechend »dualistischen« Begründungsmöglichkeit der deutschen Staatsangehörigkeit auszugehen. Es müßte erneut – von Bundesrechts wegen – geprüft werden, ob eine in der DDR vorgenommene Einbürgerung mit den Grundprinzipien des deutschen Staatsangehörigkeitsrechts im Sinne von Art. 116 GG und des RuStAG übereinstimmt. Erkennt man jedoch diese Konsequenz, so wird gleichzeitig deutlich, daß eine wirklich »dualistische« Konzeption mit entsprechender Gleichberechtigung der Rechtsordnungen von Bundesrepublik einerseits und DDR andererseits im Kern nicht stimmig sein kann. Aus diesem Grunde sollte dieser Lösungsansatz, selbst wenn er in der momentanen Situation wohl und regelmäßig zu verträglichen Ergebnissen führen würde, außer Betracht bleiben. Auf eine ungewisse Zukunft des Staatsangehörigkeitsrechts in Deutschland gewendet, birgt dieser Weg nämlich mehr Gefahren als wirklich dauerhafte Lösungen.

## VIII.

Sieht sich damit die staats- und völkerrechtliche Grundqualität der deutschen Staatsangehörigkeit umrissen, so stellt sich nunmehr die Frage, wie konkreten Kollisions- oder Konkurrenzlagen zwischen dem Recht der (gesamt-)deutschen Staatsangehörigkeit in der Bundesrepublik und dem Recht der DDR-Staatsbürgerschaft in ebenso verfassungs- und völkerrechtsgemäßer wie im übrigen sachgerechter Weise begegnet werden kann.[55]

Eine konstitutive Anerkennung der DDR-Staatsbürgerschaft im von der DDR politisch geforderten Sinne kommt aus ebenso völkerrechtlichen wie verfassungsrechtlichen Gründen für die Bundesrepublik nicht in Betracht. Für eine sog. »Respektierung« der DDR-Staatsbürgerschaft gilt prinzipiell das gleiche. Denn abgesehen davon, daß über den tatsächlichen Sinn- und Folgegehalt des Begriffs der »Respektierung« in diesem Sinne bisher kaum näher nachgedacht worden ist, bleibt zumindest zu konstatieren, daß auch eine »faktische Anerkennung« der DDR-Staatsangehörigkeit – und auf eine solche liefe jene »Respektierung« zumindest im Ergebnis hinaus – definitiv auszuscheiden hat. Denn auch die »faktische Anerkennung« unterschiede sich in der tatsächlichen Folgequalität von der formellen oder rechtlichen Anerkennung nicht oder doch nicht wesentlich. Mit der »Respektierung« einer DDR-Staatsangehörigkeit durch die Bundesrepublik wären Konsequenzen oder Implikationen verbunden, die die Bundesrepublik aus verfassungs- wie völkerrechtlichen Gründen weder akzeptieren kann noch akzeptieren darf.[56] Dies hindert die Bundesrepublik andererseits nicht, beim *einzelnen Menschen und seiner persönlichen Situation* dann anzusetzen, wenn es um das *individuelle Schicksal* und die *persönliche Konkurrenz- oder Kollisionslage* geht. Auch für die Bundesrepublik ist unübersehbar, daß die Einwohner der DDR und Ost-Berlins im dortigen Gebiet einer gesonderten Staatsbürgerschaftsgesetzgebung bzw. einer von der Bundesrepublik unabhängigen Regelungskompetenz unterstehen. Die (gesamt-)deutsche Staatsangehörigkeit der Bundesrepublik tastet die DDR-Staatsbürgerschaft in deren Gebiet nicht an[57], beansprucht aber legitimermaßen für das eigene Gebiet die uneingeschränkte Geltung – eine Geltung,

[54] Vgl. die Nachw. Fn. 49.
[55] Vgl. dazu auch R. Scholz/R. Pitschas, NJW 1984 (Fn. 1).
[56] Das verkennt z. B. auch Heldrich, NJW 1978, 2169/2171.
[57] Vgl. R. Scholz/Pitschas, NJW 1984 (Fn. 1).

der im übrigen der verfassungsrechtliche Schutzanspruch auch des aus der DDR gekommenen Deutschen auf volle Gewährung aller deutschen Staatsangehörigkeitsrechte in der Bundesrepublik korrespondiert.[58] Diese Rechtslage muß von der DDR ebenso akzeptiert werden, wie die Bundesrepublik im übrigen die staatsbürgerschaftsrechtliche Regelungskompetenz der DDR für deren Gebietsbereich achtet. Kommen Einwohner der DDR in die Bundesrepublik, so können sie hier die uneingeschränkten Staatsangehörigkeitsrechte in Anspruch nehmen – ungeachtet und unabhängig von ihrer DDR-Staatsbürgerschaft.

Das Recht der deutschen Staatsangehörigkeit verkörpert ein *objektives Organisationsprinzip* des Staatsrechts ebenso wie ein *subjektives Status- oder Grundrecht* des einzelnen Bürgers andererseits (Art. 16 Abs. 1 GG). Aus dieser sowohl objektiv- wie subjektivrechtlichen Struktur des Staatsangehörigkeitsrechts leiten sich politisch wie rechtlich Möglichkeiten ab, Konkurrenz- oder Kollisionslagen im individuellen Einzelfall nicht nur nach objektiv-organisationsrechtlichen, sondern auch nach subjektiv-freiheitsrechtlichen Maßstäben zu lösen. Dies bedeutet, daß die Wahrnehmung der deutschen Staatsangehörigkeitsrechte nach dem GG und dem RuStAG – zumindest teilweise – in die *prinzipielle Entscheidungsfreiheit* des Menschen gestellt werden kann, der aus der DDR in die Bundesrepublik kommt oder der gegenüber diplomatischen Vertretungen der Bundesrepublik im Ausland den diplomatischen Schutz der Bundesrepublik begehrt.[59] Wer aus der DDR in die Bundesrepublik kommt, unterliegt zwar der hiesigen Rechtsordnung. Soweit es aber um spezifische Bürgerrechte geht, die unmittelbar an die Staatsangehörigkeit geknüpft sind, wie z. B. das Wahlrecht, kann auf die Entscheidungsfreiheit des einzelnen Rücksicht genommen werden, kann die Wahrnehmung dieses Rechts allein in dessen Belieben gestellt werden. Das gleiche gilt im Ergebnis für bestimmte staatsbürgerliche Pflichten, wie etwa für die Wehrpflicht. Etwas anderes gilt nur dann, wenn der betreffende DDR-Einwohner auf Dauer in die Bundesrepublik kommt. In diesem Falle untersteht er – mit allen Rechten wie allen Pflichten – ebenso wie der Bundesbürger dem uneingeschränkten Geltungsanspruch der deutschen Staatsangehörigkeit.[60] Insoweit gibt es für ihn kein Recht, sich unter Berufung auf seine DDR-Staatsbürgerschaft jenen Rechten oder Pflichten zu entziehen. Das Staatsangehörigkeitsrecht der Bundesrepublik verweist ihn hier ausschließlich auf die (gesamt-)deutsche Staatsangehörigkeit im Sinne der Art. 116, 16 Abs. 1 GG und des RuStAG.

## IX.

Ein besonderes Problemfeld zu lösender Konkurrenz- oder Kollisionslagen findet sich im Bereich des Privatrechts bzw. seiner Kollisionsnormen. Diese sind namentlich dort zur Anwendung berufen, wo es um Tatbestände des *interlokalen* oder *internationalen Privatrechts* und seiner Aufgabe geht, privatrechtliche Rechtsfolgen in Streitigkeiten zu setzen, die von Personen mit doppelter oder mehrfacher Staatsangehörigkeit geführt werden.[61]

Rechtsprechung und Lehre suchen hier die sachgerechte Lösung überwiegend nach dem Maßstab der effektiven Staatsangehörigkeit.[62] In diesem Sinne erklärt z. B. der BGH

58 Vgl. BVerfGE 36, 1/30 f.; BVerwGE 66, 277/280.

59 Vgl. R. Scholz/Pitschas, NJW 1984 (Fn. 1); Hailbronner, JZ 1975, 596/598 f.; Mikat, Zur Diskussion um die Lehre vom Vorrang der effektiven Staatsangehörigkeit, 1983, S. 37 ff.; Seiffert, ROW 1981, 193/195; Frowein, FS F. A. Mann, 1977, S. 367/376.

60 Vgl. R. Scholz/Pitschas, NJW 1984 (Fn. 1).

61 Vgl. näher z. B. Raape-Sturm, Internationales Privatrecht, Bd. I, 6. Aufl. 1977, S. 133 ff.; Neuhaus, Die Grundbegriffe des internationalen Privatrechts, 2. Aufl. 1976, S. 210 ff., 212 f.

62 Vgl. hierzu i. ü. sowie m. w. Nachw. R. Scholz/Pitschas, NJW 1984 (Fn. 1).

in seiner Grundsatzentscheidung vom 20. 6. 1979[63], daß für die Anknüpfung an die Staatsangehörigkeit im deutschen internationalen Privatrecht bei einer Person, die sowohl ausländischer wie deutscher Staatsangehöriger ist, die deutsche Staatsangehörigkeit nicht immer maßgebend sein müsse. Der BGH vertritt vielmehr die Auffassung, daß es Fälle geben könne, in denen der ausländischen Staatsangehörigkeit »nach den Umständen des Falles« ein solches Übergewicht zukomme, daß diese für das anzuwendende Recht bestimmend sei. Es komme auf die Beziehung zum ausländischen Heimatstaat an; sie müsse wesentlich enger als der Bezug zum Inland bzw. zur deutschen Staatsangehörigkeit sein.[64] Hieraus entwickelt sich der *Grundsatz der engsten Verbindung zum Maßstab international-privatrechtlicher (oder interlokal-privatrechtlicher) Kollisionslösung.*[65] Wesentlich ist hierbei vor allem, daß die Frage nach der engeren oder engsten Verbindung zum einen oder anderen Staat bzw. zur einen oder anderen Staatsangehörigkeit nach *prinzipiell objektiven Merkmalen* entschieden werden soll, wie namentlich nach dem Wohnsitz, dem Aufenthaltsort, der Gewerbetätigkeit, einer beabsichtigten Eheschließung usw.[66]

In diesem Sinne formuliert das *Prinzip der effektiven Staatsangehörigkeit* ein Kriterium, das die konkrete Kollisions- oder Konkurrenzlösung maßgebend auch nach faktischen Verhältnissen bzw. entsprechend faktisch begründeten Verbindungen oder Abhängigkeiten in der Person des Betroffenen zu lösen sucht. Dieses Kriterium hat sich im internationalen Privatrecht im wesentlichen bewährt und hat auch in den Entwurf des Gesetzes zur Neuregelung des internationalen Privatrechts aus dem Jahre 1983 weitgehend Eingang gefunden;[67] Art. 5 formuliert zum Personalstatut wie folgt: »Wird auf das Recht des Staates verwiesen, dem eine Person angehört, und gehört sie mehreren Staaten an, so ist das Recht desjenigen dieser Staaten anzuwenden, mit dem die Person am engsten verbunden ist, insbesondere durch ihren gewöhnlichen Aufenthalt oder durch den Verlauf ihres Lebens«. Andererseits bleibt Art. 5 nicht ausschließlich beim Grundsatz der effektiven Staatsangehörigkeit stehen; soweit die betreffende Person »auch Deutscher« ist, soll »diese Rechtsstellung« vorgehen.[68]

Für das interlokale Privatrecht ist die Frage aufgeworfen worden, ob dieser Grundsatz der effektiven Staatsangehörigkeit auch auf innerdeutsche Kollisions- oder Konkurrenzlagen Anwendung finden kann.[69] Von befürwortender Seite ist geltend gemacht worden, daß auch für die Einwohner der DDR und Ost-Berlins, die neben der (gesamt-)deutschen Staatsangehörigkeit die besondere Staatsbürgerschaft der DDR besäßen, der Grundsatz der effektiven Staatsangehörigkeit, wie er im allgemeinen internationalen Privatrecht ausgeformt worden sei, Anwendung finden solle. Denn jene Einwohner der DDR oder Ost-Berlins stellten zumindest »faktisch« Doppelstaater dar; sie seien demgemäß – dem Grundsatz der effektiven Staatsangehörigkeit gemäß – derjenigen Rechtsordnung zu un-

63 BGH, NJW 1979, 1776/1778; zuvor schon in dieser Richtung BGHZ 60, 68 (82); BGH, NJW 1976, 1028 ff.

64 BGH, NJW 1979, 1778.

65 Vgl. BGH, NJW 1979, 1776; BGH, NJW 1980, 2016; BGH, NJW 1981, 520; Palandt-Heldrich, BGB, 43. Aufl. 1984, Art. 7 EGBGB, Vorbem. 7 a, bb); v. Bar, JZ 1984, 126; Beitzke, JZ 1959, 124 ff.; ders., JZ 1983, 214 ff.; Ferid, RabelsZ 23 (1958), 498 ff.; Kegel, Internationales Privatrecht, 4. Aufl. 1978, S. 202; Neuhaus (Fn. 2), S. 213; Kropholler, Internationales Einheitsrecht, 1975, S. 333.

66 Vgl. Palandt-Heldrich (Fn. 65), Art. 7 EGBGB, Vorbem. 7 a, bb); BGH, NJW 1979, 1776, 1778.

67 Vom 20. 5. 1983 (BR-Drucks. 222/83); vgl. auch BT-Drucks. 10/504.

68 Vgl. dazu die Begründung zum »Entwurf eines Gesetzes zur Neuregelung des internationalen Privatrechts« (Fn. 67), S. 40 f.

69 Siehe dazu und vor allem Heldrich, Innerdeutsches Kollisionsrecht und Staatsangehörigkeitsfrage, NJW 1978, 2169 ff.; ders. ZfRV 1978, 292 ff., 300; w. Nachw. bei Palandt-Heldrich (Fn. 65), Art. 7 EGBGB, Vorbem. 14 c.

terstellen, der sie am engsten verbunden seien. Nach den genannten objektiven Kriterien der Lehre vom Vorrang der effektiven Staatsangehörigkeit sei dies der gewöhnliche Aufenthalt in der DDR. Es gelte also regelmäßig das Recht dieses Staates; dies sei von den Gerichten in der Bundesrepublik regelmäßig als Entscheidungsgrundlage heranzuziehen.[70] Von den Kriterien dieser Auffassung ist demgegenüber darauf hingewiesen worden, daß das Verhältnis von (gesamt-)deutscher Staatsangehörigkeit und DDR-Staatsbürgerschaft gerade nicht als ein Verhältnis der Doppel-Staatsangehörigkeit zu erkennen sei;[71] ein – wie im vorstehenden gezeigt – grundsätzlich richtiger Einwand. Folgerichtig kann es nur darum gehen, ob der Betrachtungsansatz vom Vorrang der effektiven Staatsangehörigkeit in *analoger* Form auf die hiesige Konkurrenz- oder Kollisionslage angewandt werden kann.

Voraussetzung für eine solche analoge Heranziehung des Grundsatzes von der effektiven Staatsangehörigkeit ist allerdings und zunächst, daß die verfassungs- und völkerrechtlichen Ordnungsprinzipien des Staatsangehörigkeitsrechts im geteilten Deutschland beachtet werden.[72] Mit dem BVerfG gesprochen, geht es namentlich nicht an, daß ein Deutscher, der »in den Schutzbereich der staatlichen Ordnung der Bundesrepublik Deutschland gelangt«, seines Anspruchs darauf beraubt wird, »nach dem Recht der Bundesrepublik vor deren Gerichten sein Recht zu suchen«.[73] Auch für das (internationale und interlokale) Privatrecht gilt das verfassungsrechtliche Gebot, daß der rechtliche Status des deutschen Staatsangehörigen durch keine Maßnahme gemindert oder gekürzt werden darf, die der Bundesrepublik Deutschland und ihren verfassungsrechtlichen Gewährleistungspflichten zuzurechnen ist.[74] Dies bedeutet, daß auch alle Gerichte bzw. alle Rechtsprechung zum internationalen und interlokalen Privatrecht die im GG garantierte Rechtsposition der *einheitlichen deutschen Staatsangehörigkeit* für *alle* Deutschen zu wahren hat. Oder anders ausgedrückt: aufgrund der fortbestehenden einheitlichen deutschen Staatsangehörigkeit besteht auch für den DDR-Bürger ein unentziehbarer Anspruch auf Teilhabe an der Schutzfunktion des hiesigen Rechts, die ihm auch nicht durch einen tatsächlichen Schwerpunkt seiner Lebensverhältnisse im Staatsgebiet der DDR entzogen werden darf.[75] Dieser Feststellung läßt sich auch nicht die These von der angeblichen »verfassungsrechtlichen Neutralität« des internationalen oder interlokalen Privatrechts entgegenstellen. Denn eine solche »Neutralität« besteht zumindest insoweit nicht, wie es um die rechtsprechende Gewalt und ihre (hoheitliche) Streitentscheidung geht. Auch der Zivilrichter ist selbstverständlich an die Verfassung gebunden. Er kann sich dieser Bindung nicht unter Berufung auf eine solche (angebliche) »Neutralität« entziehen. Von »verfassungsrechtlicher Neutralität« des internationalen (interlokalen) Privatrechts kann nur insoweit bzw. in materiell-rechtlicher Hinsicht gesprochen werden, als es um die international-rechtliche Entwicklung einzelner Privatrechtsinstitutionen geht, die die Grundlage konkreter Kollisionsfälle bilden sollen. Spätestens bei der Heranziehung solcher materiell-rechtlichen Kollisionsnormen des internationalen oder interlokalen Privatrechts stellt sich jedoch die Frage ihrer auch verfassungsrechtlich statthaften

[70] So namentlich Heldrich (Fn. 69), 2172; siehe auch und mit w. Nachw. Münch.-Komm.-Sonnenberger, BGB, Bd. 7 (IPR), 1983, Einleitung, Rdz. 124 f.

[71] Siehe vor allem Stern, Staatsrecht, Bd. I, S. 255; ders., DVBl. 1982, 165 ff., 173; Wengler, BGB-RGRK, Bd. VI (Internationales Privatrecht), 1. Teil-Bd., 1981, S. 125 ff., 129; Raape-Sturm (Fn. 61), S. 135, 381 ff., 383; Staudinger-Gamillscheg, EGBGB, Teil 3: Art. 13–17, 10./11. Aufl. 1973, Vorbem. 384, 387 vor Art. 13; v. Mangoldt (Fn. 3), S. 83 ff.

[72] So prononciert Stern, DVBl. 1982, 165, 169, 173; s. auch v. Mangoldt (Fn. 3), S. 90 ff.

[73] BVerfGE 36, 30.

[74] Vgl. R. Scholz/Pitschas, NJW 1984 (Fn. 1).

[75] So vor allem auch Stern, Staatsrecht, Bd. I, S. 255; Mikat (Fn. 59), S. 42 f.

Verwertbarkeit bzw. ihrer konkreten Vereinbarkeit mit dem innerstaatlich gültigen Verfassungsrecht.[76]

Dies bedeutet, daß der Grundsatz der effektiven Staatsangehörigkeit, wie er im internationalen Privatrecht entwickelt worden ist, auf das Privatrecht im geteilten Deutschland bzw. auf dessen interlokal-privatrechtliche Kollisions- oder Konkurrenzlagen nicht ohne weiteres, d. h. nicht ohne verfassungsrechtliches Placet, angewandt werden darf.[77] Insoweit sehen sich auch entsprechenden Rechtsanalogien verbindliche Grenzen gesetzt. Andererseits sehen sich die Kriterien am Vorrang der effektiven Staatsangehörigkeit damit noch nicht vollends für das hiesige Problemfeld ausgeschlossen. Denn in der prinzipiellen Interessenlage können sich in der Tat vergleichbare Konstellationen wie im internationalen Privatrecht ergeben – namentlich dort, wo in der Person des einzelnen entsprechend unterschiedlich enge Verbindungen zum Recht der Bundesrepublik einerseits und zum Recht der DDR andererseits gegeben sind. Das Kriterium vom Vorrang der effektiven Staatsangehörigkeit verspricht – in der Variante der analogen Anwendung – durchaus einen Lösungsansatz, der solange ebenso rechtmäßig wie sachgerecht sein kann, wie nicht gegen die verfassungsrechtliche Gewährleistung der (gesamt-)deutschen Staatsangehörigkeit und ihrer rechtlichen Folgewirkungen verstoßen wird.[78]

Ein solcher Verstoß droht insbesondere dort, wo sich der betroffene DDR-Bürger ausdrücklich auf das Recht der Bundesrepublik und damit (implizit) auf seine (gesamt-)deutsche Staatsangehörigkeit beruft. Ihm in solchen Fällen – etwa unter Berufung auf seinen gewöhnlichen Aufenthaltsort in der DDR – den Schutz der Rechtsordnung der Bundesrepublik zu verweigern bzw. ihm (implizit) die Rechte aus der deutschen Staatsangehörigkeit zu verweigern, verstieße gegen zwingendes Verfassungsrecht (Art. 16 Abs. 1 GG).[79] Beruft sich jener DDR-Einwohner dagegen nicht auf das Recht der Bundesrepublik, macht er vielmehr und gerade die Maßgeblichkeit des Rechts der DDR geltend, so bekennt er sich auch in eigener (freier) Willensentscheidung zur Rechtsordnung der DDR, zur dortigen Staatsbürgerschaft und verzichtet auf die Geltendmachung des in der (gesamt-)deutschen Staatsangehörigkeit wurzelnden Anspruchs auf Schutz durch die Rechtsordnung der Bundesrepublik. In diesem Falle kann durchaus – zumindest grundsätzlich – in analoger Anwendung der Lehre vom Vorrang der effektiven Staatsangehörigkeit auf die DDR-Staatsbürgerschaft abgestellt werden.

Dies bedeutet aber, daß die Lehre vom Vorrang der effektiven Staatsangehörigkeit nicht allein nach den ihr eigentümlichen *objektiven Abgrenzungsmerkmalen* (Kriterium der engsten Verbundenheit nach Maßgabe von Aufenthaltsort, Lebensverhältnissen etc.), sondern nur unter modifizierendem Einschluß auch *subjektiver Maßstäbe*, wie namentlich den persönlichen Interessen und der freien Willensentscheidung des Betroffenen, Anwendung finden kann.[80] In diesem Sinne untersteht das Kriterium vom Vorrang der effektiven Staatsangehörigkeit dem *Vorbehalt der korrespondierenden Willensentscheidung* durch den Betroffenen, mittels derer dieser seinen Schutzanspruch gegenüber dem Recht und der Staatsangehörigkeit der Bundesrepublik ggf. nicht ausübt. In diesem

76 Stern, Staatsrecht, Bd. I, S. 255; ders., DVBl. 1982, 173; Wengler (Fn. 71), S. 129; vgl. auch und darauf beruhend BGHZ 85, 16 (22 f.).

77 Vgl. R. Scholz/Pitschas, NJW 1984 (Fn. 1); a. A. vor allem Palandt-Heldrich (Fn. 65), Art. 7 EGBGB, Vorbem. 14 c (m. w. Nachw. zum Meinungsstand).

78 Ebenso wohl auch Mikat (Fn. 59), S. 42 ff., 45; Wengler (Fn. 71), S. 129; sehr deutlich siehe jetzt auch v. Mangoldt (Fn. 3), S. 90 ff.

79 So deutlich auch Mikat (Fn. 59), S. 42 f.; Stern, Staatsrecht, Bd. I, S. 255.

80 Vgl. R. Scholz/Pitschas, NJW 1984 (Fn. 1); ähnlich auch Frowein, FS F. A. Mann, 1977, S. 367 ff., 376; Mikat (Fn. 59), S. 38 f.; ablehnend m. w. Nachw. Knoke, Deutsches interlokales Privat- und Privatverfahrensrecht nach dem Grundvertrag, Diss. München 1979, S. 90 ff.

Sinne erfährt das Prinzip vom Vorrang der effektiven Staatsangehörigkeit auch in seiner analogen Anwendungsvariante für das innerdeutsche Verhältnis seine verfassungskonforme Ausgestaltung – im vollen Einklang mit den oben zum Verfassungs- und Völkerrecht allgemein entwickelten Feststellungen. Da die (gesamt-)deutsche Staatsangehörigkeit der Bundesrepublik für den Einwohner der DDR zunächst nur eine freiheitliche Option oder ein freiheitsrechtlich begründetes Angebot formuliert, kann auch im Bereich des interlokalen Privatrechts nach diesen Maßstäben verfahren werden.[81]

Eine Ausnahme hiervon gilt freilich und letztlich wiederum in dem Falle, daß ein Einwohner der DDR sich in der Bundesrepublik nicht nur vorübergehend aufhält, ihm also die Berufung auf seine DDR-Staatsbürgerschaft bereits aus allgemein-staatsangehörigkeitsrechtlichen Gründen verwehrt ist (namentlich im Fall des dauernden oder lang andauernden Aufenthalts in der Bundesrepublik).[82]

## X.

Mit der letzten Modifikation erweist sich das Prinzip der effektiven Staatsangehörigkeit auch gegenüber den besonderen Problemlagen des Staatsangehörigkeitsrechts im geteilten Deutschland als durchaus verwendungs- und leistungsfähig. Es wahrt ebenso die verfassungs- und völkerrechtlichen Grundprinzipien der gesamtdeutschen Staatsangehörigkeit, wie es imstande ist, konkreten Kollisions- oder Konkurrenzlagen zwischen den unterschiedlichen Regelungskompetenzen in der Bundesrepublik einerseits und in der DDR andererseits zu begegnen. Nach geltendem Verfassungs- und Völkerrecht muß die (gesamt-)deutsche Staatsangehörigkeit unangetastet bleiben. Für die Bundesrepublik kann ein Einwohner der DDR oder Ost-Berlins nie als Träger einer doppelten Staatsangehörigkeit erscheinen. Wer aus dem Grundsatz der Effektivität der Staatsangehörigkeit Gegenteiliges ableiten wollte, wer politisch etwa für die Anerkennung oder »Respektierung« einer (eigenständigen) DDR-Staatsbürgerschaft votieren wollte, verkennt Sinn, Reichweite und Legitimation des Kriteriums der effektiven Staatsangehörigkeit allgemein wie der (gesamt-)deutschen Staatsangehörigkeit und ihres verfassungs- und völkerrechtlichen Fortbestandes im besonderen. Über die nicht nur objektiv-staatsorganisatorische, sondern auch subjektiv-freiheitsrechtliche Struktur des Rechts der deutschen Staatsangehörigkeit gelingt es jedoch, in Fällen individueller Kollisions- oder Konkurrenzlagen zwischen dem Recht der (gesamt-)deutschen Staatsangehörigkeit in der Bundesrepublik und dem Recht der DDR-Staatsbürgerschaft – über das (analog verwandte) Kriterium der effektiven Staatsangehörigkeit – zu ebenso verfassungsmäßigen wie sachgerechten Lösungen zu gelangen.

[81] In dieser Richtung wohl auch Scheuner, Europa-Archiv 1979, 346 ff., 353.
[82] Vgl. auch BGHZ 85, 16 (22 ff.).

Jens Hacker

# Die deutschlandrechtliche und deutschlandpolitische Funktion der Vier-Mächte-Verantwortung

## I. Vorbemerkung

Wer sich in der Bundesrepublik Deutschland mit der Rechtslage Deutschlands befaßt hat, hat sich auch über die völkerrechtliche Bedeutung, Tragweite und Grenzen der Rechte und Verantwortlichkeiten der vier Mächte geäußert. Bei der Analyse deutschlandrechtlich relevanter Probleme sind der Phantasie des Staats- und Völkerrechtlers keine Grenzen gesetzt. Dafür legt die Vielfalt der seit 1949 entwickelten Theorien und Modelle eindringlich Zeugnis ab. Originelle Gedanken zum Rechtsstatus Deutschlands und damit auch zur rechtlichen Bedeutung der Vier-Mächte-Verantwortung sind kaum oder gar nicht mehr zu formulieren. Mir geht es im folgenden vornehmlich darum, jenen Positionen entgegenzutreten, die sich durch Ignoranz auszeichnen. Damit meine ich einmal Politik und Rechtswissenschaft der DDR. Aus dem zweiten Staat in Deutschland ist mir seit Abschluß der Ostverträge der Bundesrepublik Deutschland und des innerdeutschen Grundvertrages keine offizielle sowie staats- und völkerrechtliche Aussage bekannt, die den nach wie vor bestehenden Rechten und Verantwortlichkeiten der vier Mächte gerecht wird.

Sowohl unter rechtlichen als auch unter politischen Aspekten scheinen mir jene staats- und völkerrechtlichen Stellungnahmen in der Bundesrepublik Deutschland bedenklich, die die Vier-Mächte-Rechte und -Verantwortlichkeiten allzusehr aus einem bundesdeutschen Blickwinkel zu betrachten pflegen und die von den betroffenen vier Mächten eingenommenen Positionen nur unzureichend oder zumindest verkürzt in die Überlegungen einbeziehen. Darunter sind auch Autoren, die dem Grundvertragsurteil des Bundesverfassungsgerichts vom 31. Juli 1973 eine zu starke an der Verfassung, zuwenig an den völkerrechtlichen Gegebenheiten orientierte Sichtweise vorwerfen. Wenn in vielen Analysen wenigstens die Einstellung der drei Westmächte zur Vier-Mächte-Verantwortung referiert, wenn auch nicht immer korrekt wiedergegeben wird, vermißt man zumeist eine Darstellung der Haltung der UdSSR, die – das sei zugegeben – nicht leicht zu umschreiben ist. Es wird sich zeigen, daß auch für die Sowjetunion Deutschland noch als Rechtsbegriff existent ist. Deutschland noch ein Rechtsbegriff? – eine Auffassung, die sich einige wohl progressiv oder zumindest realistisch dünkende bundesdeutsche Völkerrechtler längst zu den Akten gelegt haben.

Extrem puristisch verfahrende Völkerrechtler mögen mir verzeihen, wenn ich der Vier-Mächte-Verantwortung nicht nur eine deutschlandrechtliche, sondern auch eine deutschlandpolitische Funktion zuweise. Mit Recht hat Wilfried Fiedler dazu kürzlich bemerkt: ». . . die immer wieder zitierte ›Klammerfunktion‹ der Viermächteverantwortung bedarf der permanenten Aktualisierung, und es trifft zu, daß der Fortbestand des Völkerrechtssubjektes ›Deutschland als Ganzes‹ sich nicht aus der bloßen dokumentarischen Existenz der Viermächteverantwortung ergibt. Sie folgt vielmehr aus ihrer politischen Verwirklichung in der Zeit[1].«

[1] Wilfried Fiedler: Das völkerrechtliche Kontinuitätsproblem und die besonderen Fragen der Rechts-

Wie sehr diese Problematik unter rechtlichen und politischen Aspekten nach wie vor aktuell ist, zeigen beispielsweise die Reaktionen auf Aufsätze Wilhelm G. Grewes in der »Frankfurter Allgemeinen Zeitung« vom 22. Mai 1982[2] und 24. Oktober 1983[3] sowie Andreas Hillgrubers in der »Welt« vom 7. Januar 1984[4]. Zu beachten gilt auch, daß die seit Herbst 1982 amtierende, durch die Wahl zum Bundestag am 6. März 1983 bestätigte, von CDU/CSU und FDP getragene Bundesregierung einige neue Akzente gesetzt hat, wenn man den Stellenwert prüft, den sie – im Vergleich zu ihren Vorgängerinnen seit Herbst 1969 – den Rechtspositionen in der Deutschland-Frage und damit auch der Vier-Mächte-Verantwortung beimißt.

Die in den letzten Monaten immer wieder gestellte Frage, ob die neue Bundesregierung die vor dem 6. März 1983 angekündigte »Wende« auch in der Deutschland-Politik eingeleitet oder gar vollzogen habe, spielt für mein Thema keine Rolle. Die Bundesregierung und die sie tragenden Parteien wußten von Anfang an, daß zumindest die vorgegebenen deutschlandrechtlichen Positionen einer »Wende« überhaupt nicht zugänglich waren und sind. Hier konnte und kann es auch in Zukunft nur um deutschlandpolitisch motivierte Akzentverschiebungen gehen.

Aus diesen Vorbemerkungen ergeben sich zwei Schlußfolgerungen für mein Referat: Da – wie ausgeführt – dem Streben nach Originalität enge, wenn nicht engste Grenzen gesetzt sind, möchte ich mich vornehmlich darauf beschränken, nach einer kurzen Darstellung der rechtlichen Ursprünge und Grundlagen der Vier-Mächte-Verantwortung die Positionen der betroffenen Staaten darzulegen. Nicht aus Gründen einer etwaigen Zuneigung gegenüber der Haltung der UdSSR und der DDR wird zunächst die Sicht der Sowjetunion und der DDR referiert. Dies geschieht ausschließlich deshalb, da dieser Aspekt – wie bereits betont – in vielen bundesdeutschen Analysen bisher gar nicht oder zumindest zuwenig beachtet worden ist. Daran schließen sich Erörterungen über die Einstellung der drei Westmächte und der Bundesrepublik gegenüber der Vier-Mächte-Verantwortung an.

## II. Die Ursprünge und Rechtsgrundlagen der Rechte und Verantwortlichkeiten der vier Mächte

Die Ursprünge und rechtliche Basis der Rechte und Verantwortlichkeiten der vier Mächte sind als bekannt vorauszusetzen und bedürfen keiner detaillierten Darstellung. Im Rahmen des Symposions, das die Studiengruppe »Politik und Völkerrecht« bei der Kulturstif-

lage Deutschlands, in: Staatliche Kontinuität unter besonderer Berücksichtigung der Rechtslage Deutschlands. Hrsg. von Boris Meissner und Gottfried Zieger. Köln 1983, S. 9–24 (17); ders.: Die Grenzen der »Deutschlandtheorien« und die Bedeutung der Staatenpraxis. Zur rechtlichen »Offenheit« der deutschen Frage, in: Zeitschrift für Politik 1984, S. 366–383.

2 Wilhelm G. Grewe: Die Grundentscheidung der Bundesrepublik. Am 26. Mai 1952 wurde der Deutschland-Vertrag unterzeichnet, in: Frankfurter Allgemeine Zeitung vom 22. Mai 1982. Vgl. dazu den Leserbrief von Herbert Czaja: »Schlafende« Bestimmungen des Deutschlandvertrages?, ebenda, Ausgabe vom 28. Mai 1982; Eberhard Klipp: Adenauers Absicht beim Deutschlandvertrag, ebenda, Ausgabe vom 29. Mai 1982.

3 Wilhelm G. Grewe: Wenn der Wille zur Einheit erlahmt. Die Deutschen müssen sich wieder mehr für die deutsche Frage interessieren, in: Frankfurter Allgemeine Zeitung vom 24. Oktober 1983. Vgl. dazu den Leserbrief von Herbert Hupka: Recht auf Selbstbestimmung für ganz Deutschland, ebenda, Ausgabe vom 10. November 1983, und die Antwort W. G. Grewes: Wodurch die Deutschland-Politik geschwächt wird, ebenda, Ausgabe vom 2. Dezember 1983.

4 Andreas Hillgruber: Ein Pfad und drei Holzwege. Was Amerika in der deutschen Frage falsch gemacht hat, in: Die Welt vom 7. Januar 1984; Nachdruck in: Deutschland Archiv 1984, S. 368–373. Vgl. dazu Herbert Czaja: Unverzichtbare Einheit, ebenda, Ausgabe vom 24. Januar 1984; Herbert Hupka: Grundgesetz ohne Rabatt, ebenda, Ausgabe vom 17. Januar 1984.

tung der deutschen Vertriebenen unter dem Generalthema »Staatliche Kontinuität in der völkerrechtlichen Theorie und Praxis unter besonderer Berücksichtigung der Rechtslage Deutschlands« vom 7. bis zum 9. Mai 1982 in Heidelberg veranstaltet hat, hat Dieter Blumenwitz das Thema »Inhalt und völkerrechtliche Grenzen der ›Rechte und Verantwortlichkeiten‹ der vier Mächte« behandelt. Mit Recht ging er davon aus, die Untersuchung dürfe nicht auf die Darstellung der Beziehungen der vier Mächte untereinander, d. h. auf das »Innenverhältnis«, beschränkt werden; sie müsse auch die Frage der völkerrechtlichen Verbindlichkeit der getroffenen Maßnahmen in bezug auf Deutschland als Ganzes und weiterer Staaten, also das Außenverhältnis, beleuchten[5].

In seiner Analyse über das Verhältnis der vier Mächte zum Deutschen Reich (»Außenverhältnis«) gelangte Blumenwitz zu dem Ergebnis, die von den Siegerstaaten des Zweiten Weltkriegs nach der militärischen Niederlage Deutschlands wahrgenommenen »Rechte und Verantwortlichkeiten« ließen sich zumindest in dem Umfang, in dem sie von den vier Mächten beansprucht und ausgeübt worden seien, völkerrechtlich kaum rechtfertigen. Diese vielschichtige Problematik kann im folgenden leider nicht erörtert werden; als Ausgangspunkt dienen hier die 1944/45 von den Hauptsiegermächten getroffenen Abmachungen über Deutschland.

Die rechtlichen Grundlagen für die Vier-Mächte-Verantwortung bilden das Londoner Protokoll über die Besatzungszonen in Deutschland und die Verwaltung von Groß-Berlin vom 12. September 1944 mit der ergänzenden Vereinbarung vom 14. November 1944 und dem Beitritt Frankreichs durch das Abkommen vom 26. Juli 1945 und das Londoner Abkommen über Kontrolleinrichtungen in Deutschland vom 14. November 1944 mit dem Beitritt Frankreichs durch das Londoner Abkommen vom 1. Mai 1945. Während die Berliner Vier-Mächte-Feststellung über das Kontrollverfahren in Deutschland vom 5. Juni 1945 die wesentlichen Bestimmungen des Abkommens über Kontrolleinrichtungen vom 14. November 1944 wiedergibt, bestätigte die Berliner Feststellung der vier Mächte über die Besatzungszonen in Deutschland vom gleichen Tage das Protokoll über die Besatzungszonen vom 12. September mit den Änderungen vom 14. November 1944. Außerdem ergibt sich die gemeinsame Rechtszuständigkeit aus dem Bericht der Konferenz von Jalta vom 11. Februar 1945 und der amtlichen Verlautbarung über die Konferenz von Potsdam vom 2. August 1945[6].

Der Terminus »Rechte und Verantwortlichkeiten der vier Mächte« ist ein »Sammelbegriff, der Positionen aus verschiedenen Rechtsgründen zusammenfaßt, die auch in ver-

5 Dieter Blumenwitz: Inhalt und völkerrechtliche Grenzen der »Rechte und Verantwortlichkeiten« der vier Mächte, in: Staatliche Kontinuität unter besonderer Berücksichtigung der Rechtslage Deutschlands, a. a. O. (Anm. 1), S. 47–59.

6 Die Texte der alliierten Abmachungen und Absprachen sind in zahlreichen Dokumentationen wiedergegeben. Zu den editorisch besten Text-Sammlungen gehört nach wie vor der Band »Die Gesamtverfassung Deutschlands – Nationale und internationale Texte zur Rechtslage Deutschlands. Bearbeitet von Dietrich Rauschning. Mit einer einleitenden Darstellung der Rechtslage Deutschlands von Herbert Krüger. Frankfurt M./Berlin 1962. Darin wurde nur die amtliche Verlautbarung über die Konferenz von Jalta nicht aufgenommen; Text bei Ernst Deuerlein: Die Einheit Deutschlands. Band I: Die Erörterungen und Entscheidungen der Kriegs- und Nachkriegskonferenzen 1941–1949. Darstellung und Dokumente. 2., durchgesehene und erweiterte Auflage. Frankfurt M./Berlin 1961, S. 325–327. Texte dieser Abmachungen – wiederum mit Ausnahme der amtlichen Verlautbarung über die Konferenz in Jalta – auch bei D. Rauschning: Völkerrecht. Verträge und andere Akte zur Rechtsstellung Deutschlands. München o. J. Noch breiter angelegt und zeitlich fortgeführt ist die mit einer Einführung herausgegebene Dokumentation von Ingo von Münch: Dokumente des geteilten Deutschland. Quellentexte zur Rechtslage des Deutschen Reiches, der Bundesrepublik Deutschland und der Deutschen Demokratischen Republik. Bd. I, 2., unv. Aufl. Stuttgart 1976; Bd. II: seit 1968. Stuttgart 1974. Bd. I enthält auch die Jalta-Erklärung und einen Auszug aus dem Jalta-Protokoll vom 11. Februar 1945.

schiedenen Texten ihren Ausdruck gefunden haben«[7]. Es ist das Verdienst Dietrich Rauschnings, bisher wohl am klarsten die besatzungsrechtlichen Positionen von den allgemeinen Siegermachtspositionen unterschieden zu haben. Während die Hauptsiegermächte in den Abmachungen über die Besatzungszonen in Deutschland vom 12. September 1944 und 5. Juni 1945 die Formel »Deutschland . . . innerhalb seiner Grenzen, wie sie am 31. Dezember 1937 bestanden« haben, benutzten, ist die Formel »Deutschland als Ganzes« in den Abmachungen über Kontrolleinrichtungen in Deutschland vom 14. November 1944 und 5. Juni 1945 sowie in der amtlichen Verlautbarung über die Konferenz von Potsdam vom 2. August 1945 enthalten.

Den Vereinbarungen der Alliierten aus den Jahren 1944/45 ist zu entnehmen, daß für sie Deutschland als Rechtsbegriff 1945 nicht zu existieren aufgehört hat. Zwar verwandten die Siegermächte die Definition »Deutschland« in erster Linie zur Klarstellung der Rechtsgrundlagen für eine Grenzregel, »aber zugleich unterstreicht der ganze Vorgang, daß auch damals der Begriff ›Deutschland‹ ein Rechtsbegriff war und noch weiterhin als solcher verstanden wurde«[8].

Otto Kimminich hat mit Recht darauf hingewiesen, daß es ein Völkerrechtssubjekt mit dem offiziellen Namen »Deutschland« in der Geschichte nie gegeben hat. Da der offizielle Titel des Völkerrechtssubjekts, gegen das die Alliierten Krieg geführt haben, »Deutsches Reich« lautete, verwandten sie den Ausdruck »Deutschland« offenbar als Synonym. Gerade die Tatsache, daß die Alliierten Deutschland weder annektieren noch aufteilen wollten, sondern von »Deutschland« in den Grenzen vom 31. Dezember 1937 ausgegangen sind, bedeutet, daß für sie das Deutsche Reich fortbestand. Der von den Alliierten gebrauchte Begriff »Deutschland als Ganzes« ist inhaltlich identisch mit den Begriffen »deutsches Völkerrechtssubjekt« oder »Deutsches Reich«. Hält man – wie Wilfried Fiedler – den Begriff »Deutschland als Ganzes« für »rechtlich nicht dividierbar«[9], dann muß der Begriff »Deutschland als Ganzes« mit der Formel vom Gebietsstand Deutschlands in den Grenzen vom 31. Dezember 1937 identisch sein. Dieser Feststellung steht nicht entge-

[7] Dietrich Rauschning: Sinn und Tragweite der Vier-Mächte-Rechte nach 30 Jahren, in: Ingo von Münch/Thomas Oppermann/Rolf Stödter (Hrsg.): Finis Germaniae? Zur Lage Deutschlands nach den Ostverträgen und Helsinki. Symposion aus Anlaß des 70. Geburtstages von Herbert Krüger vom 11. bis 13. Dezember 1975 in Kassel. Frankfurt a. M. 1977, S. 77–85 (77).

[8] So Otto Kimminich: Deutschland als Rechtsbegriff und die Anerkennung der DDR, in: Deutsches Verwaltungsblatt 1970, S. 437–445 (438); ders.: Ein Staat auf Rädern? Zur verfassungsrechtlichen Lage der Bundesrepublik Deutschland, in: Politische Studien 1972, Oktober, Sonderheft, S. 11–25 (13–15). Vgl. auch die aufschlußreiche Diskussion, die die »Großen Drei« – Truman, Churchill und Stalin – auf der 2. Vollsitzung am 18. Juli 1945 auf der Potsdamer Konferenz über den »Deutschland«-Begriff geführt haben. Text in: Teheran – Jalta – Potsdam. Die sowjetischen Protokolle von den Kriegskonferenzen der »Großen Drei«. Hrsg. und eingeleitet von Alexander Fischer. Köln 1968, S. 214 f. (215): Truman: »Vielleicht nehmen wir die Grenzen Deutschlands von 1937 zum Ausgangspunkt?« Stalin: »Ausgehen kann man von überall. Von irgend etwas muß man ausgehen. In diesem Sinne kann man auch das Jahr 1937 nehmen.« Truman: »Das war Deutschland nach dem Versailler Vertrag.« Stalin: »Ja, man kann das Deutschland des Jahres 1937 nehmen, aber nur als Ausgangspunkt. Das ist einfach eine Arbeitshypothese zur Erleichterung unserer Arbeit.« Churchill: »Nur als Ausgangspunkt. Das heißt nicht, daß wir uns darauf beschränken.« Truman: »Wir sind einverstanden, das Deutschland des Jahres 1937 als Ausgangspunkt zu nehmen.« Auf der 5. Vollsitzung am 21. Juli 1945 gab Truman eine Erklärung zur Westgrenze Polens ab: »Auf einer unserer ersten Sitzungen haben wir entschieden, als Ausgangspunkt bei der Erörterung der zukünftigen Grenzen Deutschlands die deutschen Grenzen vom Dezember 1937 anzunehmen.« Text, ebenda, S. 259.

[9] W. Fiedler: Die Grenzen der »Deutschlandtheorien« und die Bedeutung der Staatenpraxis, a. a. O. (Anm. 1), S. 379.

gen, daß die Siegermächte den Gebietsstand Deutschlands in den Grenzen vom 31. Dezember 1937 nicht garantieren wollten[10].

Während die drei Westmächte von 1945 bis in die Gegenwart konsequent an ihren Rechtspositionen bezüglich Deutschlands festgehalten haben, war die Position der Sowjetunion gegenüber der Vier-Mächte-Verantwortung insoweit weniger konsistent, als ihre deutschlandpolitischen Aussagen gelegentlich den Eindruck hervorriefen, sie habe die gemeinsame Vier-Mächte-Basis verlassen. Bis weit in die zweite Hälfte der fünfziger Jahre stand für die UdSSR unmißverständlich fest, daß das auch aus der Vier-Mächte-Verantwortung resultierende Mitspracherecht in der »deutschen Frage« rechtlich nur zu begründen ist, wenn man von der völkerrechtlichen Fortexistenz des Deutschen Reiches über den 8. Mai 1945, den Zeitpunkt der militärischen Kapitulation der deutschen Wehrmacht, hinaus ausgeht. Seit Anfang der siebziger Jahre blieb der Sowjetunion gar nichts anderes übrig, als die Rechte und Verantwortung der vier Mächte anzuerkennen, auch wenn sie – soweit wie möglich – das Bezugsobjekt nur ungern umschrieb. Das starke Interesse Moskaus an der Unterzeichnung des deutsch-sowjetischen Vertrages, dessen völkerrechtliches Wirksamwerden vom erfolgreichen Abschluß des Vier-Mächte-Abkommens über Berlin vom 3. September 1971 abhängig war, ließ dem Kreml gar keine andere Wahl[11].

Wenn auch die früheren Bundesregierungen mit unterschiedlicher Intensität die Vier-Mächte-Verantwortung betont haben, ließen sie an deren Fortbestand keinen Zweifel, da weder die Bundesrepublik Deutschland noch die DDR allein noch die beiden Staaten gemeinsam die Kompetenz besitzen, über die Rechte und Verantwortlichkeiten der vier Mächte zu disponieren. Ebenso wie die UdSSR 1970/71 mußte auch die DDR – entgegen früheren Beteuerungen – bei der Paraphierung des Grundvertrages am 8. November 1972 die Fortexistenz der auch sie betreffenden Vier-Mächte-Rechte und -Verantwortung anerkennen. Dieser Vorgang darf jedoch nicht darüber hinwegtäuschen, daß die Position der DDR hier nicht nur von der der UdSSR, sondern auch vom Rechtsstandpunkt der drei Westmächte und der Bundesrepublik Deutschland in zentralen Punkten abweicht, auch wenn dies rechtlich irrelevant ist.

## III. Die Vier-Mächte-Verantwortung aus der Sicht der UdSSR und der DDR, der drei Westmächte und der Bundesrepublik Deutschland

Im völkerrechtlichen Schrifttum der Bundesrepublik Deutschland wird die Frage, ob die Vier-Mächte-Verantwortung die Fortexistenz des Völkerrechtssubjekts Deutschland voraussetzt, unterschiedlich beantwortet. Während die eine Rechtsansicht dies vorbehaltlos bejaht, da sich andernfalls die Vier-Mächte-Verantwortung auf ein Nullum bezöge, wird die Gegenansicht so begründet:

»Betrachteten die Alliierten das Deutsche Reich als ein zu ihrer Disposition stehendes Verfügungsobjekt, so kann ihnen kaum die Absicht unterstellt werden, die von ihnen in Anspruch genommenen Rechte an ein Völkerrechtssubjekt ›Deutsches Reich‹ zu knüpfen. Es ging ihnen nicht um formale Rechtspositionen, sondern um die sachlichen Gegebenheiten, das deutsche Volk, das deutsche Territorium und deren staatliche Organisation, wenngleich seinerzeit die Fortexistenz eines einheitlichen Deutschlands als Selbst-

[10] Vgl. dazu die Nachweise bei Jens Hacker: Der Rechtsstatus Deutschlands aus der Sicht der DDR. Köln 1974, S. 416–418.

[11] Vgl. dazu Jens Hacker: Der Kreml und die »deutsche Frage«, in: Guido Knopp (Hrsg.): Wir und die Russen. Fakten, Chancen, Illusionen. Aschaffenburg 1983, S. 32–80 (72–76).

verständlichkeit erschien und dieser Vorstellung in die Formulierung der maßgeblichen Rechtsakte Eingang fand. Eine definitive Neuregelung, bestehend in der Zuordnung von Volk und Gebiet zu einem staatlichen Hoheitsträger, unter gleichzeitiger Amputation bestimmter Gebietsteile, sollte von ihrer Entscheidung abhängig sein[12].«

Darüber hinaus machen die Verfechter dieser These geltend, die Vier-Mächte-Verantwortung konsumiere sich auch »stückweise . . . in dem Maße, wie im allseitigen Einvernehmen, auch im Einvernehmen mit den beiden deutschen Staaten, Teilelemente einer solchen Friedensordnung konsolidiert worden sind«[13]. Diese Interpretation führt zu dem Ergebnis, daß an die Stelle des alten Bezugsobjekts der Vier-Mächte-Rechte und -Verantwortung, das immer »Deutschland als Ganzes« lautete, die beiden Staaten in Deutschland getreten sind.

### 1. Die Position der UdSSR

Kaum eine andere Deutschland betreffende Frage ist so schwer zu beantworten wie die, in welchem Umfang für die UdSSR »Deutschland« noch als Rechtsbegriff existiert. Als die sowjetische Regierung am 25. März 1954 erstmals erklärte, die UdSSR nähme mit der DDR »die gleichen Beziehungen auf wie mit anderen souveränen Staaten«, behielt sie in der DDR »die Funktionen, die mit der Gewährleistung der Sicherheit in Zusammenhang stehen und sich aus den Verpflichtungen ergeben, die der UdSSR aus den Viermächteabkommen erwachsen«. Außerdem hob die Sowjetregierung »die Überwachung der Tätigkeit der staatlichen Organe der DDR, die bisher vom Hohen Kommissar der UdSSR in Deutschland wahrgenommen wurde«, auf. Gleichzeitig beschränkte die sowjetische Regierung die Funktionen des Hohen Kommissars der UdSSR in Deutschland »auf den Kreis der Fragen . . ., die mit der . . . Gewährleistung der Sicherheit und mit der Aufrechterhaltung der entsprechenden Verbindungen mit den Vertretern der Besatzungsbehörden der USA, Großbritanniens und Frankreichs in den Fragen gesamtdeutschen Charakters in Zusammenhang stehen und die sich aus den vereinbarten Beschlüssen der vier Mächte über Deutschland ergeben«[14].

Obwohl die Sowjetunion seit Anfang 1955 immer stärker auf eine, wenn auch zunächst abgeschwächte Zwei-Staaten-These einschwenkte, erklärte das Präsidium des Obersten Sowjets am 25. Januar 1955 den Kriegszustand zwischen der UdSSR und Deutschland für beendet. Die anderen Staaten des Ostblocks schlossen sich dieser Erklärung an[15]. Im »Souveränitätsvertrag« mit der DDR vom 20. September 1955 machte die Sowjetunion wiederum ihre Vorbehaltsrechte unmißverständlich geltend und sprach von den »Verpflichtungen«, die sich für sie und die DDR aus den »internationalen Abkommen, die Deutschland als Ganzes betreffen«[16], ergeben. Im Bündnisvertrag, den die UdSSR am 12. Juni 1964 mit der DDR geschlossen hat, fehlt in Art. 9 die Formel »Deutschland als Ganzes«; er spricht von den »Rechten und Pflichten der beiden Seiten aus geltenden

12 So Christian Tomuschat: Die rechtliche Bedeutung der Vier-Mächte-Verantwortung, in: Gottfried Zieger (Hrsg.): Fünf Jahre Grundvertragsurteil des Bundesverfassungsgerichts. Symposium 2.–4. Oktober 1978. Köln u. a. 1979, S. 71–93, mit den Nachweisen für beide Positionen (vgl. S. 84, Anm. 60).

13 Ch. Tomuschat, ebenda, S. 87; Knud Krakau: Feindstaatenklauseln und Rechtslage Deutschlands nach den Ostverträgen. Frankfurt a. M. 1975, S. 154–156 (155). Weitere Nachweise bei Ch. Tomuschat, ebenda, S. 87, Anm. 68.

14 Text der Erklärung in: Dokumente zur Außenpolitik der Regierung der Deutschen Demokratischen Republik. Band I. Berlin (Ost) 1954, S. 303 f. Vgl. dazu J. Hacker, a. a. O. (Anm. 10), S. 241–249.

15 Nachweise bei J. Hacker, ebenda, S. 136–143 (137).

16 Text des Vertrages in: Dokumente zur Außenpolitik der Regierung der Deutschen Demokratischen Republik. Band III. Berlin (Ost) 1956, S. 280–283 (281).

zweiseitigen und anderen internationalen Abkommen einschließlich des Potsdamer Abkommens«[17].

Wilhelm Wengler hat darauf aufmerksam gemacht, daß die von sowjetischer Seite im Vertrag vom 12. Juni 1964 beiden Staatsgebilden DDR und Bundesrepublik Deutschland zugesprochene Eigenschaft »deutsch« offenbar »auch eine rechtliche Bedeutung« habe. Der bisher letzte von sowjetischer Seite vorgelegte Entwurf eines Friedensvertrages mit Deutschland vom 10. Januar 1959 spreche ebenfalls mehrfach von »Deutschland« und »deutsch« in einem Sinne, »der nicht bloß geographisch gemeint war«[18].

Nicht übersehen werden darf, daß es die sowjetische Führung bei den deutsch-sowjetischen Verhandlungen im September 1955, die zur Aufnahme diplomatischer Beziehungen zwischen der UdSSR und der Bundesrepublik Deutschland führten, sorgfältigst vermied, die These vom Untergang des Deutschen Reiches zu vertreten. Nachdem Bundeskanzler Konrad Adenauer in seinem Schreiben vom 13. September 1955 an Ministerpräsident Nikolaj Bulganin wichtige Vorbehalte geltend gemacht hatte, beauftragte die sowjetische Regierung die Nachrichtenagentur TASS, dazu am 15. September 1955 u. a. folgendes festzustellen: »Die Sowjetunion betrachtet die Deutsche Bundesrepublik als einen Teil Deutschlands. Ein anderer Teil Deutschlands ist die Deutsche Demokratische Republik[19].«

Als die UdSSR am 15. Mai 1959 der Genfer Konferenz der vier Außenminister nochmals ihren Entwurf über einen Friedensvertrag mit Deutschland vom 10. Januar 1959 vorlegte, begnügte sie sich mit der Feststellung: ». . . Deutschland, gegenwärtig vertreten durch die Deutsche Demokratische Republik und die Deutsche Bundesrepublik . . .«[20] Daher ist es nicht verwunderlich, daß der sowjetische Außenminister Andrej Gromyko in seinen Erklärungen auf der Genfer Außenministerkonferenz 1959 einer klaren Stellungnahme ausgewichen ist, obwohl die westliche Seite diese Problematik mehrfach angesprochen hat. Ebenso wie in dem von ihm unterbreiteten Entwurf eines Friedensvertrags beschränkte sich Gromyko auf den Hinweis, »Deutschland« werde »zur Zeit durch die DDR und die Bundesrepublik vertreten«[21].

Daß sich die mit der Deutschland-Problematik vertrauten sowjetischen Völkerrechtler in der Chruschtschow-Ära des Zusammenhangs zwischen der These vom Fortbestand des Deutschen Reiches und der Vier-Mächte-Verantwortung durchaus bewußt waren, ging aus den Ausführungen Grigori Tunkins aus dem Jahre 1959 hervor, in denen er den sowjetischen Standpunkt zwar erläutert, aber nicht geklärt hat. Tunkin bejahte die Möglichkeit, einen Friedensvertrag durch die auf dem Gebiet des ehemals kriegführenden Landes entstandenen Staaten zu unterzeichnen; dabei verwies er auf den »wohlbekannten Satz von der Rechtsnachfolge von Staaten«. Er sprach von den beiden Staaten, die »Deutschland« vertreten, und vermied es, den Begriff »Staatsuntergang« zu gebrauchen[22].

17 Text in: Gesetzblatt der DDR, 1964, Teil I, S. 132–134.

18 Wilhelm Wengler: Positionen und Begriffe? Eine kritische Prüfung der rechtlichen Voraussetzungen der Deutschland-Politik, in: Blätter für deutsche und internationale Politik 1965, H. 4–5, Sonderdruck, S. 10 f. Text des sowjetischen Entwurfs eines Friedensvertrags mit Deutschland vom 10. Januar 1959, in: Europa-Archiv 1959, S. D 21–33.

19 Text in: Europa-Archiv 1955, S. 8279.

20 Vgl. die Präambel zum Entwurf eines Friedensvertrags mit Deutschland vom 10. Januar 1959. Text, ebenda, Jg. 1959, S. D 22.

21 Vgl. zur Genfer Außenminister-Konferenz die Dokumentation in: Dokumente zur Pariser Gipfelkonferenz. Band II: Die Genfer Außenministerkonferenz 1959 und die Diskussion über die Rechtslage Deutschlands und Berlins. Dokumentensammlung von Boris Meissner. Hamburg o. J., S. 277–284.

22 G. I. Tunkin: Vom Pech verfolgte Kommentatoren des Völkerrechts. Zuschrift an die »Izvestija« vom 27. Mai 1959; dt. Text, ebenda, S. 567–569 (568). Vgl. dazu auch die deutsche Erwiderung auf den Tunkin-Artikel: Professor Tunkin und die deutsche Frage, ebenda, S. 570–572.

Von der »Rechtsnachfolge«, nicht jedoch von der »Staatennachfolge« war auch in den Memoranden die Rede, die die sowjetische Regierung an die Bundesregierung zur Deutschland-Frage am 17. Februar und 3. August 1961 gesandt hat. In dem Memorandum vom 17. Februar 1961 hieß es: »Die Bundesrepublik, eine der Rechtsnachfolgerinnen Deutschlands, das an der Entfesselung des Zweiten Weltkrieges schuld ist, will gegenwärtig keinen Friedensvertrag abschließen . . .«[23]

Und in dem Memorandum vom 3. August 1961 führte die Sowjetregierung aus: »Sowohl vom Standpunkt der tatsächlichen Lage als auch juridisch gesehen sind diese zwei Staaten, diese zwei Regierungen, die auf dem Boden Deutschlands bestehen, Rechtsnachfolger jenes Deutschlands, gegen das die Staaten der Anti-Hitler-Koalition Krieg geführt haben. Daher ist der Abschluß eines Friedensvertrages mit diesen zwei deutschen Staaten der einzig vernünftige Ausweg aus der entstandenen Lage[24].« In diesem Memorandum stellte die sowjetische Regierung immerhin fest, die vier Mächte hätten »tatsächlich bestimmte Verpflichtungen gegenüber Deutschland, die sich aus dem Akt über bedingungslose Kapitulation und aus alliierten Abkommen ergeben«.

Im Verlauf der sechziger Jahre benutzte die sowjetische Regierung gelegentlich auch die Formel, »auf dem Gebiet des ehemaligen Deutschen Reiches« seien »zwei souveräne Staaten« entstanden. Diese Formel wurde beispielsweise in dem Protokoll vom 27. November 1963 über die Verlängerung des Vertrages über Freundschaft, gegenseitige Hilfe und Zusammenarbeit in der Nachkriegszeit zwischen der UdSSR und der Tschechoslowakischen Republik vom 12. Dezember 1943 verwandt[25].

Nachdem sich die UdSSR – wie dargelegt – im Bündnispakt mit der DDR vom 12. Juni 1964 ihre Rechte und Pflichten aus den früheren Abmachungen mit den drei Westmächten vorbehalten und die Formel »Deutschland als Ganzes« nicht mehr verwandt hatte, sprach sie vom »Territorium des ehemaligen Reiches, auf dem zwei deutsche Staaten bestehen«, in ihrer Antwort auf die Friedensnote der Bundesregierung vom 25. März 1966[26]. Und in dem Memorandum an die Regierung der Bundesrepublik Deutschland vom 21. November 1967 führte die sowjetische Regierung aus:

»Angesichts dessen, daß ein deutscher Friedensvertrag nicht existiert, bilden die erwähnten internationalen Vereinbarungen, vor allem das Potsdamer Abkommen, das die Gültigkeit einer internationalen Grundverpflichtung für die Bundesrepublik Deutschland als einem der Rechtsnachfolger des ehemaligen Reiches besitzt, das die bedingungslose Kapitulation Deutschlands unterzeichnet hat, weiterhin die Grundlage, auch die juristische, der Beziehungen zwischen der Bundesrepublik Deutschland und der Sowjetunion, ebenso wie zwischen der BRD und den drei Westmächten[27].«

Wenn also seit Beginn der sechziger Jahre von sowjetischer Seite Äußerungen vorliegen, »die auf eine Verunklarung des Bezugsobjektes der Vier-Mächte-Position abzielen . . ., gibt es auf der anderen Seite deutliche Manifestationen der Aufrechterhaltung dieser Rechtspositionen«[28]. Wer meint, für die UdSSR existiere der Rechtsbegriff

23 Text in: Europa-Archiv 1961, S. D 173.

24 Text ebenda, S. D 517.

25 Text in: Freundschaft – Zusammenarbeit – Beistand. Grundsatzverträge zwischen den sozialistischen Staaten. Berlin (Ost) 1968, S. 121–123 (121).

26 Texte der Note der Bundesregierung vom 25. März 1966 zur deutschen Friedenspolitik, in: Europa-Archiv 1966, S. D 171–175; Text der sowjetischen Antwortnote vom 17. Mai 1966, ebenda, S. D 290–298 (292).

27 Text in: Die Politik des Gewaltverzichts. Eine Dokumentation der deutschen und sowjetischen Erklärungen zum Gewaltverzicht – 1949 bis Juli 1968. Veröffentlicht durch das Presse- und Informationsamt der Bundesregierung. Bonn 1968, S. 11.

28 So Eckart Klein: Die rechtliche Qualifizierung der innerdeutschen Grenze, in: G. Zieger (Hrsg.): Fünf Jahre Grundvertragsurteil des Bundesverfassungsgerichts, a. a. O. (Anm. 12), S. 95–112 (103).

»Deutschland« nicht mehr, übersieht einmal, daß sich die Sowjetunion in allen wichtigen Abmachungen mit der DDR seit 1949 – zuletzt im erneuerten Bündnisvertrag vom 7. Oktober 1975 – ihre Rechte vorbehalten hat, die »Deutschland« betreffen. Art. 10 des Bündnispaktes vom 7. Oktober 1975 lautet: »Dieser Vertrag berührt nicht die Rechte und Pflichten der Hohen Vertragschließenden Seiten aus gültigen zwei- und mehrseitigen Abkommen[29].« Auch hier vermied es die sowjetische Seite wiederum, das Bezugsobjekt der Vier-Mächte-Verantwortung, »Deutschland« oder »Deutschland als Ganzes«, zu umschreiben. Andererseits hat sie sich davor gehütet, das Bezugsobjekt der Vier-Mächte-Verantwortung ausdrücklich auf die beiden Staaten in Deutschland zu beschränken. Hinzu kommt: Gerade weil die UdSSR immer wieder gezeigt hat, daß sie in allen »Deutschland« betreffenden Fragen nach wie vor mitreden will, kann sie die These der DDR nicht konsequent vertreten, nach der das Deutsche Reich 1945 untergegangen ist.

Wie wenig die Sowjetunion bereit ist, folgerichtig auf die Verwendung des »Deutschland«-Begriffs zu verzichten, zeigt folgender Vorgang: Die seit dem 10. Juni 1945 in Deutschland stationierten sowjetischen Truppen tragen seit 1949 den Namen »Gruppe der Sowjetischen Streitkräfte in Deutschland« (GSSD). In der »Souveränitäts«-Erkärung vom 25. März 1954 sprach die sowjetische Regierung – soweit ersichtlich wohl erstmals – von den »Verpflichtungen, die mit dem zeitweiligen Aufenthalt sowjetischer Truppen auf dem Gebiet der DDR in Zusammenhang stehen«[30]. Und Art. 4 des Vertrages über die Beziehungen zwischen der DDR und der UdSSR vom 20. September 1955 lautet:

»Die zum gegenwärtigen Zeitpunkt in Übereinstimmung mit den bestehenden internationalen Abkommen auf dem Gebiet der Deutschen Demokratischen Republik stationierten sowjetischen Truppen verbleiben zeitweilig in der Deutschen Demokratischen Republik mit Zustimmung der Regierung der Deutschen Demokratischen Republik zu Bedingungen, die durch eine zusätzliche Vereinbarung zwischen der Regierung der Deutschen Demokratischen Republik und der Regierung der Sowjetunion festgelegt werden[31].«

Diese »zusätzliche Vereinbarung« trafen die Regierungen der DDR und der UdSSR in dem Abkommen vom 12. März 1957 über Fragen, »die mit der zeitweiligen Stationierung sowjetischer Streitkräfte auf dem Territorium der Deutschen Demokratischen Republik zusammenhängen«[32]. Auch nach dem Abschluß des Vertrages vom 20. September 1955, dem Warschauer Vertrag vom 14. Mai 1955 und dem Truppenvertrag vom 12. März 1957 leitet die UdSSR »daher ihr Recht zur Stationierung von sowjetischen Truppen in der DDR bis heute von *den* völkerrechtlichen Grundlagen ab, auf die sie die Stationierung ihrer Truppen in Deutschland im Ergebnis des Zweiten Weltkrieges stützte«[33].

Obwohl also in den Abmachungen der UdSSR mit der DDR aus den Jahren 1955/57 von der zeitweiligen Stationierung sowjetischer Truppen auf dem Territorium der DDR gesprochen wird und beide Seiten in den folgenden Jahren an dieser Terminologie festgehalten haben, sind beide inzwischen zu der ursprünglichen Bezeichnung »Gruppe der So-

29 Text des Vertrags in: Gesetzblatt der DDR 1975, Teil II, S. 237–240.

30 Text in: Dokumente der Außenpolitik der Regierung der DDR, a. a. O. (Anm. 14), S. 303. Am 27. März 1954 hat die Regierung der DDR die Erklärung der sowjetischen Regierung und auch die »Verpflichtungen« bestätigt, »die mit dem zeitweiligen Aufenthalt sowjetischer Truppen auf dem Gebiet der DDR in Zusammenhang stehen«. Text, ebenda, S. 304–306 (305).

31 Text in: Dokumente zur Außenpolitik der Regierung der DDR. Band III, a. a. O. (Anm. 16), S. 282.

32 Text des Vertrags bei Boris Meissner (Hrsg.): Der Warschauer Pakt. Köln 1962, S. 123–129.

33 So Wolfgang Seiffert: Zu den völkerrechtlichen Grundlagen der Stationierung sowjetischer Truppen in der DDR, in: Deutschland Archiv 1982, S. 473–476 (475); Karl Wilhelm Fricke: Okkupanten oder Waffenbrüder? Die Gruppe der Sowjetischen Streitkräfte in Deutschland, ebenda, S. 269 bis 276; J. Hacker, a. a. O. (Anm. 10), S. 250–252.

wjetischen Streitkräfte in Deutschland« (GSSD) zurückgekehrt. Interessant ist dabei vor allem, daß dies anläßlich der Anfänge der »neuen Ostpolitik« der Bundesregierung Brandt/Scheel geschah. Am 27. Januar 1970 verwandte das Zentralorgan der SED, das »Neue Deutschland«, interessanterweise beide Formeln. In der einen Meldung wurde Generaloberst Kulikov als Oberkommandierender der Gruppe der Sowjetischen Streitkräfte in der DDR bezeichnet, während es in einer davon abgesetzten Meldung hieß: Kulikov, Oberkommandierender der Gruppe der Sowjetischen Streitkräfte in Deutschland. Mit dem Abschluß des Moskauer Vertrages von 12. August 1970 schaltete man dann völlig auf den Begriff der »Gruppe der Sowjetischen Streitkräfte in Deutschland« um[34]. Es ist nicht unwichtig, daß die UdSSR gerade hier so sehr auf den »Deutschland«-Begriff abstellt. Für Ost-Berlin ist es bitter, daß man mit der Verwendung der Formel »GSSD« gerade in diesem Bereich von »Deutschland« sprechen muß.

Bei der »Gruppe der Sowjetischen Streitkräfte in Deutschland« erkennt die UdSSR immer noch den »Deutschland«-Begriff an. Diese für sie so wesentliche Einrichtung erlaubt es ihr, drei Militärmissionen auf westdeutschem Gebiet – in Bückeburg, bei Baden-Baden und Frankfurt am Main – zu unterhalten, wie umgekehrt die Westmächte auf dem Boden der DDR – nicht in Ost-Berlin –, sondern in Potsdam[35].

Nachdem Anfang 1970 noch mehrere sowjetische Veröffentlichungen die Verantwortung der vier Hauptalliierten für die »Deutschland-Frage« und das »deutsche Problem« betont hatten[36], war die sowjetische Führung beim Abschluß des Moskauer Vertrags vom 12. August 1970 bestrebt, das Bezugsobjekt der Vier-Mächte-Verantwortung – »Deutschland« oder gar »Deutschland als Ganzes« – in Frage zu stellen. Art. 4 des deutsch-sowjetischen Vertrages legt fest, der Vertrag berühre nicht die von den Vertragspartnern »früher abgeschlossenen zweiseitigen und mehrseitigen Verträge und Vereinbarungen«.

Wie sehr die sowjetische Regierung bemüht war, sich in der wichtigen Frage der Vier-Mächte-Verantwortung nicht festzulegen, ging vor allem aus der Erklärung hervor, die der sowjetische Außenminister Gromyko am 6. August 1970 zum Moskauer Vertrag abgegeben hat: »Die Frage der Rechte der vier Mächte war nicht Gegenstand der Verhandlungen mit der Bundesrepublik Deutschland . . . Die Frage der Rechte der Vier Mächte wird auch von dem Vertrag, den die UdSSR und die Bundesrepublik abzuschließen beabsichtigen, nicht berührt[37].«

In der Debatte des Präsidiums des Obersten Sowjets über die Ratifizierung des Moskauer Vertrages vom 12. August 1970 bezeichnete hingegen Gromyko die Bundesrepublik Deutschland als »einen der Rechtsnachfolger des zerschmetterten Hitler-Deutschlands«[38]. Diese Formulierung läßt nicht den zwingenden Schluß zu, das Deutsche Reich sei 1945 als Völkerrechtssubjekt untergegangen.

Art. 4 des Moskauer Vertrags und die sowjetischen Erläuterungen dazu erlauben es der Sowjetregierung, nach eigenem Ermessen den Begriff »Vier-Mächte-Verantwortung« zu interpretieren und »aufzufüllen«. Auch wenn es die UdSSR seitdem für opportun hält, wenigstens verbal die Rechte und Verantwortlichkeiten der vier Mächte für Deutschland (als Ganzes) und Berlin »herunterzuspielen«, so ist sie aufgrund der nach wie vor geltenden Abmachungen der Alliierten aus den Jahren 1944/45 und der Verträge mit der DDR jederzeit in der Lage, sich auf die darin verankerten Vorbehalte zu berufen. Erinnert sei auch daran, daß das Vier-Mächte-Abkommen über Berlin vom 3. September 1971 auf den

34 Vgl. mit weiteren Nachweisen J. Hacker, ebenda, S. 421 mit den Anm. 37–39.

35 Vgl. dazu die Diskussionsbeiträge Dieter Schröders anläßlich des Symposions »Finis Germaniae«?, a. a. O. (Anm. 7), S. 27, 89.

36 Vgl. dazu die Nachweise bei J. Hacker, a. a. O. (Anm. 10), S. 418 f. mit Anm. 19.

37 Vgl. dazu die Nachweise, ebenda, S. 421 mit den Anm. 39–41.

38 Text in: TASS (russ./engl.) vom 31. Mai 1972. Vgl. dazu auch J. Hacker, ebenda, S. 188–191.

nach wie vor gültigen Abkommen der Alliierten aus den Jahren 1944/45 beruht. Armin Albano-Müllers Feststellung aus dem Jahre 1967, die Sowjetunion scheine die These der »zwei deutschen Staaten« sozusagen im Rahmen der alten Vier-Mächte-Abkommen zu sehen, soweit diese ihr erlaubten, noch zu »Gesamtdeutschland« etwas zu sagen, ist heute noch zutreffend[39].

Auch wenn die sowjetische Seite seit 1955 die These vertritt, die Wiederherstellung der staatlichen Einheit Deutschlands sei Sache »der beiden deutschen Staaten«, und sie auch jede Mitverantwortung der vier Mächte für die Regelung der »deutschen Frage« ablehnt, ist diese Position juristisch nicht haltbar. Rupert Scholz hat diese Problematik so umrissen:

»Die Teilung Deutschlands ist eine Folge des Zweiten Weltkrieges. Die Wiederherstellung der staatlichen Einheit Gesamtdeutschlands steht in der Zuständigkeit der vier Siegermächte; jede Form staatlicher Organisation in Deutschland untersteht dem alliierten Vorbehalt, Deutschland als Ganzes betreffend. Dieser seit Kriegsende bestehende und vertraglich fixierte Vorbehalt steht den vier Siegermächten gemeinschaftlich zu; aus seiner Verantwortung wie Kompetenz kann sich keine Siegermacht einseitig verabschieden. In diesem Sinne besteht auch die sowjetische Zuständigkeit für Gesamtdeutschland fort – eine Zuständigkeit, die die Sowjetunion propagandistisch zwar häufig zu leugnen versucht, die sie juristisch aber durchaus und mit erkennbarer Willentlichkeit behauptet hat bzw. weiter behauptet. In diesem Sinne unterliegt auch die DDR in ihrer gesamten politischen Existenz dem statusrechtlichen Vorbehalt zugunsten eines wiedervereinigten Gesamtdeutschlands[40].«

### 2. Die Position der DDR

Für die DDR muß »Deutschland« als Rechtsbegriff in dem Maße existieren, wie die UdSSR in ihrer Deutschland-Politik daran festhält. Soviel steht fest: Auch als die DDR 1951 die These von der Diskontinuität des Deutschen Reiches am 8. Mai 1945, 1953 die Zwei-Staaten-These und 1956 die Sukzessionsthese verkündete, verzichtete sie nicht gänzlich auf den Gebrauch des Rechtsbegriffs »Deutschland«. Soweit und solange die UdSSR an ihren Deutschland betreffenden Vorbehaltsrechten festhält, von denen sie sich – um es noch einmal zu wiederholen – einseitig gar nicht lösen kann, ist die DDR nicht in der Lage, sich vom »Deutschland«-Begriff vollständig zu trennen. Daß in dieser Frage Meinungsdifferenzen zwischen der DDR und der UdSSR bestanden haben, wurde Anfang 1970 besonders deutlich. In mehreren Verlautbarungen hatte die Sowjetunion die Vier-Mächte-Verantwortung für Deutschland hervorgehoben[41]. Hingegen bestritten der damalige SED-Chef Walter Ulbricht auf seiner internationalen Pressekonferenz am 19. Januar 1970 in Ost-Berlin und Ministerpräsident Willi Stoph bei seinem ersten Treffen mit Bundeskanzler Brandt am 19. März 1970 in Erfurt den Fortbestand einer Vier-Mächte-Verantwortung für Deutschland. Stoph verstieg sich sogar zu der Behauptung, diese in der Bundesrepublik verbreitete Ansicht sei »unhaltbar«, während Ulbricht meinte, eine »andere Frage sei es mit West-Berlin«[42].

39 Armin Albano-Müller: Die Deutschland-Artikel in der Satzung der Vereinten Nationen. Stuttgart u. a. 1967, S. 76.

40 Rupert Scholz: Perspektiven der Deutschland-Politik, in: Deutschland Archiv 1984, S. 258–277 (261).

41 Nachweis oben in Anm. 36.

42 Text der Erklärung Stophs in: Deutschland Archiv 1970, S. 511. Vgl. zu den Ausführungen Ulbrichts die Wiedergabe »Walter Ulbricht beantwortet Fragen der Journalisten« und »Weitere Antworten auf Fragen von Journalisten«, in: Neues Deutschland vom 20. und 22. Januar 1970 und Deutschland Archiv 1970, S. 192.

Besonders erbost war die DDR-Führung darüber, daß die SPD/FDP-Bundesregierung in ihrer im Herbst 1969 eingeleiteten »neuen Deutschland-Politik« von der These ausging, »die völkerrechtliche Lage Deutschlands und die weiterbestehenden Kompetenzen der vier Mächte« ließen es nicht zu, daß sich die Bundesrepublik Deutschland und die DDR gegenseitig völkerrechtlich anerkennen. Die »besondere Lage in Deutschland« gebiete, daß »bis zu einer endgültigen Regelung der deutschen Frage die Rechte und Verantwortlichkeiten der vier Mächte in bezug auf Deutschland als Ganzes und Berlin fortbestehen«[43].

Spätestens bei den Verhandlungen über den Abschluß des innerdeutschen Grundvertrages mußte die SED-Führung einsehen, daß es nicht in ihrem Ermessen liegt, einseitig oder gemeinsam mit der Bundesrepublik Deutschland über den Fortbestand der Vier-Mächte-Verantwortung für Deutschland als Ganzes zu befinden. Eine Neuregelung oder Aufhebung dieser Rechte und Verantwortung fällt allein in die Kompetenz jener früheren Besatzungsmächte, die sie 1944/45 begründet haben. Die gelegentlich im bundesdeutschen Schrifttum geäußerte Ansicht, die Bundesregierung halte den »Vorbehalt eines innerdeutschen Charakters der Beziehungen zur DDR auch deshalb für notwendig, um nicht den Anschein einer völkerrechtlichen Neuregelung der deutschen Situation zu erwecken, welche die 1944/45 von den Westmächten erworbenen Rechte aufheben würde«[44], ist daher abwegig.

Der DDR blieb gar nichts anderes übrig, im Vertrag über die Grundlagen der Beziehungen zwischen der Bundesrepublik Deutschland und der Deutschen Demokratischen Republik vom 21. Dezember 1972 eine Nichtberührungsklausel aufzunehmen, die die Fortexistenz der Vier-Mächte-Rechte und -Verantwortlichkeiten für Deutschland nicht in Frage stellt[45]. Die DDR hat bis in die Gegenwart immer wieder die Forderung erhoben, die Bundesrepublik Deutschland solle den zweiten Staat in Deutschland völkerrechtlich anerkennen. Diesen Rechtsakt kann die Bundesrepublik Deutschland nicht nur deshalb nicht vollziehen, da sie dann die Rechte der vier Mächte in bezug auf Deutschland als Ganzes und Berlin verletzte; ein solcher Akt ignorierte das Völkerrechtssubjekt »Deutschland« oder »Deutschland als Ganzes« und wäre darauf gerichtet, »den vier Mächten das Objekt ihrer Vorbehaltsrechte zu entziehen«[46]. Die Kompetenz der Bundesrepublik Deutschland ist darüber hinaus auch dadurch begrenzt, »daß die drei Mächte ihrer Anerkennung der Bundesrepublik Deutschland ausdrücklich vorläufigen Charakter verliehen haben und die Bundesrepublik Deutschland als Teilorganisation im Rahmen des fortbestehenden Völkerrechtssubjekts ›Deutschland‹ (= Deutsches Reich) ansehen, auf das sich die Vorbehaltsrechte der vier Mächte beziehen«[47].

Zusammenfassend läßt sich zu den Positionen der UdSSR und der DDR gegenüber der Vier-Mächte-Verantwortung feststellen: In allen wichtigen Abmachungen mit der DDR hat die UdSSR 1955, 1964 und 1975 ihre aus den Abmachungen mit den Alliierten von 1944/45 resultierenden Rechtspositionen ungeschmälert beibehalten. Daran vermag auch die Tatsache nichts zu ändern, daß die UdSSR zuletzt 1955 das Bezugsobjekt der Vier-Mächte-Verantwortung, »Deutschland als Ganzes«, umschrieben hat. Auch wenn die UdSSR in den Bündnisverträgen mit der DDR aus den Jahren 1964 und 1975 das Bezugsobjekt der Vier-Mächte-Verantwortung nicht mehr ausdrücklich bezeichnet hat, hat sie

43 Vgl. dazu die Nachweise bei J. Hacker, a. a. O. (Anm. 10), S. 419 f.

44 So Gerhard Wettig: Berlin in den interalliierten Vereinbarungen der Kriegszeit und im Potsdamer Abkommen, in: Potsdam und die deutsche Frage. Köln 1970, S. 93–111 (107).

45 Vgl. zur Problematik der Nichtberührungsklausel des Grundvertrags unten Kap. III, 4.

46 Wolfgang Seiffert: Die Begriffe »Anerkennung« und »Respektierung« in den innerdeutschen Beziehungen, in: Recht in Ost und West 1984, S. 49–60 (51 mit den Anm. 36–39).

47 Vgl. W. Seiffert, ebenda, mit den Nachweisen in den Anm. 40–51.

es bisher immer sorgfältigst vermieden, etwa die beiden Staaten in Deutschland als Nachfolgestaaten des untergegangenen Reiches unter die Vier-Mächte-Verantwortung zu subsumieren.

### 3. Die Position der drei Westmächte

Im Gegensatz zur Haltung der UdSSR war und ist die Einstellung der drei Westmächte gegenüber den Rechten und Verantwortlichkeiten der vier Mächte unmißverständlich. Sie haben sich im Deutschland-Vertrag vom 26. Mai 1952 in der Fassung vom 23. Oktober 1954 »Rechte und Verantwortlichkeiten in bezug auf Berlin und auf Deutschland als Ganzes einschließlich der Wiedervereinigung Deutschlands und einer friedensvertraglichen Regelung« vorbehalten (so Art. 2 des Deutschland-Vertrags). Art. 7 des Deutschland-Vertrags bestimmt, »daß die endgültige Festlegung der Grenzen Deutschlands« bis zu einer »frei vereinbarten friedensvertraglichen Regelung für ganz Deutschland« aufgeschoben werden muß.

In dem am 5. Mai 1955 in Kraft getretenen Deutschland-Vertrag haben es die drei Westmächte ausdrücklich vermieden, die Formel von Deutschland in den Grenzen vom 31. Dezember 1937 zu gebrauchen. In seinem 1952 erschienenen Kommentar zu den Bonner Verträgen hat Wilhelm G. Grewe dazu bereits ausgeführt:

»Eine Verpflichtung, die Wiedervereinigung Deutschlands in den Grenzen vom 31. 12. 1937 anzustreben, ist . . . von den Drei Mächten im Bonner Vertrag nicht übernommen worden, wenn es auch inzwischen zweifelhaft geworden sein mag, ob die in Jalta und Potsdam gemachten Zusagen noch als bindend betrachtet werden[48].«

In seiner Antwort auf den Brief, den Herbert Hupka zu Grewes Aufsatz »Wenn der Wille zur Einheit erlahmt« in der »Frankfurter Allgemeinen Zeitung« vom 24. Oktober 1983 verfaßt hat, betonte Grewe noch unmißverständlicher: »Die Verpflichtung der Westmächte in Artikel 7 des Deutschland-Vertrages bezog sich nach deren deutlich bekundeter und uns bekannter Absicht nur auf die Wiedervereinigung von Bundesrepublik, DDR und Berlin[49].«

Es lag auch im Interesse der Bundesrepublik Deutschland, daß die drei Westmächte beim Abschluß der Verträge von Moskau und Warschau ihre Rechtsposition nochmals bekräftigt haben. In ihren Noten vom 11. August 1970 zum deutsch-sowjetischen Vertrag haben die drei westlichen Alliierten ihre Rechtsauffassung wesentlich differenzierter formuliert als in ihren Noten vom 19. November 1970 zum Warschauer Vertrag. Das erklärt sich daraus, daß die UdSSR Partner jener Vereinbarungen ist, in denen 1944/45 der Nachkriegsstatus Deutschlands festgelegt worden ist. In ihren Noten zum Moskauer Vertrag bekunden die Regierungen der drei westlichen Alliierten ihre Auffassung, »daß die Rechte und Verantwortlichkeiten der vier Mächte in bezug auf Berlin und Deutschland als Ganzes, die sich aus dem Ergebnis des Zweiten Weltkrieges herleiten und die im Londoner Übereinkommen vom 14. November 1944, in der Viererklärung vom 5. Juni 1945 sowie in anderen Kriegs- und Nachkriegsübereinkünften ihren Niederschlag gefunden haben, durch einen zweiseitigen Vertrag zwischen der Bundesrepublik Deutschland und der UdSSR, einschließlich dieses Vertrages, nicht berührt werden und nicht berührt werden können«[50].

48 Wilhelm G. Grewe: System und Grundgedanken des Bonner Vertragswerkes, in: Hans Kutscher/ Wilhelm G. Grewe: Bonner Vertrag, München und Berlin 1952; zit. auch bei W. G. Grewe: Wodurch die Deutschland-Politik geschwächt wird, a. a. O. (Anm. 3).

49 Text, ebenda.

50 Text in: Der Vertrag vom 12. August 1970 zwischen der Bundesrepublik Deutschland und der Union der Sozialistischen Sowjetrepubliken. Hrsg. vom Presse- und Informationsamt der Bundesregierung. Bonn 1970, S. 15.

In ihren Noten zum Warschauer Vertrag vom 19. November 1970 beschränkten sich die Regierungen der drei westlichen Alliierten auf die Feststellung, »daß der Vertrag die Rechte und Verantwortlichkeiten der vier Mächte, wie sie in den bekannten Verträgen und Vereinbarungen ihren Niederschlag gefunden haben, nicht berührt und nicht berühren kann«. Hier fehlt – im Gegensatz zur Note zum Moskauer Vertrag vom 11. August 1970 – die Formel »Deutschland als Ganzes«[51].

Durch die in den Verträgen von Moskau und Warschau sowie – darauf komme ich noch zurück – in Art. 9 des Grundvertrages verankerten Nichtberührungsklauseln ist sichergestellt, daß die Vorbehaltsrechte der Alliierten unberührt bleiben. Entgegen einer gelegentlich geäußerten Ansicht, nach der der Deutschland-Vertrag zu einer »reinen Formalität« herabgesunken sei, ist festzustellen, daß er als Ganzes voll gültig bleibt; das Bundesverfassungsgericht hat im Grundvertragsurteil vom 31. Juli 1973 hervorgehoben, daß vor allem auch Art. 7 des Deutschland-Vertrags unberührt bleibe, »nach dem die Bundesrepublik und die drei Mächte nach wie vor vertraglich verpflichtet bleiben (Abs. 2), zusammenzuwirken, ›um mit friedlichen Mitteln ihr gemeinsames Ziel zu verwirklichen: ein wiedervereinigtes Deutschland, das eine freiheitlich-demokratische Verfassung ähnlich wie die Bundesrepublik besitzt und das in die europäische Gemeinschaft integriert ist‹«[52].

In diesem Zusammenhang sei auch an den Briefwechsel des Bundesministers des Auswärtigen mit den Außenministern der drei Westmächte anläßlich des 25. Jahrestags des Inkrafttretens des Deutschland-Vertrags am 5. Mai 1955 erinnert. Außenminister Hans-Dietrich Genscher betonte darin, die Pariser Verträge seien »Grundlage für die enge und vertrauensvolle Zusammenarbeit zwischen der Bundesrepublik Deutschland und den drei Mächten in allen Fragen, die Berlin und Deutschland als Ganzes betreffen«[53]. Auch in den getrennten Schreiben der Außenminister der USA, Frankreichs und Großbritanniens wird jeweils die Formel »Berlin und Deutschland als Ganzes« verwandt[54]. Als Pikanterie gilt festzuhalten, daß sich der Text des französischen Außenministers Jean François-Poncet insoweit von den Schreiben seiner britischen und amerikanischen Kollegen unterscheidet, als es darin ausdrücklich heißt:

»Die französische Regierung bekennt sich . . . auf der Grundlage der Rechte und Verantwortlichkeiten der Vier Mächte zu den Zielen der Pariser Verträge und wird wie bisher die Bemühungen der Bundesrepublik Deutschland um die Herstellung jenes Zustands des Friedens in Europa unterstützen, der allein dem deutschen Volk einmal die Verwirklichung seiner Einheit in freier Selbstbestimmung ermöglichen würde[55].«

Auch wenn weder in den Nichtberührungsklauseln der Verträge von Moskau und Warschau sowie des Grundvertrages noch in dem Briefwechsel zu Art. 9 und in der Erklärung der vier Mächte vom 9. November 1972 zur Aufnahme der Bundesrepublik Deutschland und der DDR in die Vereinten Nationen (UNO) das Bezugsobjekt der Vier-Mächte-Rechte und -Verantwortung genannt wird, bedeutet das nicht, daß es und damit der Rechtsbegriff »Deutschland« oder »Deutschland als Ganzes« zu existieren aufgehört haben. Die Aufnahme der Wendung »Deutschland als Ganzes« in die Erklärung vom

51 Text in: Der Vertrag zwischen der Bundesrepublik Deutschland und der Volksrepublik Polen. Hrsg. vom Presse- und Informationsamt der Bundesregierung. Bonn 1970, S. 13.

52 Text in: Entscheidungen des Bundesverfassungsgerichts. Band 36. Tübingen 1974, S. 1–36 (21 f.).

53 Text des Schreibens Genschers in: Bulletin des Presse- und Informationsamts der Bundesregierung, Nr. 49 vom 7. Mai 1980, S. 417.

54 Text, ebenda, S. 418.

55 Das sollten auch jene Autoren beachten, die es für einen »Fehlschluß« halten, »wenn argumentiert wird, das Völkerrechtssubjekt Deutschland müsse fortbestehen, da andernfalls die Vier-Mächte-Verantwortung sich auf ein Nullum beziehe«. So Ch. Tomuschat, a. a. O. (Anm. 12), S. 34 mit Anm. 60.

9. November 1972 hätte – so lautet die westliche Version – Grenzfragen aufgeworfen, die zwar durch die beiden Ostverträge geregelt seien, aber wegen des fehlenden Friedensvertrags noch als »offen« angesehen werden müßten. Diese Interpretation ist zugleich die Begründung dafür, daß die drei Westmächte auch in ihren Noten vom 19. November 1970 zum Warschauer Vertrag – im Gegensatz zu ihrer Erklärung zum Moskauer Vertrag – auf einer ausdrücklichen Bezeichnung des Bezugsobjekts der Vier-Mächte-Verantwortung verzichtet haben.

Wer meint, für die drei Westmächte und die UdSSR existiere der Rechtsbegriff »Deutschland« oder »Deutschland als Ganzes« nicht mehr, übersieht, daß die Vier Mächte kein neues Bezugsobjekt an die Stelle des alten gesetzt haben. Würde das Bezugsobjekt nicht mehr bestehen, dann wäre der Hinweis auf die früher geschlossenen Abmachungen der Alliierten – vornehmlich aus den Jahren 1944/45, 1952/54, 1955 und später – ohne Sinn. Da bereits rechtslogisch Rechte und Verantwortlichkeiten ein Bezugsobjekt haben müssen, kann es sich dabei nur um »Deutschland als Ganzes« handeln.

### 4. Die Position der Bundesrepublik Deutschland

Für alle Bundesregierungen stand die Fortexistenz der Vier-Mächte-Rechte und -Verantwortung seit 1949 außer Zweifel. Während die Bundesrepublik Deutschland die Rechte und Verantwortlichkeiten der Alliierten zunächst nur durch Erklärungen gegenüber den drei Westmächten hingenommen hat, hat sie erst im Rahmen der »neuen Ostpolitik« die Position der Sowjetunion als Siegermacht in rechtliche Erklärungen mit einbezogen. In dem bereits erwähnten Notenwechsel vom 7./11. August 1970 zwischen der Bundesrepublik Deutschland und den drei Westmächten anläßlich der Unterzeichnung des Moskauer Vertrags wird von den Rechten und Verantwortlichkeiten der vier Mächte in bezug auf Deutschland als Ganzes und Berlin gesprochen[56]. Die in den Verträgen mit der UdSSR, Polen und der DDR jeweils verankerte Nichtberührungsklausel und die Begleitdokumente stellen sicher, daß die Rechte und Verantwortlichkeiten der vier Mächte uneingeschränkt weiterbestehen.

Die Vier-Mächte-Verantwortung gehört »zu den Grundsteinen eines Gedankengebäudes, wonach die Rechtslage Deutschlands auch durch den Abschluß der Ostverträge und des Grundvertrages mit der DDR nicht verändert worden ist. Eine endgültige Klärung aller Rechtsverhältnisse soll einem künftigen Friedensvertrag vorbehalten sein, der allein geeignet sei, die Vier-Mächte-Verantwortung abzulösen.«[57]

Wenn im bundesdeutschen Schrifttum gelegentlich bis zum 31. Juli 1973 die These von den »objektlosen Rechten und Verantwortlichkeiten der vier Mächte«, einem »Bündel von Interventionsrechten« oder von den »abstrakten Rechten und Verantwortlichkeiten der vier Mächte« vertreten worden ist[58], so ist das Bundesverfassungsgericht dieser Ansicht nicht gefolgt. Im Grundvertragsurteil apostrophiert es die »Vier-Mächte-Verantwortung für Gesamtdeutschland« als eine »rechtliche Klammer für die Fortexistenz Gesamtdeutschlands; verfassungsgemäß ist nur – wie es auch die Bundesregierung selbst versteht –, daß sie eine weitere Rechtsgrundlage für das Bemühen der Bundesregierung um Wiedervereinigung bildet, nämlich eine ›völkerrechtliche‹ *neben* der staatsrechtlichen«[59].

Auch in seinem Beschluß über die Verfassungsbeschwerden zu den Verträgen von Moskau und Warschau vom 7. Juli 1975 betont das höchste deutsche Gericht, »mit Rücksicht

56 Vgl. dazu D. Rauschning, a. a. O. (Anm. 7), S. 81 f.
57 So Ch. Tomuschat, a. a. O. (Anm. 12), S. 71.
58 Vgl. die Nachweise bei J. Hacker, a. a. O. (Anm. 10), S. 441–443.
59 Text, a. a. O. (Anm. 52), S. 19. Hervorhebung im Text.

auf die Gesamtverantwortung der vier Mächte für Deutschland als Ganzes konnten nach der Rechtsauffassung der Bundesregierung Verfügungen über den territorialen Status Deutschlands, die eine friedensvertragliche Regelung vorweggenommen hätten, ohne die Zustimmung der vier Mächte nicht getroffen werden«. Ausdrücklich wies das Bundesverfassungsgericht darauf hin, daß die Gesamtverantwortung der vier Mächte zuletzt in dem Abkommen über Berlin vom 3. September 1971 erneut bestätigt worden sei[60].

Auch wenn in der politischen Praxis der Bundesrepublik Deutschland seit 1949 der Deutschland-Begriff im Sinne des Deutschen Reiches in den Grenzen vom 31. Dezember 1937 verstanden worden ist, darf nicht übersehen werden, daß zuletzt die Bundesregierung unter Bundeskanzler Ludwig Erhard und Außenminister Gerhard Schröder in der »Deutschen Friedensnote« vom 25. März 1966 diesen Standpunkt noch unmißverständlich zum Ausdruck gebracht hat. Darin heißt es, »daß die Regelung der Grenzfragen nach den alliierten Vereinbarungen des Jahres 1945 bis zum Abschluß eines Friedensvertrags mit ganz Deutschland aufgeschoben ist und daß Deutschland völkerrechtlich in den Grenzen vom 31. Dezember 1937 fortbesteht, solange nicht eine frei gewählte gesamtdeutsche Regierung andere Grenzen anerkennt«[61]. Während sich die Bundesregierung der Großen Koalition in den Jahren 1966–1969 nicht grundsätzlich zu der Frage geäußert hat, ob für sie Deutschland in den Grenzen vom 31. Dezember 1937 fortexistierte, war die Rechtsauffassung der seit Herbst 1969 amtierenden Bundesregierungen nicht leicht zu umreißen[62]. Auch die Entschließung von Bundestag und Bundesrat zu den Ostverträgen vom 17. Mai 1972 vermied die Formel »Deutschland in den Grenzen vom 31. Dezember 1937«. Punkt 2 der Entschließung lautet:

»Dabei gehen die Verträge von den heute tatsächlich bestehenden Grenzen aus, deren einseitige Änderung sie ausschließen. Die Verträge nehmen eine friedensvertragliche Regelung für Deutschland nicht vorweg und schaffen keine Rechtsgrundlage für die heute bestehenden Grenzen.«[63]

In der politischen Diskussion wird gelegentlich zuwenig beachtet, daß die vier Mächte in ihren Abmachungen aus den Jahren 1944/45 – wie dargelegt – von »Deutschland . . . innerhalb seiner Grenzen, wie sie am 31. Dezember 1937 bestanden« haben, ausgegangen sind, ohne jedoch die Verpflichtung übernommen zu haben, diesen Gebietsstand zu garantieren und die staatliche Einheit Deutschlands in diesen Grenzen anzustreben. Daher hat es auch das Bundesverfassungsgericht im Grundvertragsurteil vermieden, sich präzise über die territoriale Reichweite des Wiedervereinigungsgebots des Grundgesetzes zu äußern oder gar mit der Formel »Gesamtdeutschland« das Land in seinen Grenzen vom 31. Dezember 1937 zu umschreiben. Von den »Grenzen des Deutschen Reiches nach dem Stand vom 31. Dezember 1937« spricht das Bundesverfassungsgericht nur dort, wo es »Grenzen verschiedener rechtlicher Qualität« kennzeichnet[64].

Willi Geiger, Bundesverfassungsrichter a. D., hat in seinem Beitrag »Zur Rechtslage Deutschlands« mit Nachdruck darauf hingewiesen, erst in den Verhandlungen über einen

60 Text in: Entscheidungen des Bundesverfassungsgerichts. Band 40. Tübingen 1976, S. 172 f.

61 Text in: Europa-Archiv 1966, S. D 171–175 (172).

62 Vgl. dazu die Nachweise bei J. Hacker, a. a. O. (Anm. 10), S. 423–429.

63 Text in: Bulletin des Presse- und Informationsamtes der Bundesregierung, Nr. 24 vom 20. Mai 1972, S. 1059–1061. Vgl. zu dieser Entschließung im einzelnen Otto Kimminich: Die rechtliche Bedeutung der Gemeinsamen Entschließung vom 17. Mai 1972 für die Ostverträge, in: Jahrbuch der Albertus-Universität zu Königsberg/Pr. Band XXIV/1974, S. 80–105. Vgl. dazu auch Friedrich Klein: Zur Anwendbarkeit der Gemeinsamen Entschließung vom 17. 5. 1972 auf den Grundlagenvertrag, in: Im Dienst an Recht und Staat. Festschrift für Werner Weber zum 70. Geburtstag. Hrsg. von Hans Schneider und Volkmar Götz. Berlin 1974, S. 105–126.

64 Text, a. a. O. (Anm. 52), S. 26.

Friedensvertrag »steht die Grenze des neuen Deutschland zur Disposition in der vollen Breite, die sich ergibt aus der Beschreibung ›innerhalb der Grenzen nach dem Stand vom 31. Dezember 1937‹ und der gegenwärtig bestehenden Grenzlinie entlang der Oder und der Neiße. Das Grundgesetz engt *diese* Freiheit in keiner Weise ein, legt insbesondere die Organe der Bundesrepublik Deutschland nicht darauf fest, als Ziel der friedensvertraglichen Regelung die Wiederherstellung der Grenzen nach dem Stand vom 31. 12. 1937 anstreben zu müssen[65].«

Angesichts der Tatsache, daß die DDR nicht bereit ist, die Nichtberührungsklausel des Grundvertrags sachgemäß auch im Hinblick auf die fortbestehende Vier-Mächte-Verantwortung zu interpretieren, muß mit Nachdruck festgestellt werden, daß die DDR mit dem Grundvertrag und aufgrund des Brief- und Notenwechsels mit der Bundesrepublik Deutschland zu Art. 9 die Rechtsansicht der Bundesrepublik Deutschland übernommen hat. Hinzu kommt: Nach dem Abschluß des Grundvertrags hat die DDR immer wieder die Bonner These strikt zurückgewiesen, nach der der Grundvertrag die »deutsche Frage« sowohl rechtlich als auch politisch offen halte; immer wieder verkündete Ost-Berlin, mit dem Grundvertrag sei die »deutsche Frage« endgültig entschieden und gelöst[66]. SED-Chef Erich Honecker hat in Reden aus den Jahren 1974, 1978 und 1981 eine »Vereinigung beider deutscher Staaten« auf der Basis des »Sozialismus« nicht ausgeschlossen. Während sich die revidierte Fassung der Verfassung der DDR vom 7. Oktober 1974 des Verfassungsauftrages zur »Vereinigung« der beiden Staaten in Deutschland begeben hat, ist das Programm der SED vom 22. Mai 1976 ohne jede gesamtdeutsche Perspektive oder gar Mission[67].

Georg Ress hat überzeugend verdeutlicht, daß das Selbstverständnis der Bundesrepublik Deutschland, die »Besonderheiten« in den innerdeutschen Beziehungen und der Fortbestand der deutschen Staatsangehörigkeit für die Nichtabgeschlossenheit des Teilungsvorgangs und des Sezessions- oder Dismembrations-Prozesses, also der Auflösung des Deutschen Reiches in mehrere Völkerrechtssubjekte, nicht ausreichend sind, um objektiv angesichts der effektiven Trennung der Hoheitsbereiche und der Regelungen in den Art. 4 und 6 des Grundvertrags diesen Prozeß länger in der Schwebe zu halten. Der Sezessionsprozeß sei deshalb noch nicht abgeschlossen, da ihm ein entscheidendes normatives Element entgegenstehe: die Nichtendgültigkeit aller Verfügungen in bezug auf Deutschland als Ganzes, gewährleistet durch die Rechte und Verantwortlichkeiten der vier Mächte, die in Art. 9 des Grundvertrags ausdrücklich vom Regelungsbereich des Vertrags ausgenommen worden sind[68].

Die gelegentlich auch in der Bundesrepublik Deutschland vertretene These, mit dem Inkrafttreten des Grundvertrags sei das Deutsche Reich untergegangen[69], ist deshalb verfehlt, da die beiden Staaten in Deutschland – um es noch einmal zu wiederholen – aufgrund der fortbestehenden Gesamtverantwortung der vier Mächte für Deutschland als Ganzes gar keine Befugnis hatten (und haben), über den rechtlichen und auch territorialen Status Deutschlands zu verfügen.

65 Willi Geiger: Zur Rechtslage Deutschlands, in: Neue Juristische Wochenschrift 1983, S. 2302 bis 2304 (2304). Hervorhebung im Text.

66 Vgl. die Nachweise bei J. Hacker, a. a. O. (Anm. 10), S. 450–453.

67 Vgl. dazu mit Nachweisen J. Hacker: Stand und Perspektiven der deutsch-deutschen Beziehungen, in: Die außenpolitische Lage Deutschlands am Beginn der achtziger Jahre. Hrsg. vom Göttinger Arbeitskreis. Berlin 1982, S. 61–114, S. 89–91.

68 Georg Ress: Die Rechtslage Deutschlands nach dem Grundlagenvertrag vom 21. Dezember 1972. Berlin, Heidelberg, New York 1978, S. 223.

69 Das übersieht leider Hans-Jörg Bücking in seiner so sorgfältig angelegten, die Literatur erfassenden Arbeit: Der Rechtsstatus des Deutschen Reiches. Berlin 1979.

Auch wenn die DDR – ebenso wie die Bundesrepublik Deutschland – über die fortbestehende Vier-Mächte-Verantwortung nicht zu disponieren vermag, suchte sie – wie dargelegt – in den letzten Jahren häufig den Eindruck zu erwecken, als gäbe es solche Rechte nur noch über West-Berlin und allenfalls über die Bundesrepublik Deutschland. Zu ihrer eigenen Auffassung hat sich die DDR aufgrund des Briefwechsels mit der Bundesregierung und ihrer Note an die UdSSR zu Art. 9 des Grundvertrags in Widerspruch gesetzt. In ihrem Schreiben vom 21. Dezember 1972 an den Botschafter der UdSSR hat die DDR zugegeben, daß auch sie Gegenstand von Vier-Mächte-Rechten ist, da andernfalls die Note an die UdSSR keinen Sinn hätte. Das gilt gleichfalls für die Erklärung der vier Mächte vom 9. November 1972 zu den Anträgen der Bundesrepublik Deutschland und der DDR auf Mitgliedschaft in den Vereinten Nationen.

Die DDR hat die Erklärung der Vier Mächte widerspruchslos hingenommen: »Wollte sie die Existenz von Vier-Mächte-Rechten im Hinblick auf sich, die DDR, bestreiten, so hätte dies spätestens anläßlich ihres VN-Beitritts[70] tun müssen. Sie hat es aber nicht getan[71].« Benno Zündorf wertet die Verknüpfung der Erklärung der Bundesrepublik Deutschland und der DDR zu den Vier-Mächte-Rechten mit Art. 9 des Grundvertrags zutreffend als eines der wichtigsten Ereignisse der innerdeutschen Verhandlungen:

»Die DDR hat hier erstmals der Bundesrepublik Deutschland gegenüber in rechtsverbindlicher Weise die Existenz von auch sie einschränkungslos betreffenden Vier-Mächte-Rechten eingeräumt. Es darf zwar angenommen werden, daß auch vorher der Sowjetunion gegenüber die DDR sowjetischerseits reklamierte ›Vier-Mächte-Rechte‹ niemals mit Erfolg hat bestreiten können; aber das ist nie an die große Glocke gehängt worden. Durch den Notenwechsel mit der Sowjetunion und den entsprechenden Briefwechsel mit der Bundesrepublik hat die DDR in Richtung auf die Anerkennung der Viermächte-Rechte einen Schritt getan, der noch zur Zeit des Berlin-Abkommens der vier Mächte nicht möglich erschien. Die Einwendung, es gebe für sie keine Vier-Mächte-Rechte (mehr), ist ihr künftig abgeschnitten; sie kann nur noch behaupten, ein bestimmter Anspruch sei durch die – bestehenden – Vier-Mächte-Rechte nicht gedeckt[72].«

Benno Zündorf, der »die Ostvertragspolitik aus der Nähe verfolgt« hat[73], ist zu dem richtigen Schluß gelangt, daß sich die DDR aufgrund des Brief- und Notenwechsels mit der Bundesrepublik Deutschland zu Art. 9 auf den Boden der von Bonn vertretenen Rechtsauffassung begeben hat, nach der »eine Rechtshandlung der beiden Staaten, die den vier Mächten das Substrat ihrer entsprechenden Rechte und Verantwortlichkeiten, nämlich Deutschland als Ganzes, entzöge, ultra vires sei, d. h. über ihr rechtliches Vermögen gehe«[74].

## IV. Zusammenfassung

Die Frage nach der deutschlandrechtlichen und deutschlandpolitischen Funktion der Vier-Mächte-Verantwortung läßt sich abschließend so beantworten: Besatzungsrechtliche Positionen bestehen noch insoweit, als die Westmächte in Berlin Besatzungsgewalt ausüben: »Für die Zugangswege üben sie auch auf dem Gebiet der DDR eine gegenständlich und räumlich begrenzte Besatzungsgewalt aus. Auch auf dem Gebiet der Bundesrepublik besteht Besatzungsgewalt, soweit das zur Durchführung der Besetzung in Berlin

70 VN = Vereinte Nationen.

71 Benno Zündorf: Die Ostverträge. Die Verträge von Moskau, Warschau, Prag, das Berlin-Abkommen und die Verträge mit der DDR. München 1979, S. 271.

72 So B. Zündorf, ebenda.

73 So der Verlag im Klappentext zu Zündorfs Buch.

74 B. Zündorf, a. a. O. (Anm. 71), S. 271.

erforderlich ist[75].« Hingegen läßt sich eine Regelungsgewalt der Besatzungsmächte für Fragen, die Deutschland als Ganzes betreffen, aus Besatzungsrecht nicht mehr herleiten.

Dagegen besteht die Position der Hauptsiegermächte, wie sie in den Abmachungen vom 14. November 1944 und 5. Juni 1945 formuliert und in denen der Begriff »Deutschland als Ganzes« verwandt worden ist, fort, solange eine Friedensregelung mit Deutschland nicht getroffen worden ist. Während sich die drei Westmächte gegenüber der Bundesrepublik Deutschland im Deutschland-Vertrag verpflichtet haben, die Wiederherstellung der staatlichen Einheit Deutschlands und eine friedensvertragliche Regelung anzustreben, ist die UdSSR in ihren vertraglichen Abmachungen mit der DDR vom 12. Juni 1964 und 7. Oktober 1975 eine solche Bindung ausdrücklich nicht mehr eingegangen. Ihre darin pauschal umschriebenen Vorbehaltsrechte, die – im Gegensatz zu der Regelung im Deutschland-Vertrag – nicht spezifiziert sind und daher die Rechte und Verantwortlichkeiten der UdSSR nicht begrenzen, lassen keinen Zweifel daran, daß die sowjetische Führung bis heute nicht darauf verzichtet hat, bei einer friedensvertraglichen Regelung mit Deutschland mitzuwirken. Da sich die Sowjetunion immer wieder auf das Potsdamer Abkommen vom 2. August 1945 in anderen Zusammenhängen berufen hat, muß sie sich auch entgegenhalten lassen, daß die »Großen Drei« darin eine friedensvertragliche Regelung mit einer gesamtdeutschen Regierung als Ziel postuliert haben.

Aus der Vier-Mächte-Verantwortung ergibt sich darüber hinaus, daß die vier Mächte verpflichtet sind, keine Verfügungen zu treffen oder zu erlassen, »die rechtlich einer Lösung der deutschen Frage unwiderruflich vorgreifen«[76] und damit »Deutschland als Ganzes« tangieren. Die Vier-Mächte-Rechte lassen »im Verhältnis der Siegermächte untereinander nicht zu, daß die Wiedervereinigung durch eine der Mächte rechtlich ausgeschlossen wird«[77].

Aus der Vier-Mächte-Verantwortung resultiert eine besondere Verklammerung der Bundesrepublik Deutschland und der DDR, da beide in gleichem Maße jener Verantwortung unterworfen sind. Trotz aller verbalen gegenteiligen Behauptungen kann auch die UdSSR nicht verleugnen, daß die Vier-Mächte-Verantwortung für Berlin zu den »im Grundsatz unbestrittenen Realitäten« gehört: »Aufgrund der Vier-Mächte-Vereinbarungen wurde das Transitabkommen zwischen der Bundesrepublik Deutschland und der DDR geschlossen, es regelt einen wichtigen Teil der besonderen Beziehungen zwischen den beiden Staaten[78].«

Rudolf Bernhardt hat mit Recht darauf hingewiesen, daß kraft dieser die beiden Staaten in Deutschland bindenden und sie verbindenden Vier-Mächte-Verantwortung für Gesamtdeutschland sie in »besonderen Beziehungen zueinander«[79] stehen. Dies ist schließlich auch der entscheidende Grund dafür, daß sich die Bundesrepublik Deutschland nicht in Widerspruch zum geltenden Völkerrecht setzt, wenn sie an einer gesamtdeutschen Staatsangehörigkeit festhält[80].

[75] D. Rauschning, a. a. O. (Anm. 7), S. 78 f.
[76] So D. Rauschning, ebenda, S. 84.
[77] So D. Rauschning, ebenda.
[78] So Rudolf Bernhardt: »Besondere innerdeutsche Beziehungen« – Leerformel oder Realität, in: Finis Germaniae, a. a. O. (Anm. 7), S. 85–87 (86).
[79] So R. Bernhardt, ebenda.
[80] Vgl. dazu den Beitrag von Rupert Scholz in diesem Band. Vgl. dazu auch die Rezension von Dieter Blumenwitz über die Habilitationsschrift von G. Ress: Die Rechtslage Deutschlands nach dem Grundlagenvertrag vom 21. Dezember (a. a. O., Anm. 68 oben), in: Neue Juristische Wochenschrift, H. 39/1979: »Eine besondere Bedeutung kommt hierbei der Viermächteverantwortung für Deutschland als Ganzes als klar umrissenes gesamtdeutsches Zurechnungssubjekt zu, das sowohl die fortbestehende deutsche Staatsangehörigkeit trägt wie auch die vom Bundesverfas-

Abschließend sei mit Nachdruck betont: Die These, nach der die Vier-Mächte-Rechte und -Verantwortung nicht mehr »Deutschland als Ganzes« (einschließlich Berlins) als Bezugsobjekt hätten, ist ebenso unhaltbar wie die von einigen Staats- und Völkerrechtlern vertretene Ansicht, die Vier-Mächte-Verantwortung habe sich auf jene Fragenbereiche reduziert, die bisher noch nicht im Einvernehmen zwischen den vier Mächten und den beiden Staaten in Deutschland geregelt werden konnten und Gegenstand des ausstehenden Friedensvertrags mit Deutschland sind.

Die Rechte und Verantwortlichkeiten der vier Mächte für Deutschland als Ganzes bilden hingegen nach wie vor »die einzige völkerrechtlich mögliche Grundlage«, die »Fortexistenz des Deutschen Reiches als völkerrechtlichen Tatbestand zu begründen. Diese Rechte haben . . . eine für den Fortbestand des Reiches unverzichtbare Klammerfunktion erhalten, die den endgültigen Reichszerfall in verschiedene Teile verhindert[81].«

Während an der Rechtsposition der drei Westmächte nie Zweifel möglich waren, hatte die sowjetische Regierung in den sechziger Jahren bis in das Jahr 1970 hinein das Bezugsobjekt der Vier-Mächte-Verantwortung nicht immer klar gekennzeichnet. Dennoch ist es nicht zulässig zu behaupten, die völkerrechtliche Argumentation des Beschlusses des Bundesverfassungsgerichts über die Ostverträge vom 7. Juli 1975 sei hinsichtlich der sowjetischen Einstellung »nicht ganz lupenrein: Auf welche Weise ein Organ der Bundesrepublik (die überhaupt nicht Vertragspartner der alliierten Vereinbarungen ist) der UdSSR (gegen deren Willen die Viermächte-Rechte nicht verbindlich ausgelegt werden können) ein Viermächte-Verhältnis zuschieben kann, das diese erklärtermaßen nicht teilt, bleibt offen.«[82]

Zutreffend hat Eckart Klein dazu bemerkt, »das Undeutlichwerden der sowjetischen Position« könne »kein Grund sein, Inhalt und Bezug der Vier-Mächte-Verantwortung nunmehr anders als früher zu interpretieren, um so weniger, als die Art. 4 (IV) der Verträge[83] selbst auf die früheren Instrumente der Vier-Mächte-Verantwortung Bezug nehmen. Zur Interpretation aber war das Bundesverfassungsgericht berufen, weil die Vier-Mächte-Verantwortung die Klammer Gesamtdeutschlands darstellt, auf die sich die verfassungsrechtliche Aussage des Grundgesetzes zu Gesamtdeutschland ihrerseits bezieht: das Grundlagenvertragsurteil sagt an einer Stelle ebenso anschaulich wie richtig, daß für die Bundesrepublik Deutschland die Basis des Grundvertrags ›der von ihr nach dem Grundgesetz anzuerkennende Fortbestand Deutschlands als Staat‹[84] sei[85]«.

Die These des Bundesverfassungsgerichts in seinem Urteil vom 31. Juli 1973, die Vier-Mächte-Verantwortung für Deutschland als Ganzes sei eine zusätzliche rechtliche Klammer für die Fortexistenz Deutschlands, überzeugt deshalb, da die »gesamthänderisch von allen vier Mächten gehaltenen und in letzter Zeit im Zusammenhang mit dem Vier-Mächte-Abkommen über Berlin von 1971, der Aufnahme der beiden deutschen Staaten in die Vereinten Nationen, den Ostverträgen und nicht zuletzt dem Notenwechsel zu Art. 9 des Grundlagenvertrags bestätigten Rechte und Verantwortlichkeiten eine Sperrwir-

sungsgericht konstatierten sowohl völkerrechtlichen als auch staatsrechtlichen Beziehungen zwischen den beiden deutschen Staaten rechtfertigt.«

81 So Eckart Klein: Aktuelle Bedeutung des Deutschland-Vertrages, in: Außenpolitik 1980, S. 394 bis 405 (397).

82 So Dieter Blumenwitz: Die Entscheidung des Bundesverfassungsgerichts über die Ostverträge, in: Europäische und Grundrechte-Zeitschrift 1975, S. 556–560 (559).

83 Art. 4 des Moskauer und Art. IV des Warschauer Vertrags.

84 Text in Entscheidungen des Bundesverfassungsgerichts, a. a. O. (Anm. 52), S. 28.

85 Eckart Klein: Zur Rechtslage Deutschlands und der Deutschen nach dem Beschluß des Bundesverfassungsgerichts zu den Ostverträgen, in: Jahrbuch der Albertus-Universität zu Königsberg/ Pr., Bd. XXV/1975. Hrsg. vom Göttinger Arbeitskreis. Berlin 1975, S. 23–40 (29).

kung für alle von ihnen nicht genehmigten Gebietsveränderungen des Deutschen Reiches verbürgen«[86]. Es bedarf keiner »staatsrechtlichen Aufladung«[87] dieser Rechtspositionen der vier Mächte, »um dieses Ergebnis zu begründen«[88].

Ebenso gilt es festzuhalten: Die Vier-Mächte-Verantwortung verbürgt keine Wiederherstellung der staatlichen Einheit Deutschlands. In dieser Hinsicht besteht nur ein »interner Anspruch«[89] der Bundesrepublik Deutschland gegen die drei Westmächte (Art. 7, Abs. 2 des Deutschland-Vertrags). Die Vier-Mächte-Verantwortung enthält zwar keine »Rechtspflicht ihrer Inhaber, einen deutschen Gesamtstaat, über dessen Verfassung sie sich nicht einigen könnten, herzustellen. Sie wirkt aber als ›verstärkende Tendenz‹ für die rechtlich offengebliebene Wiedervereinigung Deutschlands und ist eine ›moralisch-politische Mitverantwortung für das Restgebiet des . . . geteilten Reiches und zugleich ein Indiz dafür, daß es seine endgültige Ordnung noch nicht gefunden hat‹[90, 91].«

Die Vier-Mächte-Verantwortung schließt – um es noch einmal zu wiederholen – gemeinsame Verfügungen der vier Mächte aus, die rechtlich einer endgültigen Lösung der »deutschen Frage« unwiderruflich vorgreifen und das Bezugsobjekt »Deutschland als Ganzes« tangieren[92]. Die Vier-Mächte-Verantwortung verbietet jedoch nicht nur eine einseitige Regelung für alle vier Mächte, die die Wiedervereinigung generell ausschließen würde. Darüber hinaus impliziert sie: »Keine der vier Mächte dürfte mit einem deutschen Staat eine die Wiedervereinigung ausschließende vertragliche Regelung treffen, solange nicht zwischen den vier am Deutschland-Verhältnis außer den deutschen Staaten Beteilig-

86 So Georg Ress, a. a. O. (Anm. 68), S. 225.

87 So Thomas Oppermann: »Deutschland als Ganzes«. Sinnwandel eines völkerrechtlichen Begriffes, in: Festschrift für Friedrich Berber zum 65. Geburtstag. Hrsg. von Dieter Blumenwitz und Albrecht Randelzhofer. München/Wien 1973, S. 377–388 (381 f.); K. Pfeiffer: Zur Rechtsnatur der alliierten Vorbehaltsrechte, in: Deutsches Verwaltungsblatt 1973, S. 57–63.

88 So Georg Ress, a. a. O. (Anm. 68), S. 225.

89 So Georg Ress, ebenda, S. 226. Nicht übersehen werden sollte, daß Art. 7, Abs. 4 des Deutschland-Vertrags bestimmt: »Die Drei Mächte werden die Bundesrepublik in allen Angelegenheiten konsultieren, welche die Ausübung ihrer Rechte in bezug auf Deutschland als Ganzes berühren.« Vgl. dazu auch Ernst R. Zivier: Zur Rechtslage Deutschlands nach dem Grundvertrag, in: Recht und Politik 1979, S. 188–195: »Eine Verfügung zwischen den Westmächten und der Sowjetunion, durch die die rechtliche Einheit Deutschlands gewissermaßen über den Kopf der Bundesrepublik hinweg endgültig aufgelöst würde, wäre mit diesen Vertragsvorschriften unvereinbar. Die Westmächte unterliegen also in der Ausübung ihrer absoluten Besatzungsrechte bestimmten vertraglichen Bindungen, die so lange fortbestehen, wie die Bundesrepublik an ihren politischen Zielen und an der rechtlichen Einheit Deutschlands festhält.«

90 So Helmut Rumpf: Wie »offen« ist die deutsche Frage?, in: Land ohne Souveränität. Kritische Betrachtungen zur Deutschlandpolitik von Adenauer bis Brandt. 2., erw. Aufl. Karlsruhe 1973, S. 196 bis 199 (199). Zit. auch bei Friedrich Klein: Aktuelle Probleme der Vier-Mächte-Verantwortung für Gesamtdeutschland, in: Festschrift für Hermann Jahrreiß zum 80. Geburtstag. Köln u. a. 1974, S. 97–115 (115), wo er zutreffend darauf hinweist, daß Rumpfs Aussage mit dessen Beitrag »Sinn und Unsinn der ›Vier-Mächte-Verantwortung‹« kaum zu vereinbaren ist, der gleichfalls in dem Band: Land ohne Souveränität, ebenda, S. 126–132, wiedergegeben ist.

91 So Friedrich Klein, ebenda, S. 115.

92 Vgl. dazu auch Ernst R. Zivier, a. a. O. (Anm. 89), S. 194: ». . . handelt es sich um Rechte, die die Hauptsiegermächte durch die gemeinsame Eroberung Deutschlands und die gemeinsame Übernahme der obersten Gewalt in Deutschland erworben haben. Die Aufteilung Deutschlands in 5 Besatzungsgebiete (4 Zonen und Berlin) ändert nichts daran, daß die vier Mächte über Deutschland als Ganzes nur gemeinsam verfügen können. Dies ergibt sich einmal aus dem gemeinsamen Erwerb ihrer Rechtsposition und zum anderen aus den Verträgen, die sie in der Kriegs- und Nachkriegszeit über die Behandlung des eroberten Deutschland geschlossen haben. Durch einseitige Akte der Sowjetunion und der DDR kann daher die rechtliche Existenz des deutschen Völkerrechtssubjekts nicht ausgelöscht werden; dies wäre . . . nur durch einen gemeinsamen Akt der vier Mächte möglich.«

ten eine endgültige Regelung über Status und Zukunft Deutschlands getroffen ist. Diese Offenhaltung der deutschen Frage, die sich in der fortbestehenden Vier-Mächte-Verantwortung manifestiert, hat weitreichende Konsequenzen für das Rechtsverhältnis zwischen Bundesrepublik und DDR. Sie bedeutet, daß hier eine rechtliche Klammer bestehenbleibt, die eine Anknüpfung durch das Recht der beiden deutschen Staaten immer dort ermöglicht, wo dieses staatliche Recht eines der deutschen Staaten auf den noch nicht geklärten Zustand Deutschlands insgesamt verweist.«[93]

An diesen unumstößlichen rechtlichen Gegebenheiten vermag die DDR, die gerade in diesem Zusammenhang den »Deutschland«-Begriff soweit wie möglich zu den »geschichtlichen Akten« legen möchte, nichts zu ändern. Das gilt aber auch für einige sich progressiv dünkende bundesdeutsche Staats- und Völkerrechtler, die die Rechtsposition der Sowjetunion falsch einschätzen und das vom Kreml beanspruchte Mitspracherecht in der »deutschen Frage« nicht richtig zu deuten vermögen[94]. Bezugsobjekt der vier Mächte ist nach wie vor »Deutschland als Ganzes«. Die Ostverträge und der innerdeutsche Grundvertrag haben die »deutsche Frage« nicht endgültig geregelt, sondern die rechtlichen Status-Verhältnisse Deutschlands und in Deutschland unberührt gelassen[95]. Die seit Herbst 1982 amtierende, durch die Wahl zum Bundestag am 6. März 1983 bestätigte und von CDU/CSU und FDP getragene Bundesregierung war daher gut beraten, daß sie – stärker als ihre beiden Vorgängerinnen – von Anfang an diese Rechtsposition betont hat.

93 So Jochen Abr. Frowein: Viermächteverantwortung für Deutschland, in: Politik und Kultur 1975, H. 3–4, S. 3–14 (8). Vgl. dazu auch G. Ress, a. a. O. (Anm. 68), S. 226.

94 Dazu zählt auch Hans-Jörg Bücking, a. a. O. (Anm. 69); ders.: Rezension zu Georg Ress: Die Rechtslage Deutschlands nach dem Grundlagenvertrag, ebenda, in: Die Friedenswarte, Bd. 61/1978, S. 229–246.

95 Vgl. dazu auch Claus Arndt: Die Verträge von Moskau und Warschau. Politische, verfassungsrechtliche und völkerrechtliche Aspekte. 2., durchgesehene und aktualisierte Aufl. Bonn 1982, S. 114 bis 126 (125), 213 f. Vgl. zur Unberührtheitsklausel des Grundvertrags auch G. Ress, ebenda, S. 372–388.

Felix Ermacora

# Berlin als Symbol der Einheit Deutschlands

Die Teilung Deutschlands ist nicht nur ein innerdeutsches Problem, sondern – zumindestens – ein europäisches Problem. Es stellt neben den völkerrechtlichen Fragen auch ein Problem zwischenstaatlicher Rechtsstaatlichkeit dar. Denn die Teilung Deutschlands betrifft nicht nur die Staatenwelt, die Frage der Entspannung, die Beziehungen zwischen Ost und West, sondern sie geht auch die Individuen und Gemeinschaften an, die von dieser Teilung betroffen sind. Da die Rechtsstaatlichkeit im wesentlichen Menschen und nicht Systemen zugute kommen soll, ist es wohl gerechtfertigt, die Teilung Deutschlands ebenso wie die Teilung aller anderen auch geteilten und in verschiedenen Staatlichkeiten verfaßten Völker als ein Problem zwischenstaatlicher Rechtsstaatlichkeit anzusprechen.

Das Problem der Teilung Deutschlands ist ein solches von Recht und Fakten. Die Teilung Deutschlands ist als ein Faktum gegeben, auch die Zugehörigkeit der deutschen Staaten zu den beiden Paktsystemen und die sich heute daraus ergebenden Stationierungsrechte für Truppen fremder Staaten auf deutschem Gebiet sind Fakten, wenngleich diese durch spezielle Regelungen zum partiellen Völkerrecht gemacht wurden[1]. Doch auch diese Fakten werden von der Hauptfrage nach der Rechtsnatur der Teilung Deutschlands oder, positiv ausgedrückt, der Einheit Deutschlands letzten Endes bestimmt. Diese Teilung Deutschlands gilt es zuallererst rechtlich zu begreifen, bevor ihr die Fakten, die Deutschland betreffen, zugeordnet werden dürfen. Vor allem sollte sichtbar gemacht werden, daß die Fakten – solange keine Verjährungs- oder Ersitzungsfragen, also Zeitelemente im Spiel sind – nicht dem Recht gebieten können, sondern daß das Recht den Fakten gebieten sollte. Die Fragestellung meines Vorredners, Prof. J. Hacker, welche Viermächteverantwortung es für Deutschland und Berlin gebe, möchte ich um die Frage erweitern: Was kann man aus der Viermächteverantwortung für die Kontinuität Deutschlands ableiten?

Das Kontinuitätsproblem beschäftigt vor allem die Rechtswissenschaften. Als staats- und völkerrechtliches Problem betrifft es die Existenz von Staaten, von Regierungen, von Rechtsordnungen und von politischen Systemen. Man kann die Entwicklung wissenschaftlicher Kontinuitätsprobleme zurückverfolgen bis zum Westfälischen Frieden, nachdem die Frage der Kontinuität des Deutschen Reiches – der historischen Situation entsprechend – erstmals gestellt worden ist. Mit aller wissenschaftlicher Akribie sind Fragen der Kontinuität von Staat und Recht in Mitteleuropa nach dem Ersten Weltkrieg und den Pariser Vorortsverträgen gestellt worden. Das gilt vor allem für das Osmanische Reich und für die Donaumonarchie. Die damals gestellten Fragen und Probleme haben vor allem auch die Staatensukzession betroffen. Sie haben zwar ihre praktische Bedeutung weitgehend eingebüßt, die Fragestellungen aber ihre aktuelle Bedeutung erhalten. Gleichartige Fragen wurden nach dem Zweiten Weltkrieg gestellt; im Hinblick auf den

[1] Siehe die von *Andres* herausgegebene Dokumentensammlung »Die Pariser Verträge«, 2. Auflage, 1955, sowie den Freundschafts- und Beistandsvertrag zwischen der Sowjetunion und der DDR, in: Archiv der Gegenwart, Jg. 34 (1964), S. 11 263 C.

Entkolonisierungsprozeß, das Wiedererstehen souveräner Völker, die Entstehung geteilter Völker, Nationen und Staaten. Die wissenschaftliche Diskussion hat Grundkategorien der Kontinuität freigelegt, die allesamt in der Gegenwart ihre Gültigkeit besitzen. Diese Grundkategorien sind die völkerrechtliche Kontinuität von Staatspersonen, die politische Kontinuität von Regierungssystemen, die sogenannte verfassungsmäßige Kontinuität, die materiell-rechtliche Kontinuität, vor allem was das Staatsangehörigkeitsproblem und das Organisationsrecht betrifft. Zu alldem tritt aber auch die Frage nach der Identität von Staaten und Völkern.

Jedem Kontinuitätsproblem haftet sein Gegenteil an: die Diskontinuität, die durch Revolution, Verfassungsbruch, Dismembrationen, Okkupation und Annexion ausgedrückt wird. Auch der Identität wohnt ihr Gegensatz inne: die Entfremdung.

Man muß sich über die Bedeutung der Ausdrücke »Kontinuität« und »Identität« verständigen und eine gemeinsame Sprache suchen. Die Kontinuität kann in die ihrem Betrachtungsgegenstand anhaftenden Elemente aufgelöst werden: in die Kontinuität des Völkerrechtssubjekts Staat, in die Kontinuität des politischen Staates, in die Verfassungsordnung und das materielle Recht. Kontinuität des einen Gegenstandes bedeutet nicht unbedingt die Kontinuität des anderen. Der Kontinuität der Staatsperson oder des Völkerrechtssubjekts kann durchaus die Diskontinuität des politischen Staates gegenübergestellt sein. Mit der Frage nach der Kontinuität eines Staates sind wichtige staats- und völkerrechtliche Fragen verknüpft: die Souveränität, die Effektivität einer Staatsgewalt, die Frage nach dem Selbstbestimmungsrecht eines vom Kontinuitätsproblem betroffenen Volkes und das im Recht eine so gewichtige Rolle spielende Zeitelement. Nicht von ungefähr bemüht sich die International Law Commission um die Bewältigung und Kodifizierung von den Kontinuitätsfragen zugrunde liegenden Fakten, wie z. B. Staatensukzession.

Die Ausdrücke »Kontinuität« und »Identität« werden oft füreinander verwendet. Man spricht von einem »wertneutralen Ausdruck« der Kontinuität, der wegen seiner angeblichen Wertneutralität dem Ausdruck »Identität« vorgezogen werde. Dabei ist zu bemerken, daß die jüngste Judikatur des BVerfG ausschließlich den Ausdruck »Identität« verwendet hatte, um Probleme zu erkennen, die sich aus der Teilung Deutschlands ergeben[2].

Um die Ausdrücke »Kontinuität« und »Identität« in sinnvoller und unmißverständlicher Weise zu verwenden, müßte man doch beachten, daß die Frage nach der Kontinuität zumeist in singulären juristischen Bezügen gestellt wird, sie wird von einem zeitlichen Element mitbestimmt. Identität hat Ganzheitsprobleme zum Gegenstand. Ich möchte auf Bemühungen des deutschen Historikers H. Diwald verweisen, der die Frage nach der Identität der Deutschen und Deutschlands ins Bewußtsein ruft und damit ein Ganzes – unabhängig von staatsrechtlichen Kategorien – meint[3]. Er stellt die Identität zu Recht in den dialektischen Zusammenhang der Entfremdung. Auch wenn das Völkerrecht von einer »völkerrechtlichen Identität« von Staaten spricht, so verkürzt es mit diesem Ausdruck den Gesamtkomplex des Identitätsproblems auf eine juristische Kontinuitätsfrage. Ich würde Identität als eine komplexe Folge der Kontinuität ansehen, die mir mehr zu sein scheint als ein juristisches Produkt. Sie ist, auf die Ebene der Gemeinschaft gehoben, das politische Selbstverständnis von Gemeinschaften. Beides – das Kontinuitätsproblem und das Identitätsproblem – ist im vorliegenden Zusammenhang angesprochen.

Das allgemeine Völkerrecht stellt die Kontinuitätsfrage in den Gesamtzusammenhang des Verhältnisses der Staaten untereinander. Dabei hat die Drei-Elemente-Lehre G. Jel-

[2] BVerfGE 36, 1 ff.

[3] in: *Venohr (Hrsg.)*, Die deutsche Einheit kommt bestimmt, Bergisch Gladbach 1982; dazu die kritischen Stimmen im »Bergdorfer Gesprächskreis«, Die deutsche Frage neu gestellt, Protokoll-Nr. 74/1983 von R. v. Weizsäcker (S. 15, 22), H. *Rudolph* (S. 46 f.).

lineks, die für den Staat Raum, Volk und Gewalt als entscheidende Eigenschaften ansieht, nach wie vor eine besondere Bedeutung[4]. Dazu tritt aber auch die positiv-rechtlichen Theorien eigene Betonung der Effektivität staatlicher Gewalt[5]. Bei der Beurteilung der Kontinuitätsfrage im modernen Völkerrecht sollten weniger der Raum und das Volk im Mittelpunkt der Fragen stehen als die Frage nach der Kontinuität einer gegebenen Staatsgewalt. Gemessen an den modernen Erscheinungsformen der Staatlichkeit scheint mir das Abstellen auf die Staatsgewalt wesentlich zu sein. Der Staat – räumlich verändert – kann noch immer derselbe Staat im völkerrechtlichen Sinne sein. Das Schicksal des Staatsgebietes der Republik Zypern scheint mir ein besonderes Beispiel für die Richtigkeit dieser These zu sein. Auch das Volk scheint immer mehr ein entscheidendes Merkmal für die Kontinuität eines Staates zu sein. Hier bieten die Staaten der Dritten Welt besondere Beispiele. Sie, die kaum ein Volk ihr eigen nennen, das man im Sinne Georg Jellineks als Volk ansprechen kann (der Nationsbegriff hat demgegenüber eine andere Bedeutung)[6], sind dennoch Staaten im Sinne des Völkerrechts. Raum und Volk scheinen mir für eine rechtliche Betrachtung des Kontinuitätsproblems also weniger erheblich zu sein, solange eine Bevölkerung auf einem Raum unter einer als Staatsgewalt klassifizierbaren Macht überhaupt existieren kann. Für die juristische Kontinuitätsfrage steht die Staatsgewalt im Mittelpunkt. Demgegenüber scheinen mir für die Identitätsfrage Raum und Volk von besonderer Bedeutung zu sein. Für die Kontinuität im völkerrechtlichen Sinne gilt daher der Satz, daß sie gegeben ist, wenn die staatliche Gewalt über scheinbare Bruchstellen hinweg dieselbe ist oder als dieselbe legitimiert werden kann. Diese Legitimation hängt von der Völkerrechtsgemeinschaft und den internationalen Organisationen ab.

Die sich auf Deutschland beziehende Diskussion über die Kontinuität hat erst richtig nach der Entstehung der DDR im Jahr 1949 eingesetzt. Außerhalb Deutschlands ist die Frage von Hans Kelsen schon im Jahre 1944 erörtert worden. Rudolf Schuster zeigt die ganze Palette der entsprechenden Kontinuitätstheorien[7]. Interessant bei diesen Theorien ist, daß sie kaum von der Betonung Hans Kelsens, daß für die Kontinuität die Staatsgewalt ein wesentlicher Faktor ist[8], Notiz nehmen und die österreichische Lehre von der Rechtskontinuität, wie sie seit 1945 entwickelt wurde[9], kaum zu Rate ziehen. Seidl-Hohenvelderns diesbezügliche Untersuchungen im Bd. 1 der Staats- und Völkerrechtlichen Abhandlungen der Studiengruppe für Politik und Völkerrecht, Köln 1983, gehen m. E. an den grundlegenden Anliegen der Kontinuitätsproblematik Österreichs vorbei, wenn er sich im wesentlichen nur auf eine Analyse recht divergierender österreichischer Gesetze und Rechtsprechungspraktiken aus den Jahren 1945–1947 beschränkt. Das positive Staatsrecht war tatsächlich recht konzeptlos. Diese Unordnung hat erst politischer Wille und wissenschaftlicher Ordnungssinn beseitigt[10]. Die österreichische Theorie stand im Jahre 1945 vor der Frage, ob das durch die Unabhängigkeitserklärung der österreichischen Regierung vom 27. April 1945 als selbständig deklarierte Österreich ein neuer Staat

[4] Allgemeine Staatslehre.

[5] H. *Kelsen*, Reine Rechtslehre, 1. Aufl., Wien 1934.

[6] Als Nation können nach wie vor die zur politischen Willensbildung zusammengeschlossenen Bürger eines Staates angesehen werden.

[7] R. *Schuster*, Deutschlands staatliche Existenz im Widerstreit politischer und rechtlicher Gesichtspunkte 1945–1963, Bonn 1963.

[8] H. *Kelsen*, The Legal Status of Germany According to the Declaration of Berlin, in: AJIL 39 (1945), S. 519 ff. Vorher derselbe, The International Legal Status of Germany to be Established upon Termination of the War, in: AJIL 38 (1944), S. 689 ff.

[9] Darüber eingehend F. *Ermacora*, Österreichische Verfassungslehre I, Wien 1970, S. 61 ff.

[10] Siehe die Hinweise bei F. *Ermacora*, a. a. O., S. 66.

sei oder die Kontinuität Österreichs, wie es am 12. März 1938 bestanden hatte, darstellt. Der Kernsatz der österreichischen Kontinuitätstheorie war ein juristischer. Und zwar ist der sogenannte Anschluß Österreichs an das Deutsche Reich völkerrechtlich durch Zwang und Drohung zustande gekommen, so daß das tatsächliche Verschwinden jeder österreichischen Staatsgewalt nicht auch ihr rechtlich relevantes Verschwinden gewesen war. Die völkerrechtswidrige Beseitigung österreichischer Staatsgewalt, die voll und ganz erst nach 1945 erkannt wurde, hat den als Annexion ausgegebenen Anschluß Österreichs an das Deutsche Reich zu einer völkerrechtswidrigen Okkupation werden lassen[11]. Die Erklärung des Vereinigten Königreiches, der UdSSR, der USA vom 1. November 1943, wonach diese Staaten die Besetzung Österreichs durch Deutschland am 15. März 1938 für null und nichtig erklärten und die nur wenig mehr als fünf Jahre nach dem Wiedervereinigungsgesetz[12] und dem Ostmarkgesetz[13] – allerdings als eine Art Kriegsziel der Alliierten – abgegeben wurde, war Ausdruck der machthabenden Völkerrechtsgemeinschaft dafür, wie die völkerrechtliche Situation Österreichs beurteilt worden ist. Die allseits bestätigte Maxime ist heute, daß die Staatsgewalt Österreichs im Jahre 1938 rechtswidrigerweise nicht aufgehoben oder beseitigt werden konnte, sondern verdrängt worden ist. Das Schwergewicht der österreichischen Kontinuitätstheorie, mit der die Kontinuität der politischen Verfassungsordnung keineswegs Hand in Hand ging, lag bzw. liegt auf der Beurteilung der Rechtswidrigkeit des Anschlusses, also der Rechtswidrigkeit der Annexion, die damit zur unstabilen Okkupation geworden ist. Die Frage einer Ersitzung österreichischen Territoriums spielte zufolge des relativ kurzen Zeitraumes des Anschlusses keine Rolle.

Meine These in bezug auf die Frage nach der Kontinuität Deutschlands ist nun, daß auch die politische deutsche Reichsgewalt rechtswidrigerweise praktisch beseitigt wurde, daß aber die Existenz der Reichsgewalt in der Stellung Berlins nach wie vor rechtlich symbolisiert ist. Ich sehe als ein bedeutendes Element der deutschen Kontinuitätslehre die Stellung Berlins an. Ich habe diese schon im Jahre 1967 in der Peters-Festschrift, ohne Anklang zu finden, herausgearbeitet[14]. Aus der Stellung Berlins im Gefüge Deutschlands ergibt sich nicht nur – wie J. Hacker eben ausführte – eine Gesamtverantwortlichkeit der Alliierten für Deutschland, sondern auch der Weiterbestand der deutschen Staatsgewalt.

Ich habe in meiner Abhandlung aus dem Jahre 1967 zunächst sichtbar zu machen versucht, daß die deutsche Staatsgewalt im Jahre 1945 durch die völkerrechtswidrigen Handlungen der Alliierten nicht beseitigt worden sein konnte. Sie bestand potentiell in »den Händen« der Alliierten weiter fort. Ein Annexionswille wurde von ihnen am 5. Juni 1945[15] auch ausdrücklich verneint. Mit E. Menzel meinte ich, daß der am 5. Juni 1945 folgende Rechtszustand auf einen Treuhandgedanken zurückgeführt werden kann[16]. Ich habe auch den Nachweis zu erbringen versucht, daß die Entstehung der BRD und der DDR auf deutschem Staatsgebiet zu keinen souveränen deutschen Staaten führte, sondern vielmehr die Souveränität der beiden deutschen Staaten eine im Wege der Alliierten von der deutschen Reichsgewalt abgeleitete Souveränität hervorbrachte. Auch die beiden Paktsysteme, in die die beiden Staaten Deutschlands integriert sind, haben an der Stellung Gesamtdeutschlands nichts geändert. Denn – und eine genaue juristische Analyse müßte dies

11 A. *Verdross*, Die völkerrechtliche Identität von Staaten, in: Klang-Festschrift, S. 20 ff.

12 BGB.I Nr. 75/1938 und Gesetzblatt für das Land Österreich Nr. 1/1938 (DRGBL I 237).

13 Gesetzblatt für das Land Österreich Nr. 500/1939 (dRGBl. I 772).

14 Berlin – Relikt der Einheit Deutschlands?, in: Peters-Gedächtnisschrift, Berlin/Heidelberg/New York 1967, S. 480 ff.

15 *Lüdde-Neurath*, Die Regierung Dönitz, 1964 (3), S. 112 ff.

16 E. *Menzel*, Deutschland ein Kondominium oder ein Koimperium, in: Jahrbuch für internationales und ausländisches öffentliches Recht, I (1948), S. 43 ff.

zeigen – die Paktsysteme haben den beiden deutschen Staaten nicht volle Souveränität gegeben. Das Besatzungsregime setzt sich in den heute existierenden Bündnissystemen – zwar ungemein verdeckt – aber dennoch fort. Ganz sichtbar wird die alliierte Verwaltung reichsdeutscher Staatsgewalt durch die Stellung Berlins. Die Rechtsgrundlagen für Berlin sind in verschiedenen Normen festgelegt. Aus ihnen ragen vor allem hervor:

a) Protokoll zwischen den USA, dem Vereinigten Königreich und der UdSSR betreffend die Besatzungszonen in Deutschland und die Verwaltung von Groß-Berlin; London, 12. September 1944[17];
b) Abkommen zwischen den USA und der UdSSR betreffend die Ergänzung des Protokolls vom 12. September 1944 über die Besatzungszonen in Deutschland und die Verwaltung von Groß-Berlin; London, 14. November 1944[18];
c) Abkommen über das Kontrollsystem in Deutschland; London, 14. November 1944, Art. 3 b lit. iv.[19];
d) Beschlüsse der Krim-Konferenz vom 24. März 1945; der Punkt IV dieser Beschlüsse nimmt Frankreich in den künftigen Kontrollrat für Deutschland auf[20];
e) Feststellung seitens der Regierungen des Vereinigten Königreiches, der Vereinigten Staaten von Amerika und der Union der Sozialistischen Sowjetrepubliken sowie der provisorischen Regierung der Französischen Republik über die Besatzungszonen in Deutschland; Berlin, 5. Juli 1945[21];
f) Potsdamer Beschlüsse vom 2. August 1945 – Abschnitt III, Teil A, P. 1[22];
g) Die Pakte, die die westlichen Alliierten und Assoziierten zur Westeuropäischen Verteidigungsgemeinschaft zusammenschlossen und die Bundesrepublik Deutschland als Mitglied aufgenommen haben, verändern den Status Berlins – als dem Besatzungsrecht unterworfen – nicht; vielmehr garantieren sie den Status.

Hierbei handelt es sich um folgende der Öffentlichkeit zugänglich gemachte völkerrechtliche Normen[23]:

aa) sog. NATO-Pakt vom 4. April 1949 in der Fassung vom 15. Oktober 1951, dem die BRD am 23. Oktober 1954 beigetreten ist; seit diesem Beitritt zählt zu dem von der NATO zu schützenden Gebiet gemäß Art. 6 des Paktes auch das westdeutsche Bundesgebiet und daher das vom Art. 29 GG erfaßte Berlin;

bb) der Brüsseler Pakt vom 17. März 1948, dem die BRD am 23. Oktober 1954 beigetreten ist; er sichert im Art. 4 ebenfalls die Integrität des Gebietes der Paktstaaten;

cc) der Vertrag über die Beziehungen zwischen der BRD und den drei Mächten vom 26. Mai 1952, der am 23. Oktober 1954 in wesentlichen Punkten abgeändert wurde; er behält unter anderem den drei Mächten (den USA, dem Vereinigten Königreich und Frankreich) Rechte vor, die Berlin betreffen (Art. 2, Abs. 2, Art. 4, 5 und 6);

dd) die Anerkennung der Bonner Regierung durch die Westmächte garantiert im § 5 die Integrität Berlins;

ee) der Art. 5 des XII. Teiles des Überleitungsvertrages enthält Bestimmungen über Berlin, die sich aus dem Besatzungsstatus der Stadt ergeben;

17 Abgedruckt bei *Deuerlein*, Die Einheit Deutschlands, 1957, S. 222 und 225.
18 Bei *Deuerlein*, a. a. O., S. 223.
19 Bei *Deuerlein*, a. a. O., S. 227.
20 Bei *Deuerlein*, a. a. O., S. 233.
21 Bei *Deuerlein*, a. a. O., S. 246.
22 Bei *Deuerlein*, a. a. O., S. 248.
23 Den übersetzten Text des Nordatlantikpaktes siehe in der von *Andres* herausgegebenen Dokumentensammlung »Die Pariser Verträge«, 2. Aufl., 1955, Abt. A 9, Z. 1/1. Die für den Beitritt Deutschlands maßgebenden Dokumente siehe bei *Brandweiner*, Die Pariser Verträge, 1956, S. 354 f.

ff) Briefe der westlichen Alliierten an deutsche Regierungsstellen enthalten wesentliche Aussagen über Berlin[24].

An der Vollziehung der den Status Berlin bedingenden Rechtsvorschriften durch die Alliierten hat sich allerdings alles geändert: Die alliierten Mächte üben ihre aus dem Besatzungsrecht resultierenden Kompetenzen nicht mehr gemeinsam aus[25].

Die einseitigen Änderungen von seiten der UdSSR betreffen, abgesehen von der Erklärung, daß man die oben angeführten Vereinbarungen für nichtig ansieht, vor allem die Auflösung der sowjetischen Kommandantur im Berliner Sowjetsektor[26] und die Übertragung der den Ostsektor Berlins betreffenden Überwachung an Organe der DDR[27]. Die Errichtung der Mauer ist weithin sichtbares Symbol für einseitiges Vorgehen. Die Noten, die wegen dieser Ereignisse zwischen den westlichen Alliierten und der UdSSR sowie der Bundesrepublik Deutschland und der UdSSR ausgetauscht worden sind, lassen den Rechtsstreit, um den es geht, erkennen[28]. Rechtsfrage ist hierbei, ob die Partner die die Rechtslage Berlins ausmachenden Verträge einseitig beseitigen konnten[29]. Die UdSSR beruft sich auf die Rechtsverletzungen der Alliierten und daher auf das Recht der UdSSR, daraus die Konsequenzen ziehen zu dürfen[30]. In der westlichen Politik und Wissenschaft wird dies als die Inanspruchnahme der »Clausula rebus sic stantibus« angesehen[31]. Die Sowjetunion bezeichnet die Stellung der westlichen alliierten Truppen in Westberlin als die unrechtmäßige Ausübung einer Besatzungsgewalt über ein Gebiet, von dem die Wissenschaft der DDR zu beweisen versucht, daß es Bestandteil der DDR ist[32].

Sicher scheint mir, daß durch diese Maßnahmen die alliierten Abmachungen nicht derogiert wurden, daß allerdings – völkerrechtlich gesehen – ein erster Schritt zu ihrer Ineffektivität gelegt worden ist. Ich teile die in den Noten der Alliierten vertretene Auffassung[33], daß die oben erwähnten Abkommen noch immer die juristische Grundlage für die Beurteilung der Stellung Berlins sind; wenngleich diese juristischen Grundlagen im gegenwärtigen Zeitpunkt den Charakter einer »lex imperfecta« haben. Juristisch gesehen wird man sich aber für die Beurteilung der Lage an dieses Rechtsmaß halten dürfen; es sei denn, man will nur mehr die Fakten regieren lassen, was vom Standpunkt der sowjetischen Rechtstheorie allerdings gerechtfertigt wäre. Mittelpunkt der alliierten Abmachungen über die Stellung Berlins ist noch immer ein Teil der Potsdamer Beschlüsse. Der Teil

24 Bei *Brandweiner*, a. a. O., S. 7 f.

25 Als Stichtag hierfür wird der 20. März 1948 angesehen, an dem sich der Kontrollrat vertagte, ohne wieder zusammenzutreten.

26 Vgl. hierzu den entsprechenden Bericht in der NZZ, Fernausgabe Nr. 231/1962, Blatt 1. Siehe ferner: Dokumente zur Berlin- und Deutschlandfrage, in: Europa-Archiv, F. 17 (1962), D 427 ff. (vor allem D 443) und D 461 ff.

27 Vgl. Europa-Archiv, F. 17 (1962), D 427. Siehe ferner hierzu den Freundschafts-, Beistands- und Zusammenarbeitsvertrag zwischen der Sowjetunion und der DDR, in: Archiv der Gegenwart, Jg. XXXIV, 1964, S. 12 263 C.

28 Vgl. hierzu die in Anm. 19 angegebenen Stellen, wo die bezogenen Noten abgedruckt sind.

29 So vor allem in der Erklärung der drei Westmächte zur Auflösung der sowjetischen Kommandantur in Berlin vom 23. August 1962, abgedruckt im Europa-Archiv, F 17 (1962), D 443 f.

30 Vgl. die Erklärung des sowjetischen Verteidigungsministeriums über die Auflösung der sowjetischen Kommandantur in Berlin, in: Europa-Archiv, F 17 (1962), D 433, und die anderen, auf S. D 464 ff. abgedruckten Noten.

31 Vgl. hierzu F. *Faust*, Das Potsdamer Abkommen und seine völkerrechtliche Bedeutung, 3. Aufl. 1964, S. 235 ff.

32 Vgl. z. B. die in »Staat und Recht« abgedruckten Aufsätze von *Smirnow* und *Zarek* über die Probleme eines deutschen Friedensvertrages und der Lösung der West-Berlin-Frage, Jahrgang 1962, S. 209 ff.

33 Vgl. Europa-Archiv, F 17 (1962), D 444. Siehe hierzu auch L. C. *Green*, The Legal Status of Berlin, in: Netherlands International Law Review, Bd. X (1963), S. 113 ff.

III Abschnitt A 1 ist maßgebend. Die Bestimmungen dieses Teils enthalten allerdings keine Regelung der Stellung Berlins. Sie verweisen jedoch auf »das Abkommen über das Kontrollsystem in Deutschland«. Darunter sind jene Vereinbarungen zu verstehen, die die Alliierten schon im Jahre 1944 abgeschlossen haben (siehe unter der oben angeführten Aufzählung die lit. a, b und c). Das Potsdamer Abkommen bestätigt diese Vereinbarungen und macht sie so zum mittelbaren Inhalt des Abkommens. Dieses gibt ihnen derzeit die rechtliche Verankerung. Während nämlich die aus dem Jahre 1944 stammenden Abkommen nur unter dem Eintritt einer Bedingung – nämlich der, daß »Hitler-Deutschland« beseitigt wird – abgeschlossen werden konnten, vermochten die Bestimmungen des Potsdamer Abkommens erst, diese Vereinbarungen in Wirksamkeit zu setzen. Das, nachdem die durch die bedingungslose Kapitulation und die willkürliche Vernichtung einheitlicher, wenn auch nur symbolisch scheinender deutscher Reichsgewalt entstandene Lage hierfür faktisch den Grund gelegt hatte. Die Potsdamer Beschlüsse bilden somit den eigentlichen, heute noch wirksamen Rechtsgrund für den Status Berlins, der ein Besatzungsstatus ist.

Frage ist allerdings, ob sich diese Symbolkraft Berlins für das Weiterbestehen der deutschen Staatsgewalt durch die Vertragswerke der Jahre 1970/72, vor allem durch das Viermächteabkommen über Berlin aus 1971 und durch den Grundlagenvertrag 1972, geändert hat[34]. Dabei kommt es m. E. nicht so sehr darauf an, wie die Repräsentanten der vertragschließenden Organe ihre Willensäußerungen zur Frage der deutschen Einheit bekundet haben, sondern welche Stellung Berlin durch diese Abkommen erhalten hat und ob diese Stellung nach wie vor so beurteilt werden kann, daß Berlin Symbol der Einheit Deutschlands im Sinne meiner These ist. Wenn man die eben genannten Texte genauer betrachtet, so zeigt sich, daß die Berlin-Verantwortlichkeit jener Großmächte, die ab 1945 die deutsche Staatsgewalt treuhänderisch übernommen hatten, durch den Grundlagenvertrag vom 21. Dezember 1972 und den ihm angeschlossenen Briefwechsel nicht berührt wurde. Die Texte setzen die Verantwortlichkeit der vier Großmächte nach wie vor voraus. Dabei ragt vor allem das Viermächteabkommen vom 3. September 1971 hervor. Im besonderen die Präambel und der Abschnitt I Z. 4. In dieser Ziffer heißt es, daß die vier Regierungen darin übereinstimmen, daß ungeachtet der Rechtsauffassungen die Lage, die sich in diesem Gebiet entwickelt hat und wie sie in diesem Abkommen sowie in den anderen in diesem Abkommen genannten Vereinbarungen definiert ist, nicht einseitig verändert wird. Nach meiner Meinung bestätigen diese Texte die Berlin-Verantwortlichkeit der vier und lassen diese, so wie sie in der Zeit vor 1949 begründet wurde, unberührt. Das kann nur so gedeutet werden, daß auch die von den Alliieren im Jahre 1945 treuhänderisch übernommene deutsche Staatsgewalt nicht aus der Hand gegeben worden ist. Wenn Fiedler meint, daß »all diese Elemente dazu beitragen könnten, die Nichtendgültigkeit der Situation zu dokumentieren und eine völkerrechtliche Verfestigung des äußeren Zustandes zu verhindern«[35], so schließe ich mich dieser Auffassung an.

Natürlich, je mehr alliierte oder Viermächte-Verantwortlichkeit, desto begrenzter ist die Selbständigkeit und Souveränität des deutschen Staates, aber desto erkennbarer ist der Fortbestand gesamtdeutscher Staatsgewalt.

[34] Viermächteabkommen v. 3. September 1971, in: Die Berlin-Regelung, hrsg. vom Presse- und Informationsdienst der Bundesregierung, 1971, S. 158, »Grundlagenvertrag« v. 21. Dezember 1972, BGBl. II S. 421.

[35] W. *Fiedler*, Das völkerrechtliche Kontinuitätsproblem und die besonderen Fragen der Rechtslage Deutschlands, in: Staatliche Kontinuität unter besonderer Berücksichtigung der Rechtslage Deutschlands, Bd. 1, Staats- und völkerrechtliche Abhandlungen der Studiengruppe für Politik und Völkerrecht, 1983, S. 17.

Nach meiner Meinung wäre es unrichtig, die Berlin-Frage etwa ähnlich wie die Lage Danzigs in der Zwischenkriegszeit als eine Lage »sui generis« zu behandeln. Sie scheint mir vielmehr der Kern des deutschen Kontinuitätsproblems zu sein, ungeachtet, wie sich die Begleitumstände auch entwickeln. Aufmerksamkeit ist zu legen auf das Zeitelement und auf die Ereignisse, die die Rechtsstellung Berlins betreffen. Die Frage nach der gesamtdeutschen Staatsangehörigkeit scheint mir kein Nebenproblem zu sein, sondern in den Kern der Kontinuitätsfrage hineinzureichen.

Also, ich wiederhole meine These: Der Status Berlins ist nach wie vor der Ausdruck für die rechtliche Pflicht aller Alliierten, für das ganze Deutschland verantwortlich zu sein, und juristischer Ausdruck für das potentielle Fortbestehen einer gesamtdeutschen Staatsgewalt. Die Einheit Deutschlands scheint mir über die Stellung Berlins legitimierbar zu sein. Diese Stellung richtet sich gegen das »nationale Vakuum«.

Die Frage nach der Kontinuität Deutschlands kann demnach vom Recht her beantwortet werden; die Frage nach der Identität[36] Deutschlands muß hingegen vom deutschen Volk, das mit den Grenzen vom 31. Dezember 1937 m. E. nichts zu tun hat, im Wege des Selbstbestimmungsrechtes der Völker beantwortet werden!

36 *Schrenck-Notzing*, Deutsche Identität, Krefeld 1982, in: W. *Weidenfeld* (Hrsg.), Die Identität der Deutschen, München 1983.

Theodor Veiter

# Nation und Volk als Rechtsbegriffe unter besonderer Berücksichtigung der deutschen Frage

## I. Vorbemerkung

Mit der Begriffsbildung »Nation« sowie »Volk« befassen sich in erster Linie gar nicht die Juristen, sondern die Soziologen und Politologen, auch die Historiker, besonders die Zeitgeschichtler, und das bringt sehr viele Unklarheiten mit sich, die auch heute noch andauern, ja erneut erst wieder in den Vordergrund treten. Die Politikwissenschaft vermag zu diesen Begriffen nur sehr wenig beizutragen, auch wenn sie sich oft genug redlich darum bemüht[1]. Auch die zeitgeschichtliche Forschung, der Politikwissenschaft in vielem verwandt und sehr oft von rein politischen Glaubensartikeln ausgehend, die häufig genug im Bereich der sogenannten Linken angesiedelt sind (was immer das sei)[2], geht nicht selten einen Weg aufs schwankende Moor, weil sie vielfach Begriffe aus der Zeit der deutschen Romantik zur Grundlage macht (und dann meist ablehnt) oder moderne Schlagworte pflegt, die ebenfalls keine Tragkraft haben. Und selbst scheinbar exakte Wissenschaften wie die Statistik, die freilich von dem italienischen Statistiker Fernando Pedroni als die Königin der inexakten Wissenschaften bezeichnet wurde (»la reine des sciences inexactes«), bieten höchst unklare Definitionen zu »Nation« und »Volk«, wie man etwa aus der Geschichte der Fragebogen zu den österreichischen bzw. österreich-ungarischen Volks- und Sprachzählungen geradezu mit Verblüffung feststellen kann[3]. Einigermaßen verläßlich ist zum Begriff »Volk« – nicht auch »Nation« – die Soziologie, die dem Juristen wesentliches Rüstzeug bietet, denn »Volk« ist in aller Regel im deutschen Sprachgebrauch ein soziologischer Begriff. Daß dabei auch große Unklarheiten vorliegen können, zeigt die Gliederung der Soziologie, soweit überhaupt sich mit »Volk« beschäftigend, in Subdisziplinen wie: Ethnosoziologie, Soziolinguistik, Kontaktlinguistik, Sprachsoziologie, Ethnopsychologie, Ethnopsychiatrie. Dazu kommt die Nähe zu verschiedenen, auch soziologischen modernen Zeitströmen, die gerade Modewörter mit sich bringen, auf deren sich wellenförmig ausbreitenden Strömungen viele aus eher persönlichen Profilierungsgründen eifrig mitschwimmen, ohne vom Kern etwas zu verstehen, wie vor allem dem Regionalismus[4] mit Erfindung neuer, bedenklicher Wortschöpfungen wie Ethnona-

1 Gerhard *Schürche,* Macht und Moral in der demokratischen Politik, Vaduz (Liechtensteinische Akademische Gesellschaft) 1980; Aldo *Dami,* Dernier des Ghibelins, Genève (Ed. Connaître) 1960; Alfred *Domes,* Europa. Bilanz und Auftrag, Bonn (Atlantic-Forum) 1974; Walter *Laqueur,* A Continent Astray, New York und Oxford (Oxford Univ. Press.) 1979; Handlexikon zur Politikwissenschaft, München (Ehrenwirth) 1980.

2 Gerd *Langguth,* Protestbewegung. Entwicklung, Niedergang, Renaissance. Die Neue Linke seit 1968, Köln (Verlag Wissenschaft und Politik) 1983; über die Linke bzw. die Neue Linke gibt es im übrigen eine Fülle von neueren Publikationen, ohne daß es gelungen wäre, zu diesem Thema klare Aussagen zu gewinnen.

3 Grundlegend: Emil *Brix,* Die Umgangssprachen in Altösterreich zwischen Agitation und Assimilation, Wien – Köln – Graz (Böhlau) 1982.

4 So etwa Dirk *Gerdes* (Hrsg.), Aufstand der Provinz. Regionalismus in Westeuropa, Frankfurt/New York (Campus Verlag) 1980, und Jochen N. *Blaschke* (Hrsg.), Handbuch der westeuropäischen Regionalbewegungen, Frankfurt (Syndikat) 1980.

tionalismus, Ethnismus[5], Ethnogenese und Ethnolyse[6], wobei es gar nicht immer einfach ist, die Spreu vom Weizen (dem wissenschaftlich Vertretbaren und als Zeitströmung auch sehr Realen) zu scheiden.

Man muß überdies, will man sich dem Begriff »Volk« und »Nation« im deutschen Sprachbereich zuwenden, bedenken, daß in anderen Sprachen, und zwar nicht nur etwa der chinesischen in der heute zur offiziellen Form verfassungsrechtlich erhobenen Peking-(Bejing-)variante[7], sondern jedenfalls den meisten westeuropäischen Sprachen, »Volk« in der auch in UNO-Dokumenten gebrauchten Übersetzung oder Form (people, popolo, peuple, folk) gar nicht das ist, was man im Deutschen unter »Volk« versteht, so daß man es etwa in der anglo-amerikanischen Fachliteratur vorzieht, bei Übersetzungen aus dem Deutschen nicht »people« zu sagen, sondern das deutsche Wort »Volk« stehenzulassen[8]. Eher läßt sich noch in den slawischen Sprachen von einem der deutschen soziologischen Begriffsbestimmung sehr ähnlichen Wortbegriff »Volk« sprechen: narod, narodnost, der klar von »Nation«,nacija, nacionalnost unterschieden ist. Wie schwierig es für die Volkstheoretiker in den westlichen Sprachsystemen ist, Volk in jenem Sinne, wie dieser Begriff im Deutschen und auch hier gesehen wird, zu gebrauchen, zeigt die Tatsache, daß in zunehmendem Maße auf den durchaus tragfähigen Ausdruck »ethnie« (ital. »etnia«) übergegangen wird[9], wozu im Englischen neuerdings auch »ethnic comunity« kommt (im Französischen »Communauté ethnique«[10]).

Hier ist überdies auch darauf hinzuweisen, daß ohne die Forschungsergebnisse in anderen Völkern und Staaten kaum etwas Grundlegendes gesagt werden kann, denn zu »Nation« und »Volk« erscheint in letzter Zeit eine Fülle von Forschungsergebnissen, vor allem in Skandinavien, in den USA und in Kanada, aber auch in Spanien, Italien und Frankreich[11].

[5] Rainer S. *Elkar* (Hrsg.), Europas unruhige Regionen. Geschichtsbewußtsein und europäischer Regionalismus, Stuttgart (Klett) 1981, der in der Einführung zu diesem Buch Guy Héraud als typischen Vertreter eines (zudem konservativen und daher abzulehnenden) Ethnonationalismus bezeichnet; noch schärfer Dirk *Gerdes* in einem Artikel in dem linksextremistischen Blatt »Pluriel«, Paris »Le régionalisme vu d'Outre-Rhin« 1981, 27.

[6] François *Fontan,* Ethnisme – Vers un nationalisme humaniste, Paris (Selbstverlag) 1961. Der inzwischen verstorbene Autor wollte eine ethnozentrische Partei gründen, scheiterte damit aber in Frankreich und emigrierte nach Italien, um dort seine Okzitanische Partei (parti occitan) aufzubauen, was ebenfalls mißlang. In dieselbe Kategorie gehört auch der Ethnokratismus als eine Art Perversion des Ethnozentrismus, u. a. entwickelt von dem baskischen Autor Fernando *Sarrailh de Ihartza,* Manifeste de l'ethnocratie, Vinkeveen (NL) (Ed. Fringilla) 1971 und seither viel berufen. Zum Thema »Ethnolyse« s. die sehr eigenwillige Arbeit von Michel *Rimet,* Contacts. Interférences ethniques et culturelles, Montpellier (Selbstverlag) 1970. Rimet schrieb auch viel über die ethnischen Probleme des Elsaß. Wesentlich sorgsamer zum Begriff Ethnolyse und Ethnogenese: Roland *Breton,* Les ethnies, Paris (PUF), Reihe »Que sais-je?« No. 1924, 1981 (auch bei Braumüller in Wien in der Reihe »Ethnos« 1983), und Roland Breton, Géographie des langues, 2. Aufl., Nice 1983.

[7] Englischer Wortlaut in: Beijing Review v. 27. 12. 1982 (Art. 19, Abs. 5).

[8] S. Theodor *Veiter,* Volk, Ethnic Group, and Region, in: Canadian Review of Studies in Nationalism, Charlottetown, Fall 1982, wo das Wort »Volk« auch in der englischen Übersetzung stehenbleiben mußte.

[9] S. Roland *Breton,* Les ethnies, oben Anm. 6, und die in Mailand seit 1979 erscheinende Zeitschrift »etnie«.

[10] S. die zahlreichen Rapports des Comité des Communautés ethniques de langue française, Delémont und Québec. Auch die Föderalistische Union europäischer Volksgruppen (FUEV), Kopenhagen und Flensburg, heißt auf französisch Union Fédéraliste des Communautés Ethniques Européennes (UFCE).

[11] Maßgebend die Studien von Erik *Allardt* (Helsingfors), Esteban *Polakovic* (Buenos Aires), *Obieta Chalbaud* (Bilbao), Guy *Héraud* (Pau), Karl *Doehring* (Heidelberg), Lisa *Guarda-Nardini* (Padua), Wolf *In der Maur* (Wien), Ragnar *Stara* (Uppsala), Alessandro *Pizzorusso* (Florenz), William F. *Makkey* (Montreal), Guiu *Sobiela* (Zürich), Olier *Mordrel* (Paris), um nur einige wichtige zu nennen.

Da hier nicht vom Recht ethnischer Minderheiten (Volksgruppenrecht) gesprochen wird, entfällt auch ein Eingehen auf den Begriff »Nationalitäten« (Mehrzahl, in der Einzahl könnte das Wort mit Staatsangehörigkeit verwechselt werden), obwohl im klassischen Land der Spannung zwischen Nation und Staat, der Habsburgermonarchie, »Nationalität« mit Volk (»Volksstamm«) nach Art. XIX StGG und auch dem ungarischen Nationalitätenartikel[12] identisch war.

## II. Zum Begriff »Nation«

### 1. Nation = Staat

In der völkerrechtlichen und diplomatischen Terminologie wird der Ausdruck »Nation« vielfach als identisch mit jenem von »Staat« gebraucht. Das hat seine Ursachen vor allem in der aus der Französischen Revolution mit ihrem extremen Chauvinismus und Nationalismus kommenden, vom Pseudo-Abbé Grégoire geschaffenen »nation une et indivisible«-Lehre[13], die bis zum heutigen Tage das Geistesleben Frankreichs, aber auch Italiens, Schwedens, Großbritanniens und anderen Staaten beherrscht. Demgemäß wurde der im Deutschen irrtümlich und falsch als Völkerbund bezeichnete Staatenverein von Genf nach dem Ersten Weltkrieg offiziell »Société des Nations«, »League of Nations« benannt, womit eindeutig nur die betreffenden Staaten ohne Rücksicht auf ihre ethnische oder gar sprachliche Eigenschaft zu verstehen waren. Und heute wiederholt sich dasselbe mit dem Ausdruck »Vereinte Nationen«, dies jetzt auch im Deutschen bzw. in allen UN-Amtssprachen (United Nations, Nations Unies). Auch jene Staaten, in deren Sprache wie im Serbokroatischen und Slowenischen szt. vom Društo Naroda (Völkerverein) im Gegensatz zu den heutigen Ujedjenje Nacije (Vereinte Nationen) gesprochen wurde, haben natürlich nicht von Völkern im ethnischen Sinne sprechen wollen, sondern eben von Staaten. Sehr wesentliche Relikte aus dieser Identifikation von Staat und Nation finden wir auf Schritt und Tritt auch im deutschen und nicht nur im französischen oder angelsächsischen Sprachgebrauch, etwa wenn von Nationalbank, Nationaleinkommen, von den nationalen Sektionen irgendeiner internationalen Organisation, vom nationalen Verteidigungsrat usw. die Rede ist.

Dieser Sprachgebrauch wird sich nur schwer verändern lassen, da er zu allgemein geworden ist und im Grunde ohnehin jedermann weiß, daß es sich um eine Terminologie handelt, bei welcher »Nation« und »national« mit »Staat« und »staatlich« (in Bundesstaaten: bundesstaatlich) gleichzusetzen sind.

### 2. Nation = Volk

In der Vergangenheit wurde in Mitteleuropa und Osteuropa, im Gegensatz zu Frankreich, Italien und den angelsächsischen Staaten, wo der Nationsbegriff der Französischen Revolution restlos übernommen wurde, »Nation« geraume Zeit hindurch nicht auf Staat bezogen, mit Staat nicht identifiziert, auch nicht mit dem im Staat führenden Volk (»Staatsnation«), sondern für die große ethnische Gemeinschaft verwendet, also für das,

12 Näheres (mit Wortlaut) bei Theodor *Veiter,* Das Recht der Volksgruppen und Sprachminderheiten in Österreich, Wien (Braumüller) 1970; Adam *Wandruszka* – Peter *Urbanitsch,* Die Habsburgermonarchie 1848–1918, Bd. III, Die Völker des Reiches, 2 Teile, Wien (Verlag der Österr. Akademie der Wissenschaften) 1980, dort alle weitere Lit.

13 Wortlaut der These des Abbé Grégoire in: Michel de *Certeau*/Dominique *Julia*/Jacques *Revel,* Une politique de la langue. La Révolution Française et les patois, Paris (Gallimard) 1975.

was wir hier unter »Volk« verstehen. Vielfach geschah dies in Anlehnung an die etymologische Herkunft des Wortes »Nation«, von »nasci«, geboren werden, also von der Abstammung, wie sie nicht zuletzt auch in der Romantik (etwa bei Johann Gottfried Herder) zu einer, allerdings sehr verschwommenen Basis-Idee herangezogen wurde, auf die die österreichischen Sozialdemokraten wie Karl Renner und Otto Bauer[14] in gerade klassischer Weise sich ebenso festlegten wie der bedeutende Theoretiker Ignaz Seipel[15], der sogar sagte: »Für uns Deutsche steht die Nation höher als der Staat« und damit Staat und Nation in einen Gegensatz stellte. Vereinzelt traten diese Gedanken auch in westeuropäischen Publikationen auf, so vor allem bei Ernest Renan, dessen Werk »Qu'est-ce qu' une nation« sogar heute noch in Spanien bzw. im spanischen Sprachbereich nachgedruckt und zitiert wird[16] und der die Nation mit einem »plébiscite de tous les jours« identifizierte. Auch noch im italienischen Risorgimento wurde, bei Mancini[17], von Nation, wenngleich mit dem Ausdruck »nazionalità«, als einem Synonym für Volk gesprochen, wobei unter Volk zweifellos die ethnische Gemeinschaft verstanden worden ist, obzwar eine solche, die sich auf Staat bezogen wissen wollte und den »Nationalstaat« des betreffenden ethnischen Volkes verstand.

Im slawischen Sprachbereich hat man ebenfalls früher unter Nation die ethnische Gemeinschaft, also das Volk, verstanden, und als gewissermaßen klassisch gelten hier die Ideen des bedeutenden tschechischen Wissenschaftlers (und Politikers) Palacký[18]. Heute gehören diese Theorien der Vergangenheit an, dies wohl nicht zuletzt unter dem Eindruck auch der Wandlungen in der völkerrechtlichen Terminologie. Es sei nicht übersehen, daß man auch heute noch Thesen findet, denen zufolge Nation = Volk ist. Diese Thesen kommen vor allem im Bereich der Soziologie vor, die sich ja nachhaltig um eine Begriffsklärung bemüht. Auf diese Zusammenhänge macht Ragnar Stara[20] in seinem grundlegenden Buch über den Nationsbegriff aus sozialer Ganzheitslogik heraus aufmerksam. Vor allem aber sind kleine Völker (Bretonen, Kelten in Großbritannien, Katalanen usw.) sehr geneigt, sich als Nationen zu bezeichnen, obwohl sie keinen eigenen Staat haben und nicht unbedingt immer einen solchen anstreben, meinen also unter Nation die ethnische Gemeinschaft, das Volk. Sogar die Bornholmer bezeichnen sich neuerdings (4. 9. 1984 bei der Conference »Europe of Regions«) als Nation.

[14] Karl *Renner*, Der Kampf der österreichischen Nationen um den Staat, Leipzig und Wien 1902 (unter dem Pseudonym Rudolf Springer); Karl *Renner*, Das Selbstbestimmungsrecht der Nationen, Wien und Leipzig 1906; Otto *Bauer*, Die Nationalitätenfrage und die Sozialdemokratie, Wien 1907.

[15] Ignaz *Seipel*, Nation und Staat, Wien (Braumüller) 1916; Ignaz *Seipel*, Österreich, wie es wirklich ist, posthume Zitatensammlung, Wien (Braumüller) 1953; Franz H. *Riedl*, Kanzler Seipel, ein Vorkämpfer volksdeutschen Denkens, Saarbrücken (Saarbrücker Druckerei und Verlag) 1935.

[16] Ernest *Renan*, Qu'est-ce qu'une nation?, Paris (Calmann & Lévy) 1882; Ernest *Renan*, Qué es una Nación? Madrid (Instituto de Estudios Politicos) 1957. Umfassende Zitierung bei Esteban *Polakovic*, La Formación del Ser Nacional, Buenos Aires (Distribuidora Lumen) 1978.

[17] Pasquale Stanislao *Mancini*, Della nazionalità come fondamento del diritto delle genti, Torino (E. Botta) 1851.

[18] Thomas Garrigue *Masarýk*, Palackýs Idee des böhmischen Volkes, Prag 1899; Theodor *Veiter*, Die Sudetenländer, in: Karl Gottfried *Hugelmann* (Hrsg.), Das Nationalitätenrecht des alten Österreich, Wien (Braumüller) 1934; Jiři *Kořalka* und R. J. *Crampton*, Die Tschechen, in: *Wandruszka/Urbanitsch* (s. Anm. 12).

[20] Ragnar *Stara*, Nationsbegreppet. En social helherslogik, sozialw. Dissertation Univ. Uppsala 1980 (in Druck erschienen in Ekenäs, Finnland, Ekenäs Tryckeri Aktiebolag, 1980).

### 3. Nation auf Staat bezogenes Volk = Staatsnation

Volk, im ethnischen Sinne verstanden, hat grundsätzlich die Tendenz, auch einen eigenen Staat zu bilden, also einen Staat, in welchem es die wichtigen politischen Entscheidungen trifft und den es als seinen Staat ansieht, der mehr oder weniger ausschließlich ihm gehört. Man spricht dabei für gewöhnlich vom Nationalstaat, denn solche Völker wollen zugleich Nationen sein, also einen ihrem Volk = Nation zuzuordnenden Staat haben. Das mehrsprachige demographische Wörterbuch der UNESCO sieht[21] Nation als ein Volk, im Gegensatz zur angelsächsischen und romanischen Bedeutung des Wortes, »von dem mindestens der Kern staatlich organisiert ist«. Dieser Auffassung ist grundsätzlich zuzustimmen, sie kann auch für den Begriff »deutsche Nation« tragfähig sein, sofern man unter »Kern« jenen Teil des deutschen Volkes versteht, der in der Bundesrepublik Deutschland und im Land (West-)Berlin staatlich organisiert ist, wobei sich freilich für den Begriff »deutsche Nation« besondere Aspekte ergeben. Ganz allgemein sollte man den Nationsbegriff auch nicht zu sehr strapazieren, wenn man auf der Suche nach Einheitsmodellen und allgemeinen Definitionen ist.

Die Tendenz mancher Völker, ihren Staat zum eigenen Nationalstaat zu machen, hat es im Altertum ebensowenig gegeben wie im Mittelalter und in der Neuzeit bis etwa in die Mitte des 18. Jahrhunderts. Der moderne Flächenstaat war noch nicht so extrem ausgebildet wie heute, der Fürstenstaat, mag er auch noch so »machiavellistisch« eingerichtet gewesen sein – man tut Machiavelli aber hinsichtlich des sog. Machiavellismus oft genug unrecht[22] –, und selbst die Stadtstaaten, die es in der Antike in Griechenland und im Mittelalter und in der frühen Neuzeit in Italien und auch sonstwo (die deutsche Hanse) gegeben hat, waren auch keine Nationalstaaten. Wie sowohl Karl Renner in einem posthumen Werk[23] und Guido Zernatto[24] nachgewiesen haben, ist die Idee des Nationalstaates, basierend auf einem höchst eigenartigen Mythos, ein Ergebnis des 18., 19. und 20. Jahrhunderts. Wiederum muß auf die verhängnisvollen Gedankengänge der Französischen Revolution eingegangen werden, die auch zu dem in Bereichen der sprachlichen Minderheitsgruppen in Frankreich sich durchsetzenden Schlagwort »Contre l'Etat-Nation«[25] sich verdichtet haben.

Sicher ist es das legitime Recht jedes Volkes, Selbstbestimmung auszuüben, und das Recht auf Selbstbestimmung der Völker (und Volksgruppen), also nicht etwa der Staaten, die ja in der Geschichte eher ephemere Zufallsgebilde sind, ist heute auch eine Völker-

21 Wilhelm *Winkler* (Hrsg.), Mehrsprachiges Demographisches Wörterbuch. Deutschsprachige Fassung, hrsg. von der UNESCO, Hamburg (Deutsche Akademie für Bevölkerungswissenschaft an der Universität Hamburg) 1960; in dem ebenda 1980 erschienenen, von Heinz *Schwenk* bearbeiteten und von Hans *Harmsen* eingeleiteten Wörterbuch demographischer Grundbegriffe in Deutsch, Englisch, Französisch und Italienisch kommt das Wort Nation im Deutschen nicht vor, wohl aber das Wort Volk, das in den genannten anderen Sprachen zu Unrecht mit »nation« (französ.), an zweiter Stelle allerdings auch »peuple«, mit »nazione, popolo« (ital.) und »nation«, daneben allerdings auch »people« (engl.) bezeichnet ist. »Volksgruppe« wird hingegen durchaus sachgerecht mit »groupe ethnique«, »gruppo etnico« und »ethnic group« übersetzt. (»Ethnie« hatte sich 1960 im Gegensatz zu heute noch zuwenig durchgesetzt.)

22 Nicolo di Bernado Dei *Machiavelli,* Il Principe, Florenz 1516, gute lateinische Ausgabe: Nicolai Machiavelli, Opusculum Del Principe, Trajecti ad Rhenum (Utrecht) (Joh. Alther) 1833; *Machiavelli,* Discorsi sopra la prima decade di Tito Livio (deutsche, auszugsweise Fassung »Politische Betrachtungen über die Ersten zehn Bücher des Titus Livius«, Wiesbaden, Band »Der Staat«, Bd. 80 der Slg. Dieterich, 1950 (?).

23 Karl *Renner,* Die Nation: Mythos und Wirklichkeit, posthumes Werk, Wien (Europa Verlag) 1954.

24 Guido *Zernatto,* Vom Wesen der Nation, posthumes Werk, Wien (Holzhausen) 1966.

25 Pierre *Maugué,* Contre l'Etat-Nation, Paris (Denoël) 1979.

rechtsnorm, nicht mehr nur ein Völkerrechtsgrundsatz[26]. Aber Selbstbestimmungsrecht heißt nicht notwendig Recht auf einen eigenen Staat nur des betreffenden Volkes, sondern kann ebensogut auch ethnische (»nationale«) Autonomie bedeuten, die innerhalb eines multinationalen (polyethnischen) Staates (Nationalitätenstaat) gewährt und ausgeübt wird (Beispiele sind heute u. a. die Schweiz, Jugoslawien, Belgien und die Sowjetunion), ebenso aber auch Selbstverwaltung in einem von einem anderen Volk geführten Staat (Beispiele sind heute die Autonomien in Spanien, Dänemark, Finnland, Portugal, cum grano salis auch in der DDR und in Italien sowie Großbritannien). Im extremen Nationalstaat gibt es keine Autonomie für ethnische Minderheiten und auch nicht einmal für ganze Völker, und der Nationalstaat gehört wohl zu den gefährlichsten Erscheinungsformen inhumaner Denkungsart auf politischem Gebiet überhaupt. Er hat zu den beiden Weltkriegen mit geführt, und seine friedensgefährdenden Entwicklungen zeigen sich sozusagen Tag für Tag (Nordirland, Südafrika, Maghreb, Rumänien, Frankreich).

Die Nation als Staatsnation = im Staat herrschendes Volk gehört somit zu jenen Erscheinungen, denen von der soziologischen und politologischen Seite her mit äußerster Vorsicht begegnet werden muß. Sie ist dann gerechtfertigt als soziologischer Begriff, wenn in einem Staat nur die Angehörigen eines einzigen Volkes leben und wenn Angehörige dieses Volkes außerhalb des betreffenden »Nationalstaates« auch nicht in kleinen Minderheitsgruppen leben (Beispiele: Island, Andorra, cum grano salis auch Portugal, Malta). In diesen Ausnahmefällen ist der Nationalstaatsgedanke gerechtfertigt, wobei aber auch in diesen Fällen Chauvinismus (Vergötzung des Volkes) in seiner nationalstaatlichen Ausprägung sich ethnisch nicht rechtfertigen läßt[27].

## 4. Volk

Über den Begriff Volk gibt es ebenfalls eine sehr große Zahl von Theorien. In der deutschen Sprache ist das Wort, da von der Soziologie herkommend, mehrdeutig[28]. Es kann bedeuten:

a) Volk als Haufe, eine Menge Leute, also als anschaulich gegenwärtige Personenzahl (gens, gente, people, peuple, popolo, pueblo);
b) Bevölkerung innerhalb eines bestimmten abgrenzbaren Territoriums, somit Summe der Einwohner dieses Territoriums, ob Staatsangehörige oder nicht;
c) Volk als Masse bzw. gesellschaftliche Unterschicht (ochlos, vulgus, plebs, couches inférieures, also das »gemeine Volk«). Kommt heute nur noch in Oligarchien vor;
d) Volk als Summe der Stimmberechtigten in Staaten freiheitlicher Demokratie oder doch sonst demokratischer Einrichtungen (nicht überall auch mit Stimmrecht der Frau): demos;

[26] Dieter *Blumenwitz*/Boris *Meissner* (Hrsg.), Das Selbstbestimmungsrecht der Völker und die deutsche Frage, Köln (Verlag Wissenschaft und Politik Berend von Nottbeck) 1984, dort auch ein hierher gehöriger Beitrag von Theodor *Veiter*, »Die Entwicklung des Selbstbestimmungsrechts«.

[27] Albert P. *Blaustein*, The new Nationalism, in: The American Journal of Comparative Law, vol. XXX 1982; N. M. und S. T. *Kaltachtschjan*, Nation und Nationalität im Sozialismus, Berlin-Ost (VEB Deutscher Verlag der Wissenschaften) 1976; Lisa *Guarda-Nardini*, Nazioni e nazionalità, in: Il Mondo Slavo, Padova (CESEO) 1978.

[28] S. Christoph *Pan*, Südtirol als volkliches Problem. Grundriß einer Südtiroler Ethno-Soziologie, Wien (Braumüller) 1971; Theodor *Veiter*, Deutschland, deutsche Nation und deutsches Volk. Volkstheorie und Rechtsbegriffe, in: aus politik und zeitgeschichte, Bonn (»beilage zur wochenzeitung das parlament«) B 11/73, 17. 3. 1973; Emerich *Francis*, Ethnos und Demos, Soziologische Beiträge zur Volkstheorie, Berlin (Duncker & Humblot) 1965.

e) Volk als Legitimationsgrundlage eines (demokratischen) Staates, umfaßt nur formell die Stimmberechtigten, tatsächlich auch jene Staatsangehörigen, die als Minderjährige usw. nicht stimmberechtigt sind. Leitsatz: Alles Recht geht vom Volke aus;
f) Volk als politische Kategorie führender Schichten im Staat, solche können auch ethnische Schichten sein wie die Baulé in der Republik Elfenbeinküste: Eliten;
g) Volk als Abstammungs- und Kulturgemeinschaft (Ethnos, ethnie).

Auch bei Volk wird vielfach noch heute im Sprachgebrauch, manchmal auch in der Gesetzessprache, eine Identifikation mit »Staat« vorgenommen: Volkszählung, Volksaktie, Volkskammer. Aber für die vorliegende Untersuchung kommt es nur auf Volk als Abstammungs- und Kulturgemeinschaft, also eine ethnische Gemeinschaft, an. Auch hier bietet das mehrsprachige demographische Wörterbuch der UNESCO[29] wertvolle Hilfe, indem dort definiert wird: Volk ist eine Menschengruppe von gemeinsamen körperlichen, sprachlichen und kulturellen Merkmalen, die sich durch gemeinsame geschichtliche Entwicklung ein Gemeinschaftsbewußtsein erworben hat. Diese Definition, zu Recht aus der Soziologie genommen, geht allerdings zu Unrecht von gemeinsamen körperlichen Merkmalen aus. Das wäre ein abwegiger Gedanke für den Bereich West- und Mitteleuropas mit seiner ethnischen Mischung und würde bedenklich nahe an die – abzulehnende – rassische Komponente, also Rassentheorien, heranführen. Aber die Abstammung, die zwar auch auf naturhaften Faktoren aufbaut, ist sicher von Bedeutung, wobei vor allem das Eingebundensein in ein Generationengebilde von großer Wichtigkeit ist. Vor allem aber ist wichtig, daß Volk ein ens sociale ist, damit ist auch bereits das Gemeinsamkeitsbewußtsein hervorgehoben, dem eine bestimmte Zielsetzung entspricht, die jedes Volk hat. Man könnte daher definieren: Volk ist als Abstammungsgemeinschaft (Generationengebilde) eine soziale Einheit (ens sociale) im Sinne einer geistigen Zielsetzungsgemeinschaft. Diese geistige Komponente ist in sehr vielen Fällen, ja sogar meistens, durch eine eigene Sprache gekennzeichnet, sie kann sich aber auch in einem oder mehreren sonstigen Wesenszügen ausdrücken wie Religion, gemeinsame bejahte Geschichte, ethnische Verschiedenheit und Eigenart, Kultur. Die Völker sind, um mit Max Hildebert Boehm zu sprechen, »zeitewig«[30]. Objektive und subjektive Merkmale verbinden sich. Der General Rapporteur der UNO Francesco Capotorti hat in seiner grundlegenden Studie über die Rechte von Angehörigen ethnischer, religiöser und sprachlicher Minderheiten[31] aus »Volk« den Begriff »Volksgruppe« (ethnische Minderheit) abgeleitet und gesagt, diese sei »eine zahlenmäßig gegenüber dem Rest der Bevölkerung des Staates, zu welchem sie gehört, kleinere Gruppe, die kulturelle, körperliche oder geschichtliche Charakteristika aufweist oder eine Religion oder eine Sprache hat, die sich von jenen der übrigen Bevölkerung unterscheiden« . . . Auch diese Definition enthält Unklarheiten, nähert sich aber der hier gegebenen Definition in vielem an.

Die Definition einer Volksgruppe (ethnischen Minderheit, vielfach auch nur sprachlichen Minderheit) leitet sich aus dem Begriff »Volk« her und kann wie folgt gegeben wer-

29 S. oben Anm. 21.

30 Max Hildebert *Boehm,* Das eigenständige Volk. Grundlegung der Elemente einer europäischen Völkersoziologie, Göttingen (Vandenhoek & Rupprecht) 1932 (eine wenig brauchbare, von der Schriftart her kaum noch lesbare Faksimile-Nachdruck-Ausgabe erschien 1965 bei der Wissenschaftlichen Buchgesellschaft in Darmstadt und daher mehr oder weniger unter Ausschluß der Öffentlichkeit); Max Hildebert *Boehm,* Das eigenständige Volk in der Krise der Gegenwart, Wien (Braumüller), Bd. 1 der Reihe ETHNOS 1971 (posthumes Werk). Die Schrift enthält grundlegende Gedanken.

31 Francesco *Capotori,* Study on the Rights of Persons belonging to Ethnic, Religious and Linguistic Minorities, UN-Doc. e/CN. 4A/Sub. 2/384 Rev., New York 1979 (Endfassung, erste, umfangreiche Fassung vom Juli 1977).

den[32]: »Volksgruppe ist eine erlebte und gelebte Gemeinschaft, gekennzeichnet durch das Leben im Verbande, durch eine Heimat, nämlich die angestammte oder auch neu erworbene Heimat der Gruppenangehörigen, das Eingebundensein in die Geschlechterfolge, die das Volk oder einen Teil eines Volkes als ethnos (ethnische Schicksalsgemeinschaft) in einem nicht von ihr allein beherrschten Staat oder Gliedstaat sich zur Selbstbehauptung gegenüber einer zahlenmäßigen oder wirkungsmäßigen Mehrheit gezwungen sieht, wenn sie nicht eingeengt werden oder untergehen will.« Im Grunde genommen ist daher eine Volksgruppe – der Ausdruck hat sich heute bereits im Völkerrecht wie vielfach auch im innerstaatlichen Recht weitgehend durchgesetzt, während »nationale Minderheit« so gut wie verschwunden ist – nur Teil eines Volkes, welcher Teil nicht im Nationalstaat des Volkes siedelt, sondern in einem von einem anderen Volk beherrschten Staat oder auch in einem sog. Nationalitätenstaat, in welchem kein Volk und keine Volksgruppe über die effektive Mehrheit verfügt (was auch zu politischen Koalitionen zwischen solchen Nationalitäten führen kann, wie z. B. in der Schweiz in der Zusammensetzung der Regierung, des Bundesrates, oder in Belgien). Volk und Volksgruppe gehören zum selben Oberbegriff.

### 5. Ethnie

Im Deutschen beginnt sich der Ausdruck »ethnie« erst allmählich durchzusetzen, obwohl er gelegentlich schon früher, etwa von Mühlmann[33], in die ethnopolitische Literatur eingeführt wurde. Ob man unter »ethnie« dasselbe wie Volk zu verstehen hat, wie dies Héraud mit seiner deutschen Ausgabe seines Buches »L'Europe des Ethnies« mit dem Titel »Das Europa der Völker« (gemeint im Gegensatz zu de Gaulles »Europa der Vaterländer« [»L'Europe des Patries«], also der Staaten, d. h. der Staatsnationen)[34], mag da und dort noch als nicht ganz geklärt gelten. Das Wort stammt von Vacher de Lapouge (»Les sélections sociales«) und wurde durch das Werk von Georges Montadon »L'Ethnie française« (Paris 1935) allgemein bekannt, schlägt sich heute auch in einer Zeitschrift gleichen Namens nieder und wird von den bedeutenden Theoretikern zur Volkswissenschaft des französischen Sprachraumes allgemein gebraucht (Hervé Lavenir, Guy Héraud, Charles Becquet, Olier Mordrel, Jean Humblet, Roland Breton)[35]. Im frankophonen Schwarzafrika wird es, auch in Verfassungsurkunden wie der Verfassung der Republik Elfenbeinküste, für die dortigen Stämme gebraucht, die man als Vorformen von »Volk« sehen muß (in diesem Fall kann man mit Roland Breton in seinem Buch »Les Ethnies« von Ethnogenese sprechen). Im Deutschen hat sich mit der deutschen Ausgabe des erwähnten Buches von Roland Breton, 1983, auch der Ausdruck Ethnie durchzusetzen begonnen[36].

[32] So bei Theodor *Veiter,* Nationalitätenkonflikt und Volksgruppenrecht im ausgehenden 20. Jahrhundert, München (Bayerische Landeszentrale für politische Bildungsarbeit) und Wien (Braumüller) 1984 (1. Aufl. 1977). Diese Definition wurde von vielen Autoren übernommen.

[33] Wilhelm *Mühlmann,* Rassen, Ethnien, Kulturen, Neuwied (Luchterhand) 1964.

[34] Guy *Héraud,* L'Europe des Ethnies, 2. Aufl. Paris (Presses d'Europe) 1974; Charles F. *Becquet,* L'Ethnie Française d'Europe, Paris (Nouvelles Editions Latines) 1963; Roland *Breton,* Les critères de détermination des ethnies, in: Rev. P. P., Paris, no. 1, 1968, SS. 44–61; Roland *Breton,* Les ethnies, Paris (PUF) 1981, deutsche Ausgabe, Wien (Braumüller) 1983; Jean *Humblet,* Le Petit Livre du Jeune Wallon, Couillet (Institut Jules Destrée) 1975, mit Definitionen wie »ethnie«, »autonomie«, »région« usw.; Olier *Mordrel,* Le mythe de l'hexagone, Paris (Jean Picollec) 1981.

[35] S. die in Anm. 34 zit. Literatur, besonders *Mordrel;* ferner Guy *Héraud,* Les communautés linguistiques en quête d'un statut, Brüssel, in: Plural Societies, 1982, Jahresband No. 13.

[36] Roland *Breton,* Lob der Verschiedenheit, deutsche Ausgabe von »Les Ethnies«, Wien 1983 (s. Anm. 34).

Im »Petit Robert«, einer Art französischen Dudens (und ebenso im »Grand Robert«), wird neuerdings ethnie definiert: Ensemble d'individus que rapprochent un certain nombre de caractères de civilisation, notamment la communauté de langue et de culture. Und dabei wird für die ethnie française etwas für das deutsche Volk per analogiam äußerst Wichtiges angeführt, nämlich »L'Ethnie française englobe notamment la Belgique wallonne, la Suisse romande, le Canada français«[37].

Ethnie kann im großen und ganzen mit »Volk« identifiziert werden, für die im Entstehen begriffenen neuen afrikanischen Völker auch mit »Stamm« (tribu, tribe), ebenso aber auch mit Volksgruppe bzw. ethnischer Minderheit. Die Valdôtains, die eine ethnische Minderheit (Volksgruppe) in Italien sind, gehören zweifellos zur ethnie française, und dasselbe gilt von den frankophonen Gemeinden in Luxemburg.

Auch im Italienischen beginnt sich der Ausdruck etnia (= ethnie) durchzusetzen, wie die seit 1979 bestehende Zeitschrift »etnie« zeigt, wie er aber auch sonst in der Literatur schon vorkommt, da »popolo« doch nicht so recht genüglich ist. Nur für Volksgruppe ist im Italienischen aber »gruppo etnico« vollkommen genüglich und auch üblich und kommt auch in internationalen Verträgen über Volksgruppenschutz vor, die Italien abgeschlossen hat (Pariser Vertrag von 1946 mit Österreich, Londoner Abkommen über Triest von 1954, Vertrag von Osimo mit Jugoslawien von 1975). Lehrreich ist im übrigen das fünfsprachige offiziöse Glossar von Golias zur jugoslawischen Verfassung von 1974 mit den Synonyma für Volksgruppe (Nation kommt dort gar nicht vor).

Maßgebend ist im hier vorliegenden Forschungsfall nur, daß allgemein überall, wo von Volk im ethnischen Sinne die Rede ist, also auch dort, wo neue Wortschöpfungen wie ethnie vorkommen, Volk im Sinne eines ens sociale mit ethnischer, vorwiegend auch sprachlicher Komponente ist, dies in eindeutigem Gegensatz zu Staat.

### 6. Die Konsensualnation

Geht man von den Begriffen aus, wird man bald der Tatsache inne, daß in Staaten, die ihrer Natur nach Zufallsgebilde sind, wie z. B. die 1919 neugeschaffene Erste Österreichische Republik oder die zufolge ihrer ethnischen Zusammensetzung mit entsprechenden Nationalitäten instabil und als Staaten in Gefahr sind, sich aufzulösen, an einen anderen Staat anzuschließen oder zumindest so etwas wie ein Spielball ihrer Nachbarn zu werden, eine Neigung besteht, die Summe der Staatsangehörigen in den Rang einer Nation, gemeint natürlich Staatsnation, zu erheben. Wo eine einheitliche ethnische Komponente fehlt wie in Belgien oder in der Schweiz, spricht man dann von Willensnation, wo bisher der Versuch zur Entwicklung einer eigenen Ethnie mit einer eigenen Sprache noch nicht realisiert werden konnte wie in Österreich, spricht man von der Konsensualnation.

Die Bewußtseinsbildung, eine solche Nation zu sein, für Österreich von Félix Kreissler umfassend, wenn auch nicht unbedingt überzeugend formuliert[38], rechtfertigt es, von einer Konsensualnation zu sprechen. Aber: Mit Konsensualnation als Nationsbegriff gelangt man im Grunde genommen weder politisch noch soziologisch, noch staatsrechtlich irgendwohin. Schließlich gibt es genug Staaten, die als Nationalitätenstaaten keine ethnische begründbare Staatsnation aufweisen, die aber dennoch von diesen ihren Nationalitäten als Staaten und somit wohl auch als Staatsnationen bejaht werden. Es handelt sich

[37] Le Petit Robert, Dictionnaire de la langue française, Neuauflage, redigiert von A. *Rey* und J. *Rey-Debove,* Paris 1978, S. 704.

[38] Félix *Kreissler,* La prise de conscience de la nation autrichienne, 2 Bde., Paris (PUF) 1981.

hierbei um das, was in der Schweiz nicht selten Willensnation genannt wird und von Guy Héraud längst in die Volkswissenschaft als Begriff eingeführt ist: nation de volonté[39]. Wenngleich die Bejahung der Schweizerischen Eidgenossenschaft nicht immer und nicht von allen Schweizer Bürgern verfochten wurde und wird, wozu man nur an die oft recht massiven Kritiken frankophoner Schweizer, früher auch den Garobbio-Kreis bezüglich des italienischsprachigen Tessins, aber auch an die Problematik der Erhaltung der Rätoromanen zu denken braucht[40], so wird man im großen und ganzen doch festzustellen haben, daß die Schweizer, welcher Sprachzugehörigkeit auch immer, die schweizerische Konsensualnation, also die »Willensnation«, und den Staat als solchen bejahen und auch zu verteidigen bereit sind. Aber wenn wir im Zusammenhang mit Deutschland, was immer das sei, von einer Konsensualnation ausgehen würden, käme man damit nirgendwohin, bestenfalls zu einer auf die Bundesrepublik Deutschland mit allenfalls noch West-Berlin begrenzten Nation, die als Konsensualnation viel zu eng angelegt wäre. Und wenn man dann noch die DDR dazu nähme, die aber in einer Novelle zu ihrer Verfassung von 1977 den Ausdruck »deutsche Nation« aus dieser ausgeschieden hat[41], und es nach sowjetischem und rumänischem KP-Begriff beim ethnisch farblosen, weil rein politischen Begriff der »sozialistischen Nation«[42] bewenden lassen will, dann ergäbe das ebenfalls wiederum nur eine Bejahung eines oder zweier deutscher Staaten als Nation. Die offiziellen Botschaften an die Nation drücken im Grunde genommen gar nichts aus als Aufrufe zur Bejahung des Staates. Was wiederum nur eine Bejahung der Konsensualnation ergeben würde.

Dieser für unsere Aufgabenstellung unbrauchbare Nationsbegriff hat gewisse Anknüpfungspunkte zum Thema Loyalität. Nun kann jeder Staat, sofern er nicht in sich von Grund auf menschenrechtswidrig angelegt und regiert ist – man hat so etwas von Äquatorial-Guinea in der Ära Macias Nguema behauptet und sagt es nicht selten vom Iran des Ayatollah Khomeini –, Gesetzesloyalität verlangen, also den Konsensus in bezug auf allgemeine praktische Vorschriften (etwa Straßenverkehrsvorschriften, Hochbaunormen, Flußregulierungen, Posttarife usw.), und insofern kann die Konsensualnation tragbare Verhältnisse erbringen.

Aber wo es um die Erhaltung der kulturellen und überlieferten Identität eines Volkes oder von Volksgruppen geht, kann Gesetzesloyalität nicht gefordert werden, wenn die geforderte Loyalität zum Untergang oder doch zur Diskriminierung bestimmter Bevölkerungsgruppen, vor allem ethnischer Minderheiten oder von Nationalitäten, führt. Wird z. B. der Gebrauch der Muttersprache zugunsten der Geltung der Sprache der im Staat führenden ethnischen oder linguistischen Mehrheit verboten, ein Fall, der in den Jahr-

39 Guy *Héraud*, La discrimination ethnique et linguistique en Europe, in: Las Constantes de Europa, Barcelona (Instituto de Ciencias Sociales, Diputación Provincial de Barcelona) 1969; *ders.*, Le Statut des Langues dans les différents Etats et en particulier en Europe, in: Language Problems & Language Planning, vol. 4, no. 3, Austin (Univ. of Texas Press) Fall 1980; ders., L'Europe des ethnies (s. o. Anm. 34).

40 Werner *Catrina*, Die Rätoromanen zwischen Resignation und Aufbruch, Zürich (Orell-Füssli) 1983; Robert Henry *Billigmeier*, A Crisis in Swiss Pluralism, Den Haag (Mouton) 1979; Rudolf *Viletta*, Abhandlungen zum Sprachenrecht mit besonderer Berücksichtigung des Rechts der Gemeinden des Kantons Graubünden, Bd. I: Grundlagen des Sprachenrechts, Zürich (Schulthess Polygraphischer Verlag) 1978.

41 Verfassung der DDR vom 6. 4. 1968, GBl. I Nr. 8, S. 199; Novelle vom 7. 10. 1974, »Neues Deutschland« v. 28. 9. 1974.

42 Die sozialistische Nation, hrsg. von der Rumänischen Kommunistischen Partei, Bukarest (deutsche Ausgabe: Politischer Verlag) 1973; A. F. *Daschdamirow*, Nacija i Litschnost (Nation und Persönlichkeit), Baku (Elm Verlag) 1976.

zehnten seit dem Ersten Weltkrieg nur allzuoft vorgekommen ist[43] und auch heute keineswegs zu den Seltenheiten gehört[44], dann kann von der betroffenen ethnischen Minderheit keine Gesetzesloyalität insoweit erwartet und gefordert werden. Dann ist es aber auch fehl am Platz, von einer Konsensualnation zu sprechen, da ja der consensus communis fehlt. Die Konsensualnation ist also zwar eine Realität, und es gibt genug Beispiele für ihre Existenz (Österreich, Dänemark, USA, Schweiz), aber für den Nationsbegriff bietet sie keine Ausgangsstellung.

Ehe wir uns dem Begriff »Nation« als auf Staat bezogenes Volk zuwenden, müssen wir somit nochmals eingehen auf

## 7. Volk als ethnische Gemeinschaft

Die oben gegebenen Definitionen von »Volk« sind heute ziemlich allgemein anerkannt, es sei denn, man sehe von ethnischen Komponenten völlig ab. Das heißt aber, daß unter Volk eine ethnische Gemeinschaft im oben angeführten Sinne zu verstehen ist. Die Definition enthält allerdings manche Unklarheiten, dies aus verschiedenen Gründen.

Es gibt das sog. schwebende Volkstum – Volkstum ist eine auf Volk bezogene Eigenschaft, wie dies sehr präzise im österreichischen Volksgruppengesetz von 1976 ausgesagt ist[45] –, und in solchen Fällen des schwebenden Volkstums kann es vorkommen, daß sowohl der einzelne wie auch die Gruppe, deren Sprache oder Sprachen er spricht, sich von anderen einzelnen oder Gruppen nicht klar unterscheiden. So etwas kommt an Sprachenrändern nicht selten vor. Man findet schwebendes Volkstum heute z. B. bei den sogenannten Windischen in Kärnten, die zwischen Deutschtum und Slowenentum hin und her gerissen werden und einem beträchtlichen Assimilationsdruck unterliegen, nach dessen Wegfall sie vermutlich wiederum voll in ihr angestammtes slawisches Volkstum integriert wären. In Ungarn wurde zwischen den beiden Weltkriegen, teilweise auch vorher, auf

[43] Z. B. in Italien, hier wiederum besonders in Südtirol. Lit. Hinw. bei Theodor *Veiter*, Bibliographie zur Südtirolfrage 1945–1983, Wien (Braumüller) 1984; aber dieselben Verbote gab es im faschistischen Italien für Kroaten und Slowenen in Julisch Venezien, wie man dieses Gebiet aus antihabsburgischen Tendenzen heraus schon lange vor dem Ersten Weltkrieg in Italien nannte, im frankophonen Aostatal, in Franco-Spanien für das Katalanische und Baskische usw.; Felix *Ermacora*, Südtirol und das Vaterland Österreich, Wien (Amalthea) 1984; Friedl. *Volgger*, Mit Südtirol am Scheideweg, Innsbruck (haymon) 1984.

[44] Verbot der »langues maternels« in Frankreich bei Abfassung von Verträgen und Verbot deutscher Zeitungstitel und deutschsprachiger Sportmeldungen und Zeitungsanzeigen im Elsaß: Robert *Lafont*, Langue dominante, Langues dominées, Paris (edilig) 1982; Wolfgang *Ladin*, Der elsässische Dialekt – museumsreif? Strasbourg (SALDE) 1982. Es gibt aber ein Erwachen der Regionalsprachen, s. François *Billetdoux*, Le réveil des langues régionales, in: Le Monde de l'education, Paris, Sept. 1976, verstärkt; die Entwicklung seit dem politischen Umbruch 1981 ist zu beachten: Michel *Phlipponneau*, La grande affaire. Décentralisation et régionalisation, Paris (Calmann-Lévy) 1981; auf Vielfalt hingeordnet das bemerkenswerte Buch des Engländers Theodore *Zeldin*, Les Français, Paris (Fayard) 1983. Aus anderen Staaten Europas gibt es Beispiele: Schweden (bezüglich der Skanen), Österreich (bezüglich des Slowenischen in eher zahlreichen Bereichen und teilweise auch des Furlanischen in den Provinzen Udine und Gorizia/Görz), Schweiz und Belgien zufolge des Territorialitätsprinzips, Rumänien (bezüglich der Sprachen aller »mitwohnenden Nationalitäten«), Polen, Luxemburg (bezüglich des Hochdeutschen) usw. Es sei nicht übersehen, daß in all diesen heutigen Fällen ethnokratische Auswüchse immer seltener werden und manche dieser Staaten ansonsten ein vorbildliches Volksgruppen- oder Sprachenrecht haben.

[45] BGBl. Nr. 396/1976; s. Theodor *Veiter*, Das österreichische Volksgruppenrecht seit dem Volksgruppengesetz von 1976, Wien (Braumüller) 1979; Arnold *Suppan*, Die österreichischen Volksgruppen, Wien (Verlag für Geschichte und Politik) 1983.

Nichtmagyaren ein enormer Assimilationsdruck ausgeübt, bis hin zur künstlichen Magyarisierung von Vor- und Familiennamen, was zur Erscheinung der sog. »Magyaronen« im Burgenland der Zwischenkriegszeit führte, die weder Deutsche noch Magyaren, sondern eben schwebendes Volkstum waren. Die deutschen Spätaussiedler[46] beherrschen vielfach die deutsche Sprache nicht, weil in Polen jeglicher Deutschunterricht verboten ist, sie bekennen sich im großen und ganzen als Deutsche, sind also deutschen Volkstums, aber polnischerseits werden sie vielfach als »Autochthone«, als Angehörige des polnischen Volkes reklamiert. Und was soll man von den vielen regionalen ethnisch-sprachlichen Minderheiten sagen, die vom Zentralstaat aus weder als Völker oder Volksgruppen noch als eigene Sprachgruppen anerkannt werden, obwohl sie selbst sich als solche betrachten, worauf es doch wohl eigentlich ankommt (Veneter, Piemontesen, Sarden, Okzitanier und Provenzalen, Skanen usw.)? Es kann hier wohl nur aus dem Geist der Menschlichkeit und der europäischen Kulturtradition heraus versucht werden, eine möglichst große Palette von Völkern (und Sprachen, seien sie auch »bloß« Ausbausprachen oder Abstandssprachen) als vorhanden anzunehmen. Sie sind eindeutig in Gegensatz zu Staat und daher auch zu Nation, aber ebenso eindeutig Völker, seien es auch da und dort einmal Völker in statu nascendi. Gute Beispiele hierfür liefert das Volk der Burgenlandkroaten[47] mit seiner eigenen, von der kroatischen Sprache in Kroatien längst weitgehend differenzierten Sprache[48], und die Friesen sind zwar ganz gewiß keine Nation – sie streben keinen eigenen Staat an und sind gar nicht auf Staat bezogen –, aber ebenso sicher ein Volk im ethnischen wie auch im sprachlichen Sinn. Und was soll die Verneinung der Eigenvolklichkeit und Eigensprachigkeit der Piemontesen, wenn diese selbst über Literatur in ihrer angestammten Sprache (und sei es nur eine Art entwickelter Mundart) verfügen[49]?

Die definatorischen und Abgrenzungsschwierigkeiten beim Begriff »Volk« mögen noch so schwierig sein, diese Schwierigkeiten sind im Grunde genommen eher sprachwissenschaftlicher oder auch ethnosoziologischer Art, wie das sehr umfangreiche Symposion über Mehrsprachigkeit der Brüsseler Forschungsstelle für Mehrsprachigkeit 1982 gezeigt hat, dessen Ergebnisse in umfangreichen Bänden vorliegen[50].

Man hat also für die Frage nach dem deutschen Volk ganz allgemein von den im wesentlichen trotz der aufgezeigten Schwierigkeiten gesicherten Erkenntnissen, was Volk sei, nämlich eine ethnische Gemeinschaft mit Gruppencharakter (ens sociale), auszugehen. Daß der einzelne aus einem Volk austreten kann, wenn ihm ein sprachlich und ethnisch sehr verwandtes Aufnahmevolk zur Verfügung steht (Umvolkung, Umsprachung im Sinne von Heinz Kloss)[51], spricht nicht gegen die »Zeitewigkeit« von »Volk« als ethnischer Gemeinschaft. Von ihr ist hier also als einer Gegebenheit die Rede.

[46] Wilhelm *Arnold* (Hrsg.), Die Aussiedler in der Bundesrepublik Deutschland, Bd. 1 »Herkunft, Ausreise, Aufnahme« 1980; Hans *Harmsen* (Hrsg.), Bd. II »Anpassung, Umstellung, Eingliederung«, 1983. Beide Wien (Braumüller), Buchreihe »Abhandlungen zu Flüchtlingsfragen der AWR«.

[47] S. das neue Deutsch-burgenlandkroatisch-kroatische Wörterbuch, Eisenstadt (Amt der Burgenländischen Landesregierung) und Zagreb (IFF) 1982.

[48] Bela *Schreiner,* Das Schicksal der burgenländischen Kroaten durch 450 Jahre, Eisenstadt (Hrvatsko Kulturno Društvo u Gradiĉći) 1983; im Druck ist ferner ein umfangreiches Werk über das Symposion Croaticon Nr. II in Wien vom Oktober 1983.

[49] Neueste, grundlegende Darstellung: Guy *Soubielle* (recte: Guiu *Sobiela),* Essai sur la langue piémontaise, sa genése et leur place dans l'enseignement, Diss. geisteswissenschaftl. Fakultät d. Univ. Salzburg, 1982; Edoardo *Ballone* (Hrsg.), L'Altro Piemonte, Torino (Edizione Eda) 1980.

[50] S. Peter H. *Nelde,* Plurilingua, 3 Bde. mit verschiedenen Titeln zur Kontaktlinguistik und Sprachkontakten auf Grund eines Symposiums in Brüssel 1982 mit rd. 100 Referaten von durchwegs hoher Qualität, Bonn (Dümmler) 1983.

[51] Heinz *Kloss*/Gaston *Plourde*/Albert *Verdoodt,* Options politiques fondamentales de l'Etat plurilingue, Quebec (CIRB) 1969; Heinz *Kloss,* Grundfragen der Ethnopolitik im 20. Jahrhundert, Wien

## 8. »National« und »nationalistisch«

Zu »Nation« gehört auch das Eigenschaftswort »national« und vielfach auch »nationalistisch«. Wenn von »national« (national, nazionale, national im Englischen, nacional'nij im Russischen, nacionalij im Serbokroatischen, nacional im Spanischen usw.) die Rede ist, wird sehr oft von der Wortbedeutung »staatlich« ausgegangen (Nationalbank, Nationalmuseum), und dagegen ist sicher nichts einzuwenden, wenn man weiß, daß in diesem Fall als Substantivbegriff eben die Konsensualnation bzw. einfach der Staat gemeint ist. Problematischer wird es aber schon, wenn darunter eine mehr oder weniger chauvinistisch gesehene Staatsnation verstanden wird, also eine ethnisch gesehene Gemeinschaft nur eines einzigen Volkes, der der Staat »gehört« oder, sobald es ihn einmal geben sollte, zu gehören hat. Während der Korrelatbegriff »international« oder auch »übernational« (supranational) auf Staat bezogen ist und die zwischenstaatlichen Beziehungen gemeint sind, ist »national« vielfach schillernd. Theoretiker wie Esteban Polaković[52] sehen im Wesen des Nationalen zwar auch eine ethnische Komponente, zugleich aber – für die lateinamerikanische Staatenwelt – auch eine Amalgamierung verschiedener ethnischer Grundbestandteile zu einer, auch ethnisch gesehenen Staatsnation, ein Grundgedanke, der ganz allgemein in außereuropäischen Staaten hervortritt und auch von John F. Kennedy vertreten wurde, was die USA anlangt[53]. Vor allem aber sind es die Völker ohne Staat in Europa (Basken, Katalanen, Okzitanier, Piemontesen usw.), die dem Wort »national« die Bedeutung geben, daß darin das Streben nach dem eigenen Nationalstaat zum Ausdruck kommen soll, in welchem nur die Angehörigen dieses Volkes eine Rolle spielen und spielen dürfen (Ethnokratie). So verständlich eine solche Zielsetzung auch sein mag, wenn ein Volk durch Jahrhunderte in seiner ethnischen Substanz unterdrückt wurde und vom eigenen Staat nur träumen konnte (Kroaten, Basken, Skanen, Katalanen usw.), so gefährlich für den Weltfrieden können solche Zielsetzungen dann werden, wenn es tatsächlich zur Verwirklichung dieser Art von Nationalstaat kommt (Beispiele aus diesem Jahrhundert: Tschechen, die slawischen Völker Jugoslawiens, Finnen – dies trotz der Kooperation mit den Finnlandschweden, die immer problematischer wird –, Rumänien, Polen).

»National« wird nicht selten aber auch mit »ethnisch« und »volklich« identifiziert, dies freilich durchweg auch im Sinne von Staat = Nation. So bezeichneten sich alle Anhänger eines Anschlusses der Republik Österreich an das Deutsche Reich als »national«, nannten sich »die Nationalen«, gemeint daher die Deutschnationalen, die für den Anschluß Österreichs an das damalige Deutsche Reich waren[54] und in allen damaligen politischen Parteien außer den Monarchisten zu finden gewesen sind. Sogar heute noch, in einer Zeit also, in welcher in Österreich wohl niemand mehr für einen Anschluß an »Deutschland«

(Braumüller) und Bad Godesberg (Wissenschaftliches Archiv) 1969; Heinz *Kloss*/G. D. *McConnell*, Linguistic Composition of the Nations of the World, Bd. 1, Quebec (Les Presses de l'université Laval) 1974.

[52] Esteban *Polakovic*, La formación del ser nacional (La etnogénesis), Buenos Aires (Ed. Lumen) 1978.

[53] John F. *Kennedy*, Die Nation der vielen Völker, Düsseldorf (Econ) 1965.

[54] Heinrich *Lutz*/Helmut *Rumpler*, Österreich und die deutsche Frage im 19. und 20. Jahrhundert, Wien (Verlag für Geschichte und Politik) 1982, Sammelwerk; Helmut *Konrad* (Hrsg.), Sozialdemokratie und »Anschluß«. Historische Wurzeln. Anschluß 1918 und 1938. Nachwirkungen, Wien (Europa Verlag) 1978; Rudolf *Neck* und Isabella *Ackerl* (Hrsg.), Anschluß 1938, Wien (Verlag für Geschichte und Politik) 1981; Viktor *Reimann*, Die Dritte Kraft in Österreich, Wien (Molden) 1980; Erich *Reiter*, Programm und Programmentwicklung der FPÖ, Wien (Braumüller) 1982; Robert A. *Kann*/Friedrich E. *Prinz* (Hrsg.), Deutschland und Österreich. Ein bilaterales Geschichtsbuch, Wien (Verlag Jugend und Volk) 1980.

(Bundesrepublik?) eintritt, zumal es hierbei um die Begriffsbildung »deutsche Nation« bzw. »deutscher Nationalstaat« ginge, kommt der Ausdruck »national« im deutschnationalen Sinne bei einem nicht kleinen Teil der Parteigänger der Freiheitlichen Partei Österreichs (FPÖ) vor.

Vollends ist »nationalistisch« ein von der Idee des Nationalstaates her kommender Ausdruck, bezeichnet aber einen überbordenden Nationalismus und leitet sich daher zwar auch von »Nation«, aber noch mehr von »Nationalismus« her, einer der gefährlichsten Irrlehren in Vergangenheit und leider auch noch Gegenwart[55]. Er bedeutet Tendenzen zur Vergötzung der auf Staat bezogenen Nation. Gelegentlich wird heute von seiten der gesellschaftspolitischen neuen Linken in der Bundesrepublik Deutschland hier die Bezeichnung »ethnonationalistisch« und »Ethnonationalismus«[56] gebraucht, was aber nur dort sachgerecht wäre, wo sich die im alleinigen berechtigten Besitz der Staatsgewalt wähnenden Vertreter eines bestimmten Volkes als Nationalisten aufspielen (Frankreich, neuerdings wieder, nach einer Lockerungsphase, Italien, Österreich bezüglich Kärntens und teilweise auch des Burgenlandes, Großbritannien bezüglich Nordirlands usw.). »Nationalistisch« ist mit »chauvinistisch« in engem Zusammenhang, manchmal auch damit identisch.

Während sich bei »national« (nicht auch nationalistisch, was immer zu verwerfen ist) Unklarheiten ergeben, ist das Adjektiv zu Volk eher entsprechend klar. Früher sagte man im Deutschen zumeist »völkisch«. Aber dieser Ausdruck ist zufolge der Perversion der Begriffe durch den Nationalsozialismus sehr in Mißkredit geraten und gilt vielfach als Synonym für pangermanistisch, auch im politischen Sinne, und wird daher im allgemeinen durch »volklich« ersetzt. Im Grunde gibt es aber, da auch dieses Wort irgendwie schief ist, gar kein Eigenschaftswort zu »Volk«, ausgenommen das Fremd- oder Lehnwort »ethnisch«, das sich immer mehr auch international durchsetzt, auch in den slawischen Sprachen[57].

## 9. Nation und Volk als Rechtsbegriffe

Nation ist nach dem Gesagten in erster Linie heute ein Rechtsbegriff. Das ist überall dort der Fall, wo Nation mit Staat identifiziert wird, also etwa im Bereich der Vereinten »Nationen«, die ja als Staaten Völkerrechtssubjekte sind und sowohl nach geltendem Völkerrecht wie auch nach den Grundsätzen der Allgemeinen Staatslehre, wie von F. Ermacora überzeugend dargetan[58], den juristischen Kategorien zuzuordnen sind. Daß hierbei

55 S. Hans *Bolewski,* Nation und Nationalismus, Stuttgart (J. Fink Verlag), 1967; Esteban *Polakovic,* Lo nacional sin nacionalismo, Buenos Aires, in: La Prensa v. 10. 4. 1983, meint, es müsse doch auch die Nation und das Nationale ohne Nationalismus geben können.

56 Dirk *Gerdes,* Dimensionen des neuen Regionalismus in Westeuropa, in: Österr. Zschr. f. Politikwissenschaft, 1981, S. 305 ff.; Jochen *Blaschke* spricht in seinem Vorwort zu dem in Anm. 4 zit. von ihm herausgegebenen Buch von »nationalsozialistischem Aktivismus«, von »Europa-Ethnikern« (gemeint Guy Héraud und Joh. W. Mannhardt) usw.

57 S. hierzu das ausgezeichnete Werk von Anthony D. *Smith,* The Ethnic Revival in the modern World, Cambridge (Cambridge University Press) 1980; für die Sowjetunion und die kommunistischen Staaten Osteuropas die Zeitschrift »Nationalities Papers«, hrsg. von Stefan *Horak* von der Eastern Illinois University in Charleston, Illinois; Stichwort »etnička grupa« bei Janko *Golias,* Petjezični glosar ustave) in samoupravljanja SFRJ, Ljubljana (Društvo znanstvenih in tehničnih prevaljalcev Slovenije) 1976. Ernest *Petrič,* pravica do samoodločbe. mednarodni vidiki (Das Recht auf Selbstbestimmung. Internationale Ausblicke), Maribor (Založba obzorja) 1984 (grundlegend).

58 Felix *Ermacora,* Grundriß einer allgemeinen Staatslehre, Berlin (Duncker & Humblot) 1979. Felix Ermacora hat aber noch viele andere hierher gehörige Schriften verfaßt.

staats- und verfassungsrechtliche Gegebenheiten im Vordergrund stehen, schließt nicht aus, daß die Staaten auch nach Völkerrecht reine Rechtsgebilde sind. Hierbei ist es nicht von Belang, ob die Staaten voll souverän sind. Oft wird aufgrund der im Westen so genannten Breschnew-Doktrin bei den Ostblockstaaten (mit Ausnahme von Jugoslawien, das formell zu den Blockfreien zählt)[59] – behauptet, daß sie nur beschränkt souverän seien. Juristisch gesehen sind sie aber jedenfalls völkerrechtlich souverän (nur bezüglich der Unionsrepubliken Ukraine und Weißrußland muß das ernstlich bezweifelt werden, obzwar sie es verstanden haben, selbständige Mitglieder der Vereinten Nationen zu werden) und schon aus diesem Grunde juristisch Völkerrechtssubjekte. Auch andere, nicht voll souveräne Staaten wie Andorra und Monaco, die überdies Mikrostaaten (Zwergstaaten) sind[60], gehören in die Kategorie der öffentlich-rechtlichen juristischen Personen. Sie werden im allgemeinen aber nicht als Nationen bezeichnet.

Soweit Nation auf Staat bezogenes Volk ist, das einen eigenen Nationalstaat hat oder doch anstrebt, handelt es sich wegen der Beziehung zu »Staat« um einen Rechtsbegriff. Daß die Verfassung der französischen Fünften Republik das französische Volk als Staatsnation zum Träger aller Hoheitsrechte macht, ergibt sich aus dem seit 1789 bestehenden Begriff der »nation une et indivisible«[61]. Notwendigerweise muß in solchen Fällen, zu welchen auch die italienische Verfassung von 1947[62] deshalb gehört, weil ohne Erwähnung von »Nation« in Art. 5 nach französischem Vorbild von der »Repubblica, una ed indivisibile« die Rede ist und in Art. 6 nur von einem Schutz linguistischer (also nicht: ethnischer) Minderheiten[63], und in der spanischen Verfassung von 1978, also eines demokratischen Spanien, ist in der Präambel sogar von einer »Nación española« die Rede, womit nicht nur der Staat als solcher gemeint ist, sondern das kastilische (spanische) Volk[64], dies trotz der Garantie für gewisse Autonomien von überlieferten Regionen, die übrigens nur teilweise ethnisch gekennzeichnet sind[65].

»Volk« ist seinem Wesen nach ein Begriff aus dem Bereich der Soziologie und allenfalls Politologie, also nicht der Rechtswissenschaft. Volk ist somit grundsätzlich kein Rechtsbegriff, kann aber innerstaatlich zu einem solchen erhoben werden, wie das auch bezüglich des deutschen Volkes sowohl im Bonner GG wie auch in Verträgen zwischen der Bundesrepublik Deutschland mit anderen Staaten, besonders auch Österreich[66], geschehen

59 Miljan *Komatina,* Die Blockfreiheit: Unterschiede und Streitigkeiten, in: Internationale Politik, Belgrad, H. 768 v. 5. 4. 1982; Robert *Décombe,* la lente marche des pays non-alignés, in: Le Monde Diplomatique, Paris, no. 348, mars 1983; Dokumente der Nichtpaktgebundenen 1961–1979, Berlin (Ost) (Staatsverlag der DDR) 1981, eingeleitet von Renate *Wünsche,* mit zahlreichen Dokumenten.

60 Paul *Vellas,* Les Etats exigus en droit international public, in: Rev. gén. d. dr. international public, 1954; Theodor *Veiter,* Regionalismus und Kleinststaaten in Europa, in dem Sammelwerk »Die Regionen und Europa«, München (INTEREG), vorgesehen für 1985.

61 S. Michel *Certeau*/Dominique *Julia*/Jacques *Revel,* Une politique de la langue. La révolution française et le patois, Paris (Gallimard) 1975; Hans *Gangl,* Verfassungsfragen der Fünften Republik, Graz (Leykam) 1964.

62 Costituzione Italiana, hrsg. v. Giangiulio *Ambrosini,* Torino (Giulio Einaudi ed.) 1975 (kommentiert).

63 G. *Piller-Puicher,* »La Repubblica non tutela le minoranze linguistiche con apposite norme«, Sappada/Pladen und Cortina d'Ampezzo (Ed. Ghedina) 1979 (Publikation der italienischen Sektion der AIDLCM).

64 La Constitución Española de 1978, mit allen Dokumenten, Madrid (Presidencia del Gobierno, Documentación Administrativa) 1978 (Textband, 1 Kommentarband).

65 Manuel *Clavero* Arévalo, España, desde el centralismo a las autonomías, Barcelona (Planeta) 1983.

66 Näheres bei *Hilscher,* Entschädigungsgesetze, Wien (Manz) 1961; ferner bei Theodor *Veiter,* Deutschland, deutsche Nation und deutsches Volk. Volkstheorie und Rechtsbegriffe, in: aus politik und zeitgeschichte, Bonn, B 11/73, S. 26; Vertrag v. Bad Kreuznach, v. 27. 11. 1961, ÖBGBl. 283/1962.

ist. Bisher sind alle Versuche gescheitert, »Volk« als Rechtsbegriff in das Völkerrecht einzuführen, obwohl das Minderheitenschutzverfahren des »Völkerbundes«[67] Ansätze dazu geliefert hat und auch in verschiedenen Menschenrechtspakten solche Ansätze vorhanden sind[68].

Wenn auf Staat bezogen, wie dies zum Wesen von »Nation« in der heutigen westlichen Terminologie gehört und da und dort auch in der Sowjetunion deshalb aufzukeimen beginnt, weil nur dann die Großrussen die totale Macht im Gesamtstaat weiterhin beibehalten können[69], ist »Nation« ein Rechtsbegriff. Aber auch »Volk« kann ein solcher sein, wenn es (als Gesamtvolk oder auch nur als Volksgruppe, also als ethnie) mit Rechten ausgestattet wird und in rechtlichen Kategorien organisiert ist. Versuche sind in dieser Beziehung schon wiederholt unternommen worden, wenngleich nicht immer mit großem Erfolg. Das alte Österreich, westliche (österreichische) Reichshälfte, hat in Mähren im sog. Mährischen Ausgleich[70] durch die Einführung von Wahlkurien der Tschechen und der Deutschen einen solchen Versuch durchaus erfolgreich unternommen (personelle Autonomie), ebenso auch im Ausgleich zwischen den Nationalitäten in der Bukowina vom Jahre 1910[71], während der wegen des Kriegsausbruches nicht mehr verwirklichte galizische Ausgleich zwischen Polen und Ruthenen juristische Kategorien nur in Ansätzen erkennen läßt. Im Grunde sind aber alle Fälle sog. nationaler Autonomie (wie man das früher nannte), also ethnischer Selbstverwaltung, da Autonomie ein Rechtsbegriff ist, zugleich auch juristisch zu sehen: Autonomie des Volkes der Färinger im dänischen Staatsverband, Autonomie der finnland-schwedischen Ålandinseln, Autonomie Grönlands, Autonomie der Provinz Bozen, Autonomie der Region Aosta-Tal, Selbstverwaltung von Puerto Rico, und im Grunde genommen gehören auch die bestimmten Völkern zuzuordnenden Unionsrepubliken, autonomen Republiken, autonomen Regionen und autonomen Bezirke in der UdSSR ebenso hierher wie die SAP Kosovo in Jugoslawien als staats- und verfassungsrechtlich autonom konzipiertes Gebiet der Albaner[72].

Vielleicht könnte man überhaupt den internationalen wie innerstaatlichen Minderheitenschutz ethnischer Gruppen, da und dort sogar die Einrichtung von (ethnisch bestimmten) Regionen wie in Spanien und Italien als Fälle ansehen, in welchen jedenfalls solche

[67] Erwin *Viefhaus,* Die Minderheitenfrage und die Entstehung der Minderheitenschutzverträge, Würzburg (Holzner) 1960 (gut dokumentiert); ferner Christoph *Gütermann,* Das Minderheitenschutzverfahren des Völkerbundes, Berlin (Duncker & Humblot) 1979; Eckhard *Most,* Großbritannien und der Völkerbund, Frankfurt/M. – Bern (Peter Lang) 1981.

[68] Sehr gute Übersicht bei Enrico *Lapenna* (in Zusammenarbeit mit Gino *Filippetto* und Maria Paola *Pietrosanti Malintoppi* und Nicoletta *Cerrani* [Hrsg.], I Diritti dell'Uomo e il Cittadino, Roma (Gruppi Parlamentari D. C.) 1981; Johannes *Schwartländer* [Hrsg.], Menschenrechte und Demokratie, Kehl (N. P. Engel) 1981; Felix *Ermacora,* Auf dem Prüfstand der KSZE. Versprechung und Wirklichkeit, Luzern (Europäische Konferenz für Menschenrechte und Selbstbestimmung) 1980.

[69] S. hierzu das äußerst informative, nur auf die Sowjetunion und den großrussischen Sprachimperialismus zugeschnittene Werk von Hélène *Carrère d'Encausse,* Le Grand Frère, Paris (Flammarion) 1983; von russischer Seite wird indirekt manches zugegeben: W. I. *Kozlow,* Nacional' nosti SSSR. Etnodemografitscheskij obzor, Moskau (Financj i Statistika) 1982, und A. A. *Grischkewitsch* (für ein Autorenkollektiv), Sojus Neruschim'ij. Sprawotschnik (Der unverbrüchliche Bund. Handbuch), Moskau (Verlag für Politische Literatur) 1982; Ülo *Ignats,* Folkens Fängelse. Nationalitetslpolitiken i Sovjetunionen, Stockholm (Ordfrontförlag) 1982.

[70] Horst *Glassl,* Nationale Autonomie im Vielvölkerstaat. Der Mährische Ausgleich, München (Sudetendeutsche Stiftung) 1977.

[71] *Wandruszka/Urbanitsch* (Hrsg.), Die Völker des Reiches, 2 Bde., Wien (Österr. Akademie der Wissenschaften) 1980, in dem von Gerald *Stourzh* bearbeiteten Abschnitt über die nationale Autonomie.

[72] Theodor *Veiter,* Nationalitätenkonflikt und Volksgruppenrecht im ausgehenden 20. Jahrhundert, München (Intereg) und Wien (Braumüller) 1984.

ethnischen Gemeinschaften auch rechtsbegrifflich institutionalisiert sind. Daß dies von ganzen Völkern gilt, die – was durchaus legitim ist – einen nur von ihnen bewohnten Staat zu ihrer Verfügung haben (Island, Malta, allenfalls auch Portugal und Norwegen), braucht hier nicht mehr besonders betont zu werden.

## 10. Das deutsche Volk als Rechtsbegriff

Nach dem Gesagten ist das deutsche Volk, und zwar das ganze deutsche Volk, eine ethnische Gemeinschaft im Sinne der Ethnosoziologie. Von den Merkmalen, die nach dem oben Gesagten zu »Volk« gehören können, von denen einige aber immer da sein müssen, ist die gemeinsame Abstammung ebenso gegeben wie die gemeinsame Sprache. Die Abstammung hat bis vor relativ noch kurzer Zeit überhaupt nicht irgendeinen Streitgegenstand gebildet. Erst die Rassen-Wahnidee des Nationalsozialismus hat dazu geführt, daß Abstammung als ein Begriff aus der Rassenlehre angesehen wurde, und Schlagworte wie »Blut und Boden«, »Ehre des deutschen Blutes« mit der stupiden Einführung des Arier-Paragraphen beweisen, wie sehr der Begriff der Abstammung pervertiert worden ist. Nun gibt es aber auch eine Umvolkung, also den freiwilligen, unmerklichen, aber durchaus objektivierbaren Übertritt von einem Volk zum anderen (bei nicht erzwungener Assimilation), und nur solange von einem Volk noch ein erhaltungswilliger und auf Selbstidentifikation und Bewahrung der ethnischen Identität[73] gerichteter Kern vorhanden ist, besteht dieses Volk als ens sociale. Die Abstammung ist dabei jedenfalls für das deutsche Volk von entscheidender Bedeutung. Das mag im Binnenland gar nicht sehr deutlich in Erscheinung treten. Aber etwa die Deutschen in Amerika berufen sich immer wieder auf ihre deutsche Abstammung[74], ebenso die Volksdeutschen in Ost- und Ostmitteleuropa, also das Auslandsdeutschtum bzw. das Grenzland- und Inseldeutschtum, das sich durchaus mit der Erscheinung der ethnie française vergleichen läßt. Das deutsche Volk reicht also, ethnosoziologisch gesehen, schon von der Abstammung her über die Deutschen in den deutschen Staaten hinaus.

Dazu gehört aber auch beim deutschen Volk (für die Bretonen und die Iren liegen die Dinge zweifellos anders) die deutsche Sprache als Kennzeichen und Element des deutschen Volkes. Das wird auch in der sowjetischen Ethnosoziologie und Ethnogeographie anerkannt[75], wenn man davon absieht, daß dort die Österreicher als Angehörige eines eigenen Sprachvolkes bezeichnet werden, was sicher nur rein politischen Erwägungen entspringt. Demgemäß gehören auch die deutschsprachigen Österreicher ebenso wie die deutschsprachigen Schweizer (also jene, die Schwyzerdütsch als Muttersprache oder auch

[73] Roland *Breton*, s. Anm. 6 und 9; Theodor *Veiter*, Fragen der Wahrung der ethnischen Identität von Flüchtlingsvolksgruppen, in: A. W. R.-Bulletin, Wien, H. 1–2/1984. Dort auch umfassende weitere Lit. zum Problem der ethnischen Identität.

[74] Armin *Brandt*, Bau deinen Altar auf fremder Erde, Die Deutschen in Amerika. 300 Jahre Germantown, Stuttgart (Seewald) 1983; Heinz *Kloss*, Research Possibilites in the German-American Field, Hamburg (Helmut Buske) 1980; Hartmut *Froeschle* (Hrsg.), Deutschkanadisches Jahrbuch/German-Canadian Yearbook, Bd. I 1973, Bd. II 1975, Toronto (Historical Society of Mecklenburg Upper Canada Inc.); Leopold *Auburger*/Heinz *Kloss*/Heinz *Rupp* (Hrsg.), Deutsch als Muttersprache in den Vereinigten Staaten, Wiesbaden (Franz Steiner) 1979; Jakob *Willer*, Der amerikanische Traum. Weg, Macht und Ohnmacht der Deutschen in den USA, Kiel (Arndt) 1983.

[75] P. *Fedossejew*, Sozialismus: Nationen und nationale Beziehungen, Moskau (Akademie der Wissenschaften der UdSSR, Reihe Gesellschaftswissenschaften und Gegenwart) 1982; Valentinas *Lazutka*, Die nationalen Beziehungen in der Sowjetunion, Wilna/Vilnius (Verlag Mintis) 1979. – Im übrigen erscheinen in russischer Sprache außerordentlich viele Werke, so daß hier nicht darauf eingegangen werden kann, zum vorliegenden Thema.

erworbene Umgangssprache haben), die Elsässer, die Deutschlothringer, die Deutsch-Ostbelgier, die Liechtensteiner, die Ungarndeutschen, die Südtiroler, die Luxemburger trotz neuerdings gegenläufiger Tendenzen[76], die Nordschleswiger, die Siebenbürger Sachsen, die Schwaben aus dem rumänischen Banat, die restlich verbliebenen Sudetendeutschen, die restlich verbliebenen Polendeutschen, die Rußlanddeutschen, die Sprachinseldeutschen (Lusern, 7 und 14 Gemeinden, Sauris, Timau, Bladen) und die Überseedeutschen (soweit sie schon seit Generationen dort verwurzelt und beheimatet sind wie die Deutschen in Südwestafrika/Namibia oder die Deutschkanadier) zum deutschen Sprachvolk. Das gilt auch für die Deutschschweizer (einschließlich jener in Bosco/Gurin), wie der Deutschschweizerische Sprachverein mit seinen vielen Sektionen nicht müde wird darzutun[77] und wie sich aus dem überaus angesehenen Schweizerischen Idiotikon (Wörterbuch der deutschschweizerischen Mundarten)[78] unzweideutig ergibt. Daß dieser alemannische bzw. in gewissen Gebieten noch im besonderen walserische Sprachausdruck ebenso wie übrigens das Alemannische im Elsaß oder das Fränkisch-Ripuarische in Lothringen und in Luxemburg, z. T. auch in Ostbelgien, oder das Alemannische in Vorarlberg vom gesprochenen Schriftdeutschen erheblich abweicht, schließt die Zugehörigkeit zum deutschen Sprachvolk nicht aus, sondern ist eher ein Nachweis für die Sprachvielfalt innerhalb eines Volkes. Ebenso kann das föderalistisch-regionalistische Denken, das gerade auch in Mundartform sich auswirkt, dieser höheren kulturellen Einheit keinen Eintrag tun. Wenn mehr oder weniger zentralistisch-linksextremistische Gegner einer alemannischen Identität Vorarlbergs neuerdings sich für eine antideutsche Einheitstünche aussprechen, so hat das politische (praktisch gesellschaftspolitische) Gründe und ist wohl eher ein vorübergehender Spuk[79]. Ganz im Gegenteil, die europäische kulturelle Vielfalt beruht nicht zuletzt auf der sprachlichen Vielfalt, und gerade das deutsche Volk kann sich auch heute noch auf seine sprachliche, also kulturelle Vielfalt etwas zugute halten.

Ist demnach das deutsche Volk als Rechtsbegriff keineswegs vorgegeben, da es sich um ein ens sociale handelt, so wäre es dennoch abwegig zu bestreiten, daß es auch ein deutsches Volk als Rechtsbegriff gibt. Abgesehen davon, daß ja das deutsche Volk auch als Summe der Staatsangehörigen jedenfalls der beiden deutschen Staaten (mit Berlin) verstanden werden könnte, wobei es nach bundesdeutscher Auffassung unverändert eine einheitliche deutsche Staatsangehörigkeit gibt, was auch von Österreich, der Schweiz und Liechtenstein anerkannt ist[80], und es demgemäß auch eine nur auf die Staatsangehörigkeit sich gründende deutsche Konsensualnation gibt, gibt es den Begriff »Deutsches Volk« und sohin von der Quelle her als Rechtsbegriff im Bonner Grundgesetz. Schon in der Präambel

76 S. die Abhandlung von Johannes *Kramer* über die Sprachenfragen in Luxemburg in: Europa Ethnica, Wien, Nr. 4/1983; Gilbert *Trausch*, Deutschland und Luxemburg vom Wiener Kongreß bis zum heutigen Tage. Die Geschichte einer Entfremdung, in: *Becker-Hillgruber* (Hrsg.), Die deutsche Frage im 19. und 20. Jahrhundert, München (Vögel) 1983. Trausch ist eine Art offizieller Geschichtsschreiber in Luxemburg und hat eine Reihe anderer Werke zum Thema der Entwicklung der Sprachen einschließlich des Lëtzebuergeschen herausgebracht; Nic *Weber* und andere (Hrsg.), Das ist Luxemburg, Stuttgart (Seewald), 1983.

77 Mit der Zweimonatsschrift »Sprachspiegel«, Luzern, und zahlreichen Sonderdrucken.

78 Schweizerisches Idiotikon. Wörterbuch der schweizerdeutschen Sprache, letzte Lieferung Nr. 184/1983, Frauenfeld (Verlag Huber).

79 So Meinrad *Pichler* (Hrsg.), Nachträge zur neueren Vorarlberger Landesgeschichte, Bregenz (fink's verlag) 1982; Markus *Barnay*, Pro Vorarlberg, Bregenz (fink's verlag) 1983 (schärfstens gegen Vorarlberg und seine Identität gerichtet), besonders linksextremistisch Kurt *Greußing*.

80 Entscheidung der Liechtensteinischen Verwaltungs-Beschwerdeinstanz (VBI) vom 9. 8. 1972, VBI 1971/69 (Fall Sabine Lodemann), abgedruckt im AWR-Bulletin, Wien 1972; Österr. Zschr. f. Rechtsvergleichung, Wien, Jg. 1966, S. 246; Alexander N. *Makarov*, Deutsches Staatsangehörigkeitsrecht, Frankfurt/M. (Metzner) 1971[2].

zum GG und in Art. 1 Abs. 2 wird vom Deutschen Volk gesprochen (mit der Großschreibung des Wortes Deutsch, was bereits einen Rechtsbegriff signalisiert). Wobei damit auch die Deutschen in der DDR gemeint sind, denn in der Präambel wird gesagt, daß das Deutsche Volk in den dort genannten Ländern (zu denen mit dem Saar-Plebiszit von 1955 auch das Saarland kam, unter welchen aber das Land Berlin offenbar wegen seines von den Alliierten festgelegten Sonderstatus nicht figuriert)[81] auch »für jene Deutschen gehandelt hat, denen mitzuwirken versagt war« (gemeint also die Deutschen in der DDR). Im übrigen hat schon die Weimarer Verfassung vom 11. 8. 1919, RGBl. I, 1383, gesagt: »Das Deutsche Volk, einig in seinen Stämmen . . .«, wie übrigens auch in der Reichsverfassung vom 16. 4. 1871, RGBl. I, 64, gesagt wird: ». . . des Deutschen Volkes«[82]. Es ist also in allen diesen Verfassungen ein deutsches (»Deutsches«) Volk auch als Rechtsbegriff verstanden, aber eben sozusagen ein kleindeutsches Volk, nämlich wie schon bei der kleindeutschen Reichsgründung Bismarcks das zwar ethnisch und sprachlich deutsche Volk, aber nur, soweit es in den Grenzen des Reiches bzw. der Weimarer Republik lebte oder heute in den beiden deutschen Staaten lebt. Dabei wird aber nicht nur die Summe der Deutschen im ethnischen Sinne verstanden, vielmehr sind auch nichtdeutschsprachige und damit nicht dem deutschen Kulturvolk angehörige deutsche Staatsangehörige mit darunter verstanden, also im Wilhelminischen Reich die französischsprachigen Elsässer und Lothringer, die Dänen in Südschleswig, die Polen in Oberschlesien und in Westpreußen, die Wasserpolacken und die Masuren in Ostpreußen, die Litauer in Memel, die Sorben in der Lausitz und in Brandenburg, obwohl sie mit Ausnahme der Franzosen in den Reichslanden Elsaß-Lothringen als Volksgruppe arg diskriminiert waren[83], und in der Weimarer Republik gab es jedenfalls auch, obzwar diesmal so gut wie nicht diskriminiert, deutsche Staatsangehörige nichtdeutschen Volkstums (Polen in Oberschlesien, Wasserpolacken und Masuren in Ostpreußen, Sorben in Brandenburg und in der Lausitz, Dänen in Südschleswig, Friesen in Schleswig und auf den Ostfriesischen Inseln, Polen im Ruhrgebiet«[84]), im Dritten Reich innerhalb der völkerrechtlich nur teilweise (Österreich, Sudetenland, Memel) und ansonsten überhaupt nicht anerkannten Grenzen eines neuen »Dritten« Reiches (Westpreußen, Danzig, Ost-Oberschlesien, »Warthegau«, Eupen-St. Vith, Engerau und Thebener Kogel, Südböhmen und Südmähren[85], Reichsgau Steiermark, Reichsgau Kärnten), beides bezüglich der erst 1941 annektierten Gebiete[86] eine eher beträchtliche Zahl nichtdeutscher Bevölkerung, die als »eigensprachige Kulturdeutsche«[87]

81 Gerhard *Wettig*, Das Viermächte-Abkommen in der Bewährungsprobe. Berlin im Spannungsfeld von Ost und West, Berlin (Berlin Verlag) 1981; Marc *Lengereau*, La question allemande 1945–1975. Problèmes de Berlin, Grenoble (Institut d'Etudes Politiques) 1977–1978.

82 Theodor *Veiter*, Deutschland und das deutsche Volk als Rechtsbegriffe, in: Internationales Recht und Diplomatie, Köln, Jg. 1967, S. 31 ff.; Theodor *Schieder*/Ernst *Deuerlein* (Hrsg.), Reichsgründung 1870/71, Stuttgart 1970.

83 Hans *Kohn*, Die Slawen und der Westen, Wien – München (Herold) 1956; Walter *Kolarz*, Myths and Realities in Eastern Europe, London (Lindsay Drummond) 1944.

84 Immer noch grundlegend Hugo *Wintgens*, Der völkerrechtliche Schutz der nationalen, sprachlichen und religiösen Minderheiten, Stuttgart (Kohlhammer) 1930 (der aber die Friesen unerwähnt läßt).

85 S. hierzu die bemerkenswerte, neu aufgelegte Karte »Alte Heimat Sudetenland«, 1:600 000, München (Aufstieg-Verlag) und Wien (Freytag & Berndt und Artaria) 1983, wonach Teile des Sudetenlandes zu den Reichsgauen Niederdonau und Oberdonau gehören, einschließlich Engerau/Petržalka aus der Slowakei.

86 Gustaf A. v. *Metnitz*, Hundert Millionen Deutsche schaffen Raum, Graz (NS-Gauverlag Steiermark) 1942.

87 Der Ausdruck stammt von Max Hildebert *Boehm*, Das eigenständige Volk, Göttingen (Vandenhoek & Ruprecht) 1932, S. 229, und wurde von vielen Autoren übernommen (eine Nachdruck-Auflage des Werkes, Darmstadt, Wissenschaftliche Buchgesellschaft, 1965, blieb, da der Verlag wenig be-

oder eindeutschungsfähige Fremdsprachige (Slowenen) oder als durchaus gleichberechtigt mit den im Reich herrschenden Deutschen betrachtet wurden (Dänen, Luxemburger, Kroaten, Wiener Tschechen, Burgenlandmagyaren, Litauer). Nur Polen, Juden und – wie man sie damals noch nannte – Zigeuner[88] galten überhaupt nicht als Menschen, sondern als Vieh[89]. In den beiden heutigen deutschen Staaten gibt es als staatstragendes Volk die Deutschen, worunter aber auch die andersethnischen und anderssprachigen Staatsangehörigen mit verstanden sind, also Dänen, Friesen, Ruhrpolen, Sorben und, was als ein ganz neuartiges Phänomen angesehen werden muß, in eher großer Zahl sog. fremdsprachige Flüchtlinge, die bereits die deutsche Staatsangehörigkeit in der Bundesrepublik verliehen erhielten (die DDR kennt praktisch weder Asylrecht noch eingebürgerte Flüchtlinge, zumal sie der Genfer Flüchtlingskonvention von 1951 nicht beigetreten ist), während ausländische Arbeitskräfte (sog. Gastarbeiter) in teilweise ebenfalls eher großer Zahl sowohl in der Bundesrepublik einschließlich West-Berlin wie in der DDR nicht nur vorübergehende Aufnahme als Fremde gefunden haben, sondern nach Ablauf entsprechender Zeit auch die Staatsangehörigkeit (in der DDR: Staatsbürgerschaft) verliehen erhielten, auch wenn sie deswegen noch lange nicht auch in das deutsche Volk als ethnische Gemeinschaft integriert sind.

Ein Sonderfall mögen die Spätaussiedler, heute meist nur »Aussiedler« oder »Umsiedler«, in der DDR aber »Übersiedler« genannt, in der Bundesrepublik sein (ihre Zuwanderungszahl beträgt in den letzten Jahren jährlich zwischen 40 000 und 45 000), die zumeist aus politischen und ethnischen Motiven aus den kommunistischen Staaten kommen und, sei es zu Recht, sei es auch manchmal zu Unrecht, behaupten, Volksdeutsche zu sein, oft genug aber keineswegs (mehr) deutschsprachig sind. Statistische Herkunftsbezeichnungen, wie von Gerhard Reichling angestellt, ermöglichen eine Analyse dieser Spätaussiedler auch unter ethnopolitischen Gesichtspunkten[90].

Allein schon der Ausdruck »Volksdeutsche« ist keineswegs nur ein soziologischer (ethnosoziologischer) Begriff, sondern auch ein Rechtsbegriff, und zwar nach Art. 116 GG. Danach ist Deutscher im Sinne des GG, vorbehaltlich anderweitiger gesetzlicher Regelung, wer die deutsche Staatsangehörigkeit besitzt (also auch die DDR-Staatsbürgerschaft) *oder* als Flüchtling oder Vertriebener deutscher Volkszugehörigkeit oder als dessen Ehegatte oder Abkömmling in dem Gebiete des Deutschen Reiches nach dem Stande vom 31. 12. 1937 Aufnahme gefunden hat.

Die date line des 31. 12. 1937 ist, obwohl sie bezüglich Danzigs zu keinen befriedigenden Ergebnissen führt, das nach zahlreichen völkerrechtlichen Darstellungen und auch gerichtlichen Entscheidungen dem Deutschen Reich nach dem Stand vom 31. 12. 1937

kannt war und die Präsentation mangelhaft war, unbeachtet, während die ursprüngliche Auflage geradezu europaweite Beachtung fand). Heute wird von gesellschaftspolitischen Linken M. H. Boehm zu Unrecht als Wegbereiter des Nationalsozialismus schlecht gemacht (Gerdes, Blaschke, Elkar, K. Greußing).

88 Tilman *Zülch,* In Auschwitz vergast, bis heute verfolgt. Zur Situation der Roma (Zigeuner) in Deutschland und Europa, Reinbek (Rowohlt) 1979; Erika *Thurner,* Nationalsozialismus und Zigeuner in Österreich, Wien – Salzburg (Geyer Edition) 1983.

89 So die Erklärung des Leiters der Außenstelle Klagenfurt des SD, Volkenborn, vom 13. 4. 1942. Wortlaut und Quelle bei Theodor *Veiter,* Das Recht der Volksgruppen und Sprachminderheiten in Österreich, Wien (Braumüller) 1970, S. 325.

90 Gerhard *Reichling,* Gemeindeverzeichnis für die Hauptwohngebiete der Deutschen außerhalb der Bundesrepublik Deutschland, Frankfurt/M. (Verlag für Standesamtswesen) 1982 (umfassend); Wilhelm *Arnold,* Die Aussiedler in der Bundesrepublik Deutschland. Bd. 1: Herkunft, Ausreise, Aufnahme, 1980, und Hans *Harmsen,* Bd. 2: Anpassung, Umstellung, Eingliederung, 1983, beide Wien, Verlag Braumüller.

zuzurechnen ist[91], obwohl es damals einen eigenen völkerrechtlichen Status hatte[92], deshalb von besonderer Bedeutung, weil nur derjenige Deutsche, ob seinerzeit Reichsangehöriger oder Volksdeutscher, der im Gebiet des Deutschen Reiches nach dem Stande vom 31. 12. 1937 Aufnahme gefunden hat, rechtlich zum deutschen Volk gehört. Damit scheiden jene Deutschen aus, die etwa in Österreich aufgenommen wurden. Man kann daraus auch schließen, daß nach der Kontinuitätstheorie[93] nicht etwa das Deutsche Reich nach einem späteren Stande als dem Gebietsstand vom 31. 12. 1937, sondern das Deutsche Reich ausschließlich nach diesem Gebietsstand weiterbesteht, sei es auch nur als nudum imperium. Das ist keineswegs nur eine juristische Fiktion. Denn erst ein deutscher Friedensvertrag, wann immer er kommen sollte, kann diesen Fortbestand beenden. Daraus ergibt sich aber folgerichtig auch, daß weder Österreich noch das Sudetenland zum fortbestehenden Deutschen Reich gehören. Die Frage, ob der sog. Anschluß Österreichs 1938 völkerrechtlich gültig zustande gekommen ist oder nicht (verfassungsrechtlich war er nach österreichischem Recht eindeutig verfassungswidrig)[94], spielt hier keine Rolle, und im übrigen hat auch der bundesdeutsche Gesetzgeber, wenn auch arg verspätet, den »Anschluß« im Rahmen staatsangehörigkeitsrechtlicher Normen als nicht mehr gültig befunden[95]. Auch die ebenfalls in der Literatur umstrittene Frage, ob die Eingliederung des Sudetenlandes in das Dritte Reich völkerrechtlich nichtig war und daher ex tunc null und nichtig gewesen ist oder nur ex nunc (nach dem diesbezüglichen Ostvertrag)[96], hat hier keine Bedeutung, denn die Sudetendeutschen gelten als Angehörige des deutschen Volkes nach Art. 116 GG. Bei den dem deutschen Volk angehörigen Österreichern (nicht gehören dazu die Angehörigen ethnischer Minderheiten wie Kroaten, Slowenen, Magyaren, Slowaken, Roma, eingebürgerte fremdethnische Gastarbeiter, aber auch alle jene, die von ihrem Bekenntnis her wie auch nach objektiven Merkmalen keine deutschen Volksangehörigen sind und sein wollen), somit wohl bei der erdrückenden Mehrheit der Österreicher muß darauf hingewiesen werden, daß es den Begriff der deutschen Volkszugehörigkeit als Rechtsbegriff in Österreich gibt. Nach dem österreichisch-deutschen Vermögens- und Ausgleichsvertrag von Bad Kreuznach[97], nach dem Umsiedler- und Vertrie-

91 Erich *Keyser,* Geschichte der Stadt Danzig, Würzburg (Holzner) 1960.

92 Eberhard *Völker*/Christian Th. *Stoll,* Deutschlands Recht auf seine Ostgebiete, Seeheim a. d. B. (Buchkreis für Besinnung und Aufbau) 1968; Polish Nationals in the Danzig Territory, P. C. I. J., Ser. A/B, No. 44 (4. 2. 1932); Ursula von *Hagens,* Danzig, in: Strupp-Schlochauer, WB d. VR., Bd. 1, S. 307 ff., 1960.

93 Boris *Meissner*/Gottfried *Zieger* (Hrsg.), Staatliche Kontinuität unter besonderer Berücksichtigung der Rechtslage Deutschlands, Köln (Verlag Wissenschaft und Politik) 1983.

94 Da die Verfassung vom 1. 5. 1934 (sog. berufsständische Verfassung), BGBl. II Nr. 1/1934 mittels einer Notverordnung aufgrund des kriegswirtschaftlichen Ermächtigungsgesetzes vom 24. 7. 1917, RGBl. Nr. 307, das keine Kompetenzen verfassungsrechtlicher Art vorsah, und der hierauf gegründeten Gesetzgebungskompetenz der Bundesregierung erlassen wurde, womit selbstredend die Aufhebung der Existenz Österreichs nicht in irgendeiner Weise verfassungskonform verfügt werden konnte. Aber eine solche wäre nicht einmal nach der Verfassung 1934, wenn sie rechtsgültig zustande gekommen wäre, etwa rechtsgemäß gewesen. Dazu kommt, daß auf dem sog. Anschlußgesetz zwei Unterschriften fehlten und erst nachträglich hinzumanipuliert wurden. Vgl. Adolf *Merkl,* Die ständisch-autoritäre Verfassung Österreichs, Wien (Julius Springer) 1935, mit Darstellung des Verfassungsbruchs. Theodor *Veiter,* Das 34er Jahr, Wien (Amalthea) 1984.

95 Die Nichtigerklärung des Anschlusses Österreichs durch die Bundesrepublik Deutschland erfolgte im Vorspruch zum Zweiten Gesetz zur Regelung von Fragen der Staatsangehörigkeit vom 17. 5. 1956, DBGBl. I S. 431.

96 S. Dieter *Blumenwitz,* Die Ostverträge im Lichte des internationalen Vertragsrechts, Bonn (Kulturstiftung d. V.) 1982.

97 vom 27. 11. 1961, ÖBGBl. 1962/283.

benen-Entschädigungsgesetz (UVEG)[98] und dem dazugehörigen Anmeldegesetz sind die Volksdeutschen, die in Österreich Aufnahme gefunden haben – wozu auch die Vertriebenen volksdeutschen Beamten gemäß dem Gmunder Abkommen gehören[99] –, entschädigungsberechtigt und dann Deutsche, wenn sie »in ihrer Heimat nach bestimmten Merkmalen wie Abstammung, Erziehung, Sprache, Kultur zur deutschen Volksgruppe gerechnet wurden«. Die Definition entspricht im wesentlichen der von uns oben gegebenen Definition »Volk« zuzüglich des objektiven Merkmals der Zurechnung. Auch hier ist also das »deutsche Volk« zum Rechtsbegriff geworden, der freilich der Interpretation im einzelnen durch gerichtliche und administrative Instanzen bedarf. Solche Gerichtsentscheidungen liegen aber vor (Österr. Verwaltungsgerichtshof).

Der Rechtsbegriff »Deutsches Volk« ist ambivalent. Einerseits umfaßt er schlechthin »die Deutschen« – hierzu gibt es genügend grundlegende Werke, von welchen es auch einige monumentale gibt, die durchaus nicht etwa »ethnonationalistisch« sind[100] – im ethnischen Sinne, wie das in Art. 116 GG zum Ausdruck kommt, aber auch hinsichtlich der volksdeutschen Vertriebenen nach dem BVFG und auch nach dem so wichtigen Lastenausgleichsgesetz (LAG). Auch in Art. 1 GG ist das Deutsche Volk (dort mit großem D) angesprochen, und auch die Präambel, die vom Deutschen Volk in den Ländern Baden, Bayern usw. spricht, meint die Deutschen im ethnischen Sinne, also nicht auch die »heimatlosen Ausländer«[101], also nicht die fremdsprachigen Flüchtlinge, aber eben nur jene Deutschen dem Volke nach, die in der Bundesrepublik Deutschland (zuzüglich des szt. noch nicht dazugehörenden Saarlands), in der DDR und in Berlin beheimatet sind oder durch die Vertreibung beheimatet wurden und die deutsche Staatsangehörigkeit haben. Nicht gehören aber, da vom GG nicht mit erfaßt, dazu die Angehörigen des deutschen Volkes (diesmal mit kleinem d geschrieben) in aller Welt. Somit auch nicht einmal jene, die gerne als »Übersiedler« oder »Spätaussiedler« oder »Aussiedler« oder »Umsiedler« in die Bundesrepublik oder auch in die DDR kommen würden, wenn ihnen nur die Möglichkeit dazu gegeben würde. Sie sind potentielle deutsche Staatsangehörige, aber eben nicht bzw. noch nicht rechtlich Deutsche im Sinne des GG und werden das nur im Rahmen des Art. 116 GG. Z. B. würden viele Rumäniendeutsche (Siebenbürger Sachsen, Banater Schwaben, Südbuchenlanddeutsche) gerne sich in die Bundesrepublik umsiedeln lassen, und dann wären sie ohne weiteres auch Deutsche nach Art. 116 GG. Aber die Bundesrepublik Deutschland kann sicher nicht Rechtsvertreterin jener Deutschen sein, die nicht deutsche Staatsangehörige im Sinne des Reichsangehörigkeitsgesetzes von 1913[102] sind. Man kann sogar schon die Frage aufwerfen, ob die Deutschen aus den Oder-Neiße-Gebieten, also aus dem Deutschen Reich in den Grenzen vom 31. 12. 1937, zum deutschen bzw. Deutschen Volk nach der Präambel und Art. 1 GG gehören. Grundsätzlich ist dies zu bejahen, da ja das Deutsche Reich in diesen Grenzen (plus Danzig und Memel, was aber nicht überall verfochten wird) als Völkerrechtssubjekt bis zu einem deutschen Friedensvertrag fortbesteht[103]. Ob dann nur die Angehörigen des ethnischen deutschen Volkes aus

[98] Umsiedler- und Vertriebenen-Entschädigungsgesetz ÖBGBl. 1962/77.

[99] Vom 27. 4. 1953, nichtkundgemacht, veröffentlicht jedoch bei Brunhilde *Scheuringer,* 30 Jahre danach. Die Eingliederung der volksdeutschen Flüchtlinge und Vertriebenen in Österreich, Wien (Braumüller) 1983, S. 324.

[100] S. Anm. 5.

[101] Rudolf, *Wierer,* Probleme der heimatlosen Ausländer in der Bundesrepublik Deutschland, Gräfelfing (Edmund Gans Verlag) 1960.

[102] Alexander N. *Makarov,* Deutsches Staatsangehörigkeitsrecht, Frankfurt/M. 1971².

[103] S. Anm. 92; ferner Rüdiger *Ruhau,* Danzig. Geschichte einer deutschen Stadt, Würzburg (Holzner) 1971; Christian Th. *Stoll,* Polens Zugang zum Meer über Danzig, Hamburg 1966; zu Memel Hugo *Wintgens,* a. a. O. (Anm. 84). Zum Fortbestand des Deutschen Reiches das in Anm. 93 zit.

diesen Gebieten oder auch die ethnisch nichtdeutschen deutschen Staatsangehörigen dortiger Herkunft juristisch Deutsche nach der Präambel und Art. 1 GG sind, ist eine Frage besonderer Feinheit, mit der sich wohl noch niemand befaßt hat. Man muß aber doch, vom rechtlich normierten Wortlaut ausgehend, annehmen, daß nach GG unter Deutschem Volk nur die Deutschen im ethnischen Sinne zu verstehen sind.

Diese Deutung widerspricht zwar juristischen Überlegungen, die bezüglich der Staatsangehörigen anderer Staaten gemacht werden. Unter dem »österreichischen Volk« müßte man, gäbe es einen solchen verfassungsrechtlichen Begriff, was aber nicht der Fall ist, da die Bundesverfassung in Art. 1 nur vom »Volk« spricht[104], tatsächlich nur die Summe der Staatsbürger verstehen, also einschließlich der slowenischen, kroatischen usw., zumal es ja gar kein ethnisch eigenständiges österreichisches Volk gibt, und unter Schweizer Volk versteht man alle Schweizer Bürger, gleichgültig welcher ethnisch-sprachlichen Zugehörigkeit[105]. Daß es überhaupt in Nationalitätenstaaten kein (ethnisch zu sehendes) Volk gibt, das sich als die Summe der Staatsbürger darstellt, ist evident. In Jugoslawien gibt es allerdings eine zunehmende Zahl von Staatsbürgern, die sich in den Volkszählungen als dem Volk nach »Jugoslawen« bezeichnen, was den Ethnopolitikern und Statistikern viel Kopfzerbrechen macht[106]. Für die Sowjetunion oder für Belgien gibt es solche Probleme nicht.

Es ist aber offenkundig, daß nach GG und auch in allen sonstigen Gesetzen der Bundesrepublik, soweit sie nicht ausschließlich auf die Staatsangehörigkeit abstellen, unter »deutschem Volk« die dem deutschen Sprach- und Kulturvolk angehörigen deutschen Staatsangehörigen zu verstehen sind.

Die rechtstheoretischen Schwierigkeiten, die hieraus entstehen, sind groß, noch mehr aber die politischen, denn die Einbeziehung der Deutschen dem Volke nach, die sonst in der Welt wohnen, in eine Art Schutzmachtfunktion »Deutschlands« könnte leicht als Wiedererweckung großdeutscher politischer Ideen angesehen werden. Solche Ideen sind im übrigen auch noch keineswegs erloschen[107].

Dennoch bleibt festzuhalten: Das deutsche Volk ist ein ens sociale, eine ethnische und kulturelle, zumeist auch, aber nicht immer[108], sprachliche Gemeinschaft (ethnic community, ethnie ). Es reicht über die Grenzen von Bundesrepublik und DDR weit hinaus, es hat aber auch in gewissen Fällen die Eigenschaft eines Rechtsbegriffes. Daraus politische Folgerungen ableiten zu wollen (»Anschluß«, »Wiedervereinigung«, Sprachregelungen), wäre abwegig und vielleicht auch dem Friedenssicherungsgebot zuwiderlaufend.

Werk (Meissner/Zieger). Die DDR steht auf dem Standpunkt, daß das Deutsche Reich völkerrechtlich untergegangen ist.

104 *Klecatsky/Morscher*, Bundesverfassungsgesetz, 3. Aufl., Wien (Manz) 1982.

105 Neuerdings: Robert *Schläpfer* (Hrsg.), Die viersprachige Schweiz, Zürich (Benziger) 1982; Guido *Locarnini*, 1874–1974 Cent'anni di Costituzione, Bellinzona (Coscienza Svizzera) 1974.

106 Jure *Petričevič*, Nacionalnost stanovništva jugoslavije, CH-5200 Brugg (Verlag Adria) 1983; Koča *Jončić*, Nationalities in Yugoslavia, Beograd (Medjudnarodna Politika) 1982.

107 Sehr objekiv dargestellt u. a. in der Buchreihe »Die Deutschen und ihre Nation«, Berlin (West) (Quadriga GmbH Severin und Siedler), darunter insbes. Hagen *Schulze*, Deutschland 1917 bis 1933, 1982.

108 Hellmut *Diwald*, Geschichte der Deutschen, Frankfurt/Wien (Ullstein-Propyläen) 1978; Hellmut *Diwald*, Mut zur Geschichte, Bergisch Gladbach (Lübbe) 1983; zur Identität der Deutschen ferner neuerdings von Bedeutung: Werner *Weidenfeld* (Hrsg.), Die Identität der Deutschen, München – Wien (Carl Hanser), 2. Aufl. 1983; Hans-Ulrich *Engel*, Deutsche unterwegs, München (Olzog) 1983; zur Frage einer gemeinsamen deutschen Identität zwischen Bundesrepublik und DDR s. Wolfgang R. *Langenbucher*/Ralf *Rytlewski*/Bern *Wengraf*, Kulturpolitisches Wörterbuch Bundesrepublik Deutschland/DDR im Vergleich, Stuttgart (J. B. Metzler) 1983; Heinrich *Windelen* u. a. Hrsg., Deutsche Identität heute, Stuttgart (v. Hase & Köhler) 1983.

## 11. Die deutsche Nation als Rechtsbegriff

Früher war weder in der DDR noch in der Bundesrepublik viel von deutscher Nation die Rede. In der DDR-Verfassung vom 7. 10. 1949 mit einem Änderungsgesetz vom 8. 12. 1958 und dem späteren Änderungsgesetz vom 12. 9. 1960[109] findet sich noch der Ausdruck »Deutsche Nation« an vielen Stellen, vor allem hieß es in der ursprünglichen Verfassung in Art. 1: »Die Deutsche Demokratische Republik ist ein sozialistischer Staat deutscher Nation.« Das ist heute alles hinweggefegt durch die Fassung mit der Novelle vom 7. 10. 1974, wo es in Art. 1 nur noch heißt: »Die Deutsche Demokratische Republik ist ein sozialistischer Staat der Arbeiter und Bauern.« Von »deutscher Nation« ist direkt nicht mehr die Rede, allerdings im neugefaßten Art. 18 von der »sozialistischen Nationalkultur« als einer der Grundlagen der sozialistischen Gesellschaft und vom »nationalen Kulturerbe«. Ansonsten ist nur noch vom »Volk der Deutschen Demokratischen Republik« die Rede (so insbesondere auch in der neugefaßten Präambel)[110]. In der seitherigen DDR-Literatur wird behauptet[111], daß es eine sozialistische deutsche Nation in der DDR und eine kapitalistische deutsche Nation in der BRD gebe, seitdem das ehemalige Deutsche Reich untergegangen sei.

Das »Volk« im Sinne der heute geltenden DDR-Verfassung ist somit das Staatsvolk der DDR und keine »Nation«, wobei sich noch die Frage stellt, ob im Hinblick auf das ius soli auch DDR-Staatsangehörige, die außerhalb leben und keineswegs deutsche Staatsangehörige (DDR-Bürger) sein wollen, zu diesem »Volk« gehören[112]. Im Bonner Grundgesetz kommt der Ausdruck »deutsche Nation« nicht vor und ist nach dem Kommentar v. Mangoldt-Klein[113] unter »Deutsches Volk« (die Großschreibung ist wichtig) das Bundesvolk gemeint (also nicht etwa eine Addition der verschiedenen Landesvölker). Damit ist aber auch geklärt, daß es nach GG keine deutsche Nation gibt, außer natürlich im Sinne des völkerrechtlichen Begriffs der Vereinten Nationen, womit aber nur Staaten gemeint sind. Bundesrepublik und DDR sind ja beide in die Vereinten Nationen aufgenommen.

Der Grundlagenvertrag zwischen Bundesrepublik und DDR enthält, obwohl das nahe-läge, nichts über die deutsche Nation, wohl aber gibt es Kommentare und Erklärungen dazu (Goppel, Blumenwitz), die den Vertrag, zu dem es eine große Anzahl sehr seriöser Kommentare gibt[114], auf eine deutsche Nation hin orientiert sehen. Das ergibt eine Bejahung der These, die auch hier von uns vertreten wird, daß Nation auf Staat bezogenes Volk ist (sofern man nicht die Konsensualnation oder Willensnation meint), aber dann ist die deutsche Nation als Rechtsbegriff eingeengt auf die Deutschen (im ethnischen Sinne), die insgesamt (»ganze deutsche Nation«) die Staatsangehörigkeit der Bundesrepublik plus DDR (DDR-Bürgerschaft) haben. Das scheint uns aber zuwenig zu sein. Was gilt dann von Berlin (trotz Feststellung des Bundesverfassungsgerichts, daß das Land Berlin ein Bestandteil der Bundesrepublik ist)[115]? Und man muß doch auch die Frage aufwerfen, ob mit auf die beiden deutschen Staaten plus Berlin bezogenem deutschem Staatsgebiet

[109] DDRGBl. I, S. 867, 1960.

[110] »Neues Deutschland« v. 28. 9. 1974.

[111] Stichwort »Nation« in: Kleines Politisches Wörterbuch, 3. Aufl., Berlin (Ost) (Dietz) 1978.

[112] Ges. über die Staatsbürgerschaft der DDR v. 20. 2. 1967, GBl. I, S. 3; Gottfried *Zieger,* Das Staatsbürgerschaftsgesetz der DDR, Frankfurt/M. (Metzner) 1969.

[113] v. *Mangoldt*/Friedrich *Klein,* Das Bonner Grundgesetz, 2. Aufl., Berlin und Frankfurt/M. (Vahlen) 1957, S. 42 ff. (Bd. I).

[114] Eve *Cieslar*/Johannes *Hampel*/Franz-Christoph *Zeitler,* Der Streit um den Grundlagenvertrag, München – Wien (Günter Olzog) 1973, dort auch die Ausführungen von Goppel und Blumenwitz.

[115] »Berlin ist ein Land der durch das Grundgesetz organisierten Deutschen Bundesrepublik« (Bundesverfassungsgericht v. 21. 5. 1957, JZ. 1957, 574).

der Nationsbegriff dann nicht in einer Weise eingeschränkt wäre, daß schon aus diesem Grunde heute von einer deutschen Nation – Nation im eingangs dargestellten Sinne – nicht gesprochen werden kann. Im »Brief zur deutschen Einheit«, den die Bundesregierung anläßlich der Unterzeichnung der Ostverträge (von Moskau und Warschau) an die betreffenden Außenminister gerichtet hat, steht zwar – gleichgültig, ob der Brief irgendeine über eine reine Deklaration hinausgehende völkerrechtliche Bedeutung hat –, daß die Ostverträge nicht im Widerspruch zu dem politischen Ziel der Bundesrepublik stehen, auf einen Zustand des Friedens hinzuarbeiten, in dem das deutsche Volk in freier Selbstbestimmung seine Einheit wiedererlangt[116]. Damit kann aber nicht das deutsche Volk im ethnisch-kulturellen Sinn gemeint sein, sondern nur das Volk der Deutschen in den beiden deutschen Staaten plus Berlin, also im Grunde nur das, was man unter deutsche Nation, also auf Staat bezogenes deutsches Volk, zu verstehen hätte. Auch zum Grundlagenvertrag mit der DDR ist festzuhalten, daß der Brief zur deutschen Einheit von der DDR-Regierung widerspruchslos zur Kenntnis genommen wurde, so daß auch darin ein Argument gelegen ist, demzufolge die Einheit der Deutschen in den beiden Staaten in verfassungs- und völkerrechtlicher Weise (wieder)herzustellen ist[117]. Man könnte aus dem Wort bzw. Wortbestandteil »wieder« den Schluß ziehen, daß die am 31. 12. 1937 bestandene staatliche Einheit des Deutschen Reiches in seinen damaligen Grenzen als Wiedervereinigungsziel (nach GG wie auch nach dem Brief zur deutschen Einheit) herzustellen ist. Da stößt man aber auf das Problem der deutschen Ostgebiete (Oder-Neiße-Gebiete), auf die jedenfalls die DDR zugunsten Polens bzw. der UdSSR im Görlitzer Vertrag verzichtet hat[118]. Solange es keinen deutschen Friedensvertrag gibt (die Bezeichnung »deutscher Friedensvertrag« umgeht die Klippe, ob es sich um einen Friedensvertrag mit dem völkerrechtlich fortbestehenden Deutschen Reich oder »über Deutschland«, mit wem auch immer, handeln würde), gehören auch die Oder-Neiße-Gebiete zur deutschen Einheit. Daß die heute dort lebenden Einwohner, die im polnischen Teil dieser Gebiete am 30. 6. 1946 nach der völkerrechtswidrigen Vertreibung der Deutschen (natürlich praktisch nur der deutschen Volkszugehörigen minus der »Autochthonen«) über die Zugehörigkeit dieser Gebiete zu Polen abgestimmt und sich, da nur Polen stimmberechtigt waren, natürlich positiv hierfür ausgesprochen haben, nicht zum »deutschen Volk« im Sinne des Briefes zur deutschen Einheit gehören, mit Ausnahme der noch verbliebenen deutschen Volkszugehörigen[119], wird man wohl akzeptieren können. Es gibt immer wieder sehr offizielle Erklärungen »an die Nation« seitens bundesdeutscher Politiker. Ob damit die ganze »deutsche Nation« gemeint ist, also einschließlich der Deutschen in der DDR, ist oft genug nicht recht deutlich auszumachen. Das mag auch mit dem heute nicht mehr aktuell zu sehenden Problem des Alleinvertretungsanspruches zusammenhängen (Hallsteindoktrin). Zweifellos wird die DDR nicht unbedingt – ja wahrscheinlich niemals – hinnehmen, daß die Bundesrepublik für die Deutschen auch in der DDR das Wort ergreift und spricht. Es gibt aber in Ausnahmefällen doch auch Ereignisse, in welchen beide Staaten sozusagen

116 Der Brief zur deutschen Einheit ist u. a. abgedruckt in dem in Anm. 114 angeführten Buch, ferner bei Claus *Arndt*, Die Verträge von Moskau und Warschau, Bonn (Verlag Neue Gesellschaft) 1982.

117 S. Anm. 114. Man darf aber nicht übersehen, daß auch die DDR für eine Wiedervereinigung ist, vorausgesetzt, daß die Bundesrepublik Deutschland sich der DDR anschließt und dann das sozialistische politische System übernimmt.

118 Der Görlitzer Vertrag vom 6. 7. 1950 ist u. a. abgedruckt bei Ingo v. *Münch*, Dokumente des geteilten Deutschland, Stuttgart (Kröner), 2. Aufl. 1976, S. 497.

119 S. Heimatrecht in polnischer und in deutscher Sicht, Leer (Rautenberg), mit Beiträgen auch von Remigiuzs *Bierzanek* (dem »Vater der Vertreibung«). Hierzu neuerdings Otto *Kimminich*, Ein Staat auf Rädern?, in: Politische Studien, München, Okt. 1972; Alfred *de Zayas*, Zeugnisse der Vertreibung, Krefeld (Sinus) 1983.

sich noch als eine Art Einheit betrachten. So hat im Luther-Jahr 1983 gerade die DDR eine gewisse deutsche Einheit anerkannt, was auf dem internationalen Grundtvig-Seminar in Kopenhagen auch von den DDR-Teilnehmern hervorgehoben wurde[120], und verschiedene Schulbuch-Aktionen der DDR in deutschen Minderheiten-Gebieten in Rumänien und in Ungarn lassen auch Gemeinsamkeiten erkennen. Wie immer man aber dies alles beurteilt, die »deutsche Nation« ist hierbei stets nur als das deutsche Volk in den beiden Staaten plus Berlin oder auch die Summe der deutschen Staatsangehörigen gesehen worden, und das heißt doch den Begriff »deutsche Nation« auf etwas zu reduzieren, was man zwar als Folge des Zweiten Weltkrieges hinzunehmen gewöhnt ist, was aber dem eingangs gegebenen Nationsbegriff nicht gerecht wird. Vor allem fehlt hierbei das deutsche Volk aus und in den Oder-Neiße-Gebieten mit seinem Anspruch auf Rückkehr dorthin, soweit es von dort vertrieben wurde.

Viele Politiker gebrauchen gern das Wort »Nation« mit dem Zusatz »Bekenntnis zur Nation« auch dort, wo es sich nur um die Konsensualnation handeln kann. In Österreich ist neuerdings durch den Bundesobmann der ÖVP für diese ein Bekenntnis zur Nation in feierlichem Rahmen programmiert worden (Januar 1984), aber unter Nation ist damit, da es ja kein eigenes ethnisches österreichisches Volk gibt, nur die Summe der diesen Staat bejahenden österreichischen Staatsbürger, also die Konsensualnation, gemeint. In diesem Sinne mag es viele Nationen geben, aber bei der deutschen Nation ist durch die Teilung die Fragestellung nach der Nation als Rechtsbegriff sehr komplex. Das gilt ja von allen zweigeteilten Staaten, d. h. Staaten, deren Gebiet von den Angehörigen (Gliedern) ein und desselben Volkes bewohnt ist, das an und für sich nach staatlicher Vereinigung (Wiedervereinigung) strebt, aber aus politischen Gründen zu einer solchen Vereinigung nicht kommen kann oder auch nicht will. Die deutsche Wiedervereinigung würde doch eine »Nation« voraussetzen, die die Deutschen in den Gebieten des Deutschen Reiches vom 31. 12. 1937 umfaßt. Ein solches Problem stellt sich z. B. in China[121].

Offenbar ist es bisher nicht gelungen, einen allgemein anerkannten und tragfähigen Deutschlandbegriff zu schaffen. Hierzu kann auf die Vielzahl von Deutschlandtheorien verwiesen werden, deren Grenzen 1983 von Wilhelm Fiedler in einer bemerkenswerten Studie dargestellt wurden[122]. Danach liefert sicher trotz des Rückzugs auf die »nationale Frage« und der Schwächen dieses Einheits- und Fortbestandselements die in der Präambel zum Grundlagenvertrag verankerte Formulierung wichtige Hinweise auf die Identität des Staatsvolkes, trotz staatsorganisatorischer Zersplitterung, wobei diese Identität den wichtigsten Anknüpfungspunkt für die Annahme der Fortexistenz des Völkerrechtssubjekts darstellt. Die Fortexistenz der Nation verlagere die Beweislast für den Untergang eines Staates auf denjenigen, der dessen Fortexistenz in Zweifel zieht. Gerade diese Andeutung bestätigt aber erneut, daß Nation ein auf Staat bezogener Begriff ist. Das mag rechtsbegrifflich für die deutschen Staatsangehörigen (der beiden deutschen Staaten) durchaus angängig sein, ist aber für den, der »die Deutschen« als die Angehörigen des deutschen Volkes in einem diese Grenzen weit überschreitenden Sinne sieht, nicht genüglich. Erscheinungen, die bei anderen Völkern kaum Probleme mit sich bringen, werden bei der Ambivalenz des Deutschlandbegriffes zu wirklichen Problemen. Die vorerst noch

120 Christian *Thodberg*/Anders Pontoppidan *Thyssen,* N. F. S. Grundtvig. Tradition und Erneuerung, Kopenhagen (Det Danske Selskab) 1983 (es gibt auch französische, dänische und englische Ausgaben, die aus dem Anlaß des Grundtvig-Seminars erschienen sind).

121 S. die neue Verfassung der VR China, abgedruckt in englischer Sprache in der Beijing Review No. 25 v. Dezember 1982, wo in der Präambel die Wiedervereinigung mit Taiwan verankert ist. Das erinnert in manchem an analoge Formulierungen im Bonner GG.

122 Wilhelm *Fiedler,* Die Grenzen der Deutschlandtheorien und die Bedeutung der Staatenpraxis. Zur rechtlichen Offenheit der deutschen Frage, in: Zschr. f. Politik, Köln, H. 4/1983.

bestehende Viermächteverantwortung für »Deutschland als Ganzes«, die nach der vom Bundesverfassungsgericht festgeschriebenen Argumentation der Bundesregierung[123] auch nach den Ostverträgen juristisch nicht geändert ist, mag mit der tatsächlichen Lage nicht übereinstimmen, d. h., daß zwischen rechtlicher und tatsächlicher Lage ein Unterschied besteht, aber vorerst ist ein Ausweg aus dieser Diskrepanz nicht möglich. Letztlich handelt es sich um die sozusagen ewige, d. h. menschheitsimmanente Doppelnatur von Volk und Staat und somit auch um eine Doppelnatur der Bundesrepublik Deutschland in rechtlicher Hinsicht. Auch wenn es zu einem Friedensvertrag über oder sogar mit »Deutschland« käme, was immer das dann sei – dazu gibt es eine Fülle sehr verschwommener Abhandlungen, die bisher noch nichts vorangebracht haben[124] –, wäre diese rechtliche Doppelnatur nicht geklärt oder gar überwunden, weil das *rechtliche* Spannungsverhältnis ein solches zwischen Volk und Staat (und daher, je nach den zugrunde liegenden Begriffen, zwischen Nation und Staat) ist und sozusagen immer war. Dazu wurden ja viele bedeutende Denker angeregt, Forschungen anzustellen[125]. Auch das Bismarcksche Reich war kein Staat der (d. h. aller) Deutschen[126] und somit auch kein Staat der deutschen Nation, außer man gehe nur von der Konsensualnation aus.

## 12. Nation und Volk und das Recht auf Identität

Wenn heute da und dort von der Rückkehr des nationalen Elements in die Politik in bezug auf die Deutschen gesprochen wird[127] oder man anderseits bedauernd vom Verlust oder Substanzverlust des Nationalen vor allem in der Bundesrepublik Deutschland spricht – für die DDR ist eine solche Feststellung völlig abwegig, denn dort wird ein preußisch-deutscher Nationalismus und Chauvinismus sondergleichen betrieben, wie man ihn nicht einmal in der Zeit der nationalsozialistischen Verirrungen immer antraf[128] –, so meint man zweifellos unter »national« den Sinn von »volklich« oder »völkisch« (dieses Wort ist durch den Mißbrauch, der damit zur Hitlerzeit betrieben wurde, arg in Mißkredit gekommen

[123] BVerfGE 40, S. 141 ff., 171 ff., v. 7. 7. 1975. Wortlaut und Kommentar auch bei Eckart *Klein* (Hrsg.), Bundesverfassungsgericht und Ostverträge, Bonn (Schriftenreihe der Kulturstiftung der deutschen Vertriebenen) 1977.

[124] Claus *Arndt*, Die Verträge von Moskau und Warschau, Bonn (Neue Gesellschaft) 1982; Claus *Arndt*, Legal Problems of the German Eastern Frontiers, in: AJIL 74, 1980, S. 122 ff., Jochen Abr. *Frowein*, Die Rechtslage Deutschlands und der Status Berlins, in: Handbuch des Verfassungsrechts, 1983, S. 29 ff., 44.

[125] Zu verweisen ist erneut auf Karl Renner, Otto Bauer, Ignaz Seipel, also österreichische Autoren von höchstem Rang, die noch mit den Problemen aus der Habsburgermonarchie konfrontiert waren. Hierzu auch das monumentale Werk von Adam *Wandruszka*/Peter *Urbanitsch* (Hrsg.), Die Völker des Reiches, 2 Bde., Wien (Akademie d. Wiss.) 1980 – Von 1925 bis 1943 erschien zudem in Wien (Verlag Braumüller) die hier signifikante Zeitschrift »Nation und Staat« (heute fortgesetzt durch »Europa Ethnica«).

[126] Vgl. hierzu aus linker Sicht Harry *Pross*, Die Zerstörung der deutschen Politik. Dokumente 1871 bis 1933, Frankfurt (Fischer) 1959; Hans Bernd *Gisevius*, Der Anfang vom Ende. Wie es mit Wilhelm II. begann, Zürich (Droemer Knaur Verlag Schoeller & Co.) 1971; Immanuel *Geiss*, Reich und Nation, in: aus politik und zeitgeschichte, B 15/73 v. 14. 4. 1973; Emil *Franzel*, Geschichte unserer Zeit, München (Oldenbourg) 1951.

[127] Hans-Dietrich *Sander*, Die Rückkehr des nationalen Elements in die Politik, Göttingen (Sudetenbund Schlesien, MISSUS-Schriftreihe Nr. 1), Juni 1983.

[128] Dietmar *Kreusel*, Nation und Vaterland in der Militärpresse der DDR, Stuttgart (Seewald) 1971; Walter *Ulbricht*, Die nationale Mission der DDR und der Friedenskräfte Westdeutschlands, Berlin-Ost (Staatsverlag der DDR) 1965; dazu auch von Walter Ulbricht »Das nationale Dokument«, 1962; DDR, Gesellschaft, Staat, Bürger, Berlin-Ost (Staatsverlag der DDR) 1978.

und kann kaum noch verwendet werden, soll daraus nicht eine Hinneigung zum Rechtsextremismus abgeleitet werden) oder einfach »ethnisch«.

Aber: Jedes Volk hat seine eigene (ethnische) Identität, die dem Staat als einem mehr ephemeren historischen Zufallsgebilde abgeht. Manchmal kann sie zwar mit einer solchen staatlichen Identität mehr durch Zufall einhergehen, dann nämlich, wenn der Staat monoethnisch ist und alle Volksangehörigen umfaßt (Island, cum grano salis Malta und Norwegen). Und die moderne, vor allem amerikanische und skandinavische Soziologie wendet sich zunehmend mehr der Erforschung der ethnischen Identität zu[129]. Die Lehre von der ethnischen Identität (ethnic identity) beruht auf der Ethnizität (ethnicity), einer Erscheinung, die es immer schon gegeben hat, also schon im Alten Testament und in der Welt der Antike, die aber ebenfalls in Amerika (USA, Kanada) in jüngster Zeit wirklich gründlich entdeckt und verlebendigt wurde[130]. Sie hat sowohl eine Gruppendimension wie eine personale Dimension.

Für die Deutschen als Volk muß man davon ausgehen, daß sie eine ethnische Identität haben wie alle anderen Völker auch. Nur unter Assimilierungsdruck und an Volksrändern (»schwebendes Volkstum«) kann die ethnische Identität verlorengehen oder Schwankungen unterliegen. Das besagt, daß auch die Deutschen als Volk ihre Identität haben, die in Notzeiten oder Zeiten ethnopolitischen Druckes besonders stark empfunden wurde. Zu diesen Zeiten ethnopolitischen Druckes hat sicher die Zeit des Dritten Reiches gehört, als der Nationalsozialismus versuchte, diese Identität der Deutschen chauvinistisch zu überhöhen und durch Verfolgung anderer Völker und deren Diskriminierung ihres Wesens (eines wahren »deutschen Wesens«, das auf Humanität und Toleranz hin geordnet ist) zu entkleiden. Aber auch gegen die DDR wird, u. E. zu Recht, geltend gemacht, daß sie nicht nur keine demokratische Republik ist (außer man akzeptiere das Wort »Demokratie« auch für sog. Volksdemokratien), sondern vor allem keine deutsche. Die gelegentlich noch immer zu beobachtende Schreibweise »D«DR oder D»D«R könnte solchen Gedankengängen entsprechen, ist aber eine im Grunde wertlose Spielerei. Solange nicht durch eine in freier Entscheidung – »freely« im Sinne der Art. 1 der beiden Welt-Menschenrechtspakte – unter internationaler Kontrolle erfolgte plebiszitäre Willenskundgebung der Deutschen in der DDR klargestellt ist, daß diese Deutschen die DDR als einen deutschen Staat, also einen Staat des deutschen Volkes bzw. deutschen Volkstums, anerkennen und ansehen[131], besteht kein Grund, zwischen der Perversion »Deutsches Reich« zur Zeit des Nationalsozialismus und »Deutsche Demokratische Republik« zu unterscheiden. Ja, sogar im Antisemitismus begegnen sich beide pervertierten politischen Begriffe und Gebilde, denn durch seine Judenverfolgungen hat das Dritte Reich sich, soweit es sich nicht um Zionisten handelte, vieler seiner wertvollsten Volksangehörigen in ähnlicher

129 S. das Sonderheft »Ethnisk Identität« von »Nord Nytt, Viborg DK, Nr. 11 v. September 1981; Theodor *Veiter*, Ethnische Identität – moderne Lehre zum Volksgruppenschutz, in: Yvo J. D. *Peeters* (Hrsg.), Over Volksopvoeding en Staatsvorming, Festschr. f. Maurits van Haegendoren, Antwerpen (Uitgeverij De Nederlanden) 1983, S. 287 ff., mit allen wichtigen Lit. Hinw.; C. *Fried* (Editor), Minorities: Community and Identity. Report of the Dahlem Workshop on Minorities Berlin 1982, Heidelberg – New York – Berlin – Tokyo (Springer) 1983; Wolfgang *Bergsdorf*, Herrschaft und Sprache, Pfullingen (Günter Neske) 1983; Karmela *Liebkind*, Minority Identity and Identification Processes: A Social Psychological Study, Helsinki (Societas Scientiarum Fennica) 1984.

130 S. die grundlegenden Abhandlungen in Zeitschriften wie Canadian Review of Studies in Nationalism, Charlottetown, P. E. I.; Language Problems & Language Planning, Austin; Nationalities Papers, Charleston, IL; Canadian Ethnic Studies, Calgary.

131 S. hierzu die rechtsphilosophische Grundlegung in dem umfassenden Werk von Myres S. *McDougal*, Harold D. *Laswell* und Lung-Chu *Chen*, Human Rights and World Public Order, New Haven & London (Yale Univ. Press) 1980.

Weise beraubt, wie das heute die Sowjetunion oder Polen oder eben auch die DDR bezüglich ihrer Juden tun.

Die ethnische Identität wird heute weltweit als ein wichtiges Baugesetz der Menschheit überhaupt und ihrer kulturellen Vielfalt anerkannt. Ihrer Einwirkung ist es zu verdanken, daß Sprachimperialismus, Herrenvolkmentalität und ethnopolitischer Druck nicht mehr so sehr wie bis zum Ende des Zweiten Weltkrieges Völker diskriminieren oder überhaupt auf den Weg zum Untergang zwingen wollen.

Wenn, woran ja die EG arbeitet, aber auch im Europarat Bemühungen bestehen, wonach die (vorläufig wenigstens westeuropäischen) Staaten Europas sich zu einem Staatenbund oder gar zu einem Bundesstaat zusammenschließen sollten – die Aussichten hierfür nehmen freilich eher ab als zu –, so kann dieses Europa kein ethnisch-sprachliches Einheitsgericht werden, kein Eintopf, nur die Erhaltung der Vielfalt, der Verschiedenheit der Völker und Volksgruppen, der (auch ethnisch determinierten) Regionen kann daraus etwas machen, was kulturell Bestand hat. Die Erhaltung der kulturellen Vielfalt führt dann aber auch zur Erhaltung der Wirtschaftskraft (das ergibt sich aus der wirtschaftlichen Bedeutung des Fremdenverkehrs und des Umweltschutzes, die entscheidend von der Erhaltung auch der ethnischen Vielfalt abhängt). In einem solchen vereinten Europa müssen die Deutschen ohne Rücksicht auf Staat als Volk auch eine juristische Basis haben. So etwas als reine Spekulation ohne Realität anzusehen, wäre ein arger Irrtum, den sich freilich die Technokraten mit ihrem Computer-Wunderglauben immer noch leisten.

## 13. Nation und Volk und das Recht auf die angestammte Heimat

Während das Selbstbestimmungsrecht der Völker eine Völkerrechtsnorm (ius cogens) ist und damit zweifellos auch das Recht des deutschen Volkes in beiden deutschen Staaten auf Wiedervereinigung, falls dies in Form eines Plebiszits verlangt wird (die Ausübung dieses Rechts durch Repräsentanten wird im besonderen deutschen Fall weder zielführend noch völkerrechtskonform sein)[132], kann so etwas vom Recht auf die Heimat, gemeint: auf die angestammte Heimat (pays des ancêtres, paese degli ancestori, ancestral soil, patria avita), bisher nicht gesagt werden, obwohl es eine große Zahl entsprechender Untersuchungen gibt, die in eine solche Richtung tendieren[133]. Es kann aber kaum einem Zweifel unterliegen, daß die Völker (und damit auch die Volksgruppen bzw. ethnischen Minderheiten) heute einen auch völkerrechtlich nachweisbaren Anspruch auf unbehelligten Verbleib auf ihrem angestammten Heimatboden haben. Das ergibt sich aus dem schon

132 Dieter *Blumenwitz*/Boris *Meissner* (Hrsg.), Das Selbstbestimmungsrecht der Völker und die deutsche Frage, Köln (Verlag Wissenschaft und Politik) 1984; Subrata Roy *Chowdhury*, The Status and Norms of Self-Determination in Contemporary International Law, in: Netherlands International Law Review, Special Issue 1/2, 1977; Jaroslav *Krejčí*/Vítězslav *Velímský*, Ethnic and political Nations in Europe, London (Croom Helm) 1981 (sehr wichtig); Eduardo de *Aregaga*, Zu der Selbstbestimmung der Völker, Belgrad, in: Internationale Politik, H. 768, 1982.

133 Ernest *Petrič*, Das Recht auf die Heimat kot pojem mednarodnega prava, 2 Bde., jur. und staatsw. Diss., Ljubljana 1964 (auch als Buch erschienen); Otto *Kimminich*, Das Recht auf die Heimat, Bonn (Osmipress) 1978 (Kulturstiftung der deutschen Vertriebenen); Theodor *Veiter*, Das Recht auf die Heimat, in: Das Parlament, Bonn, 7. 1. 1978; Theodor *Veiter*, Le droit des peuples à disposer d'eux-mêmes et à leur foyer natal, in: Festschr. f. Manlio Udina, Milano (Giuffrè) 1975; F. H. E. *du Buy*, Das Recht auf die Heimat im historisch-politischen Prozeß, Euskirchen (Verl. f. zeitgen. Dokumentation) 1974 und jur. Diss. Univ. Utrecht 1975; Marc *Lengereau*, Le droit à la Heimat, Grenoble (U. E. R. des sciences juridiques) 1970; äußerst wichtig auch, obwohl vom Titel her anscheinend nicht hierher gehörig: Erica *Simon*, Réveil national et culture populaire en Scandinavie, Paris (PUF) 1960.

aus dem Nürnberger IMT-Urteil ableitbaren Verbot der Vertreibung aus der angestammtem Heimat und, für die Mitgliedstaaten des Europarates, aus dem 4. Zusatzprotokoll zur Europäischen Konvention der Menschenrechte und Grundfreiheiten[134]. Im innerstaatlichen Recht gibt es ebenfalls Ansätze zu einem Recht auf die Heimat, z. B. in Österreich, wo § 5a des Kriegsverbrechergesetzes den Straftatbestand »Vertreibung aus der Heimat« eingeführt hat, aufgrund dessen auch ein sehr hartes Urteil gegen einen Angeklagten erging, der Teile der Kärntner Slowenen zur Zeit der nationalsozialistischen Herrschaft aus der Heimat vertrieb und nach Norddeutschland zwangsumsiedelte[135].

Die Frage nach dem Recht auf die angestammte Heimat spielt auch für die Bundesrepublik Deutschland eine Rolle, ebenso auch für das deutsche Volk als solches. Während aber der Nationsbegriff hierzu wenig hergibt, gibt der Begriff »Volk« außerordentlich wertvolle Hinweise gerade für das deutsche Volk und damit auch für die Bundesrepublik, in deren Obhut ja die deutschen Heimatvertriebenen gelegt sind. Wenn von östlicher kommunistischer Seite ein Recht auf die angestammte Heimat geleugnet wird[136], dies offenbar aus Angst davor, daß die vertriebenen Deutschen kraft dieses Rechtes ein Recht auf Rückkehr in die »alte« Heimat postulieren könnten (und vielfach auch wenigstens rechtstheoretisch postuliert haben), so kommt man doch nicht daran vorbei, daß angestammte Heimat keineswegs nur irgendein Territorium sein kann, auf welchem die Menschen in Freiheit und also unbehelligt leben können. Solche Gedanken sind früher auch von deutschen Wissenschaftlern vertreten worden[137], wonach das Recht auf Heimat (ohne den Artikel »die«, was aber bereits falsche Aspekte zeigt) nur ein Recht auf einen ordnungsgemäß erworbenen Wohnsitz (lawful domicile) sei, gleichgültig, wo sich dieser Wohnsitz befindet, und daher auch das Recht auf den Erwerb eines neuen solchen Wohnsitzes (»zweite Heimat«) mit einschließe. So wichtig und richtig es, nach den diesbezüglichen Menschenrechtskonventionen, auch ist, ein Recht auf Auswanderung zu haben, so kann der Erwerb eines ordnungsgemäß begründeten neuen Wohnsitzes mit dem Recht der Deutschen auf ihre angestammte Heimat nur lose, wenn überhaupt, verknüpft werden. Das deutsche Volk, wie es in den Reichsgrenzen vom 31. 12. 1937 gelebt hat –, das ist eine grundsätzliche wichtige Abgrenzung – hat kraft des Selbstbestimmungsrechts einen Rechtsanspruch auf Verbleib im Heimatgebiet innerhalb dieser Grenzen, solange kein Friedensvertrag etwas anderes festlegt. Aber alle Deutschen haben dasselbe Recht auf unbehelligten Verbleib in ihrer angestammten Heimat, also auch die Volksdeutschen, die niemals deutsche Staatsangehörige gewesen waren. Wenn diese Deutschen und die österreichischen Deutschen, die Deutschsüdtiroler, die Deutschbelgier usw., die ja in ihrer angestammten Heimat leben, von vornherein ausgenommen sind, so eben aus diesem Grunde des Lebens auf dem angestammten Heimatboden. Heimat hat mit territorialer Staatsangehörigkeit nichts zu tun. Aber die Volksdeutschen, einschließlich der Sudetendeutschen, die aus ihrer angestammten Heimat vertrieben wurden, haben jedenfalls

[134] Sevinc *Erçman,* Guide to Case Law/Wegweiser der Rechtsprechung, Wien (Braumüller) 1981 (mit Kommentar zur Europäischen Menschenrechtskonvention).

[135] Theodor *Veiter,* Das Recht der Volksgruppen und Sprachminderheiten in Österreich, Wien (Braumüller) 1970, mit Wiedergabe auch der diesbezüglichen Prozeßakten.

[136] Jaromir *Jermàř,* Právo na domov, Praha (Život-Teorie-Praxe) 1967; Jaromir *Jermár,* Heimat ein »deutsches« Problem? Prag (Orbis) 1966; Heimatrecht in polnischer und deutscher Sicht, Leer (Rautenberg) 1962.

[137] Ausführlich dargestellt bei Theodor *Veiter* (Hrsg.), Vertreibung, Zuflucht, Heimat, Wien (Braumüller) 1962, mit der von der AWR/AER in Saloniki beschlossenen, im wesentlichen von Kurt Rabl entworfenen Entschließung mit (heute überholter) Begriffsbildung »Das Recht auf die Heimat als völkerrechtlicher Tatbestand« und weiteren Thesen von Heinrich Rogge, Alexandre Vexliard, Atle Grahl-Madsen, Theodor Veiter, Kurt Rabl und anderen.

grundsätzlich und auch rechtstheoretisch das Recht auf ihre angestammte Heimat durch die Vertreibung nicht verloren, und da es hier keinerlei Verjährung (extinctive prescription) gibt, gilt dies auf unabsehbare Zeit, sofern die Rechtsträger auf dieses Recht und damit auch auf das Rückkehrrecht nicht verzichten.

Was unter »angestammter« Heimat zu verstehen ist, so ist das aus den Formulierungen in anderen Sprachen (ancestral soil, pays des ancêtres) sehr plastisch abzuleiten, während die slawischen Worte (domovina, domowina, domačnost, domov) zwar dem deutschen Wort viel näherstehen, aber dafür ebenso unklar sind. Üblicherweise versteht man unter angestammter Heimat jenes meist eher eng begrenzte territoriale Gebiet, auf welchem der einzelne, dies zugleich bei Einbindung in eine ethnische und sprachliche Gemeinschaft (communauté ethnique, ethnie), seit mindestens drei Generationen (90 Jahre, somit in Europa seit dem Jahre 1900) von den Vorfahren her »beheimatet« war. Das österreichische Volksgruppengesetz von 1976[138] gebraucht übrigens ausdrücklich den Ausdruck »in Teilen Österreichs beheimatet«. Daher gehören zum deutschen Volk auch die Heimatvertriebenen, so daß die Bundesrepublik Deutschland, wie ja im GG festgelegt, auch die Verpflichtung hat, ihr Recht auf die angestammte Heimat zu vertreten, dies ohne jegliche zeitliche Begrenzung. Spricht man von Nation und Volk unter besonderer Berücksichtigung der deutschen Frage, so muß zum Schluß auch auf diesen Aspekt hingewiesen werden.

138 BGBl. 396/1976.

Boris Meissner

# Die deutsche Nation und das deutsche Volk aus der Sicht der UdSSR und DDR

Die Haltung der UdSSR und der DDR zur deutschen Frage hat Wandlungen durchgemacht. Sie bezogen sich einerseits auf den Fortbestand eines deutschen Gesamtstaates, andererseits einer deutschen Gesamtnation. Die Sowjet- und die DDR-Führung gingen anfangs von der Aufrechterhaltung der deutschen Einheit aus. Seit Mitte der fünfziger Jahre vertraten sie die These von den zwei voneinander völlig getrennten souveränen deutschen Staaten. In der DDR wurde dabei der Untergang des deutschen Gesamtstaates unterstellt, obgleich der Begriff Deutschland im Namen der in der DDR herrschenden Einheitspartei weiter erhalten blieb.

Trotz der Zwei-Staaten-Theorie wurde zunächst auf beiden Seiten vom Fortbestand der deutschen Nation ausgegangen. Erst allmählich setzte sich die Behauptung durch, daß die deutsche Nation in zwei Nationen zerfallen sei: in eine bürgerlich-kapitalistische in der Bundesrepublik Deutschland und eine »sozialistische« in der DDR. Die Charakterisierung der beiden deutschen Teilstaaten als zwei ihrem Wesen nach unterschiedliche Nationalstaaten wurde in der DDR vor einiger Zeit durch einen Rückgriff auf den Begriff der Nationalität und damit des deutschen Volkes ein wenig abgeschwächt. Dazu trug auch die Rückbesinnung auf die gemeinsame deutsche Vergangenheit bei.

Diese widersprüchliche Entwicklung ist nur teilweise die Folge einer bestimmten ideologischen Einstellung zur Nation im Sinne des ursprünglichen Marxismus und Leninismus. Sie ist vielmehr hauptsächlich durch innen- und außenpolitische Motive der Sowjet- und DDR-Führung bedingt gewesen, die in entsprechenden Änderungen der Nations- und Volkstheorie ihren Niederschlag gefunden haben. Dabei hat sich eine deutliche Diskrepanz zwischen der ursprünglichen Nationskonzeption Lenins und Stalins, deren Verbindlichkeit nicht bestritten werden konnte, und den unterschiedlichen Bestrebungen zur Lösung der jeweiligen »nationalen Frage« ergeben. Sie betrafen sowohl das Interesse an einer Stabilisierung der SED-Herrschaft in der DDR als auch die sowjetische Assimilations- und Integrationspolitik innerhalb ihres engeren und weiteren Imperiums.

Erstens sollte durch die These von den zwei deutschen Nationen die Zwei-Staaten-Theorie verstärkt und damit die fortdauernde Teilung Deutschlands, die für die Abschirmung des sowjetischen Besitzstandes in Osteuropa wichtig ist, ideologisch gerechtfertigt und damit besser gesichert werden. Zweitens sollte auf diese Weise der Gegensatz zwischen der sowjetischen Teilungspolitik gegenüber Deutschland und damit der deutschen Nation und dem Bekenntnis der Sowjetunion zu einem Selbstbestimmungsrecht, das für alle Völker gilt[1], verwischt werden. In Wirklichkeit setzte sich die Sowjetführung auf diese Weise, und in Verbindung mit ihr auch die DDR-Führung, in einen klaren Widerspruch zu dem Nationsbegriff, wie er unter Lenin und Stalin entwickelt worden ist und die Grundlage der eigenen Selbstbestimmungskonzeption bildete.

Es erscheint daher sinnvoll, mit einer Darstellung der Wandlungen der Nations- und Volkstheorie in der Sowjetunion und in ihrem Gefolge auch der DDR zu beginnen. Auf

[1] Vgl. B. Meissner: Sowjetunion und Selbstbestimmungsrecht. Köln 1962, S. 41 f.

diesem Hintergrund sind danach die Veränderungen in der Stellung der Sowjetunion und der DDR zur deutschen Nation und zum deutschen Volk näher zu betrachten. Im Anschluß daran ist dann die Frage zu stellen, inwieweit die Auseinandersetzung mit den Auffassungen der Sowjetunion und der DDR zu einer Klärung der Unterscheidung zwischen dem Nations- und Volksbegriff beigetragen hat und welche Forderungen sich aus ihr für die weiterhin offene deutsche Frage ergeben. Zugleich ist auf die Auswirkungen einzugehen, welche die Neubewertung des deutschen historischen Erbes in der DDR auf ihre Nationsauffassung hat.

## I. Die Wandlungen der Begriffe Nation und Volk in der marxistisch-leninistischen Ideologie

### 1. Der Klasseninhalt des marxistisch-leninistischen Nationsbegriffs[2]

Die Nation (nacija) ist nach marxistisch-leninistischer Auffassung eine Entwicklungsform der Gesellschaft, die sich mit der kapitalistischen Gesellschaftsformation herausgebildet hat, unter dem Sozialismus zur vollen Entfaltung gelangt, um im Zeichen des Vollkommunismus in der klassenlosen Gesellschaft der Menschheit aufzugehen. Die nationale Frage hat auf jeder historischen Etappe der Entwicklung einen bestimmten Klasseninhalt, der sich aus der Produktionsweise ergibt. Sie spielt eine jeweils verschiedene Rolle im Klassenkampf. Daher wird der »konkret-historische und klassenmäßige Zugang zur Beurteilung der nationalen Bewegung« als »die wichtigste methodologische Forderung des wissenschaftlichen Kommunismus« bezeichnet.

Ihre innere Festigkeit und Beständigkeit erhielt die Nation nach marxistisch-leninistischer Auffassung erst durch die kapitalistische Produktionsweise. Ihre historische Vorstufe würde die aus der Verschmelzung einiger Stammesverbände hervorgegangene Völkerschaft (narodnost') bilden. Sie wäre im Verhältnis zur Nation wesentlich labiler und würde vor allem nicht die gleiche qualitative Stufe des Wirtschaftslebens aufweisen. Das gleiche wird im Verhältnis von Nation und Völkerschaft auf der Grundlage der sozialistischen Produktionsweise angenommen.

Infolge der Klassenspaltung der kapitalistischen Gesellschaft, die durch das Privateigentum an den Produktionsmitteln bedingt sei, wird die Ausbeutung der Menschen durch den Menschen angeblich »gesetzmäßig« durch die Versklavung und Ausbeutung der unterdrückten Nationen und Völkerschaften ergänzt. Daher würden die nationalen Beziehungen unter dem Kapitalismus aufgrund der wirtschaftlichen und politischen Ungleichheit zwangsläufig den Charakter der Herrschaft der einen und der Unterordnung der anderen annehmen. Dagegen wird bei der sozialistischen Gesellschaft sowjetischen Typs, obgleich sie auf dem Staats- und nicht Gesellschaftseigentum beruht, von einer harmonischen Zusammenarbeit zwischen den bestehenden Klassen und sozialen Gruppen unter Führung der Arbeiterklasse ausgegangen. Aufgrund dieser Fiktion wird unterstellt, daß es unter dem Sozialismus gelungen sei, unter Beseitigung der Ausbeutung und aller Privilegien nationaler und national-religiöser Art eine tatsächliche politische, wirtschaftliche und kulturelle Gleichberechtigung der einzelnen Nationen durch Verwirklichung des Selbstbestimmungsrechts der Völker und durch die Angleichung ihres Entwicklungsstandes zu erreichen. Die nationalen Beziehungen unter dem Sozialismus würden sich daher auf der Grundlage der Freundschaft, der vollen Gleichberechtigung und der brüderlichen

[2] Vgl. F. W. Konstantinow (Red.): Grundlagen der marxistisch-leninistischen Philosophie, Frankfurt a. M. 1974, S. 378 ff.; G. J. Glesermann: Klassen und Nation, Berlin (Ost) 1975; A. M. Rumjancev: Naučnyj Kommunizm. Slovar' (Wissenschaftlicher Kommunismus. Wörterbuch), 3. Aufl., Moskau 1980, S. 184 ff.

gegenseitigen Hilfe der Nationen und Völkerschaften entwickeln und eine harmonische Verbindung mit den internationalen Beziehungen auf der Grundlage des sozialistischen Patriotismus und proletarisch-sozialistischen Internationalismus bilden.

## 2. Der Nationsbegriff von Marx und Engels

Die sowjetischen Nationstheoretiker berufen sich heute in erster Linie auf Lenin und nicht auf Stalin. Sie behaupten, daß Lenin die Ideen von Marx und Engels über die Nation[3] schöpferisch weiterentwickelt habe[4]. In Wirklichkeit hatten Marx und Engels, die vom westlichen Nationsbegriff ausgingen und die Nation mit dem bürgerlichen Nationalstaat gleichsetzten, eine völlig andere Einstellung zur »nationalen Frage« als Lenin[5]. Sie lehnten das Nationalitätsprinzip ab und unterschätzten die Bedeutung des nationalen Selbstbestimmungsgedankens und die Kraft des Nationalismus. Dem Nationalitätsprinzip stellten sie »das Recht der großen europäischen Nationen auf Absonderung und unabhängige Existenz« gegenüber. Aus diesem Recht leiteten sie vor allem den Anspruch der durch politische Gewaltakte zerstückelten »historischen Nationen«, wie der deutschen und polnischen Nation, auf Wiederherstellung ihrer staatlichen Einheit ab[6]. Marx und Engels erkannten daher nur das Selbstbestimmungsrecht »historischer Nationen«, d. h. von großen oder kulturell-zivilisatorisch besonders entwickelten Staatsvölkern an. Dagegen wurde von ihnen das Selbstbestimmungsrecht als ein auf dem Nationalitätsprinzip beruhendes und daher auch für die kleinen oder kulturell-zivilisatorisch noch wenig entwickelten Völker geltendes universelles Prinzip strikt abgelehnt. Die heute im historischen Materialismus und in der Theorie des »wissenschaftlichen Kommunismus« behandelte Nationstheorie und die mit ihr verbundene Selbstbestimmungskonzeption gehen hauptsächlich auf Lenin und in besonderem Maße auf Stalin zurück[7]. Einen Ansatz für die spätere Unterscheidung zwischen bürgerlichen und sozialistischen Nationen bildet allerdings die Feststellung im »Kommunistischen Manifest«[8]:

»Die Arbeiter haben kein Vaterland. Man kann ihnen nicht nehmen, was sie nicht haben. Indem das Proletariat zunächst sich die politische Herrschaft erobern, sich zur nationalen Klasse erheben, sich selbst als Nation konstituieren muß, ist es selbst noch national, wenn auch keineswegs im Sinne der Bourgeoisie.«

Marx und Engels glaubten, daß die mit der proletarisch-sozialistischen Revolution verbundene Emanzipation der Völker nationale Konflikte hinfällig machen würde. Im »Kommunistischen Manifest« heißt es: »Mit dem Gegensatz der Klassen im Innern der Nation fällt die feindliche Stellung der Nationen gegeneinander.« Marx hat daher folgerichtig die nationale der sozialen Emanzipation untergeordnet, während Lenin zwar die nationalen Interessen den proletarisch-sozialistischen unterordnete, zugleich aber davon ausging, daß die nationale Selbstbestimmung der von ihm angestrebten sozialen Selbstbestimmung des Proletariats vorauszugehen habe[9].

[3] Vgl. B. A. Čagin: Sozdanie i razvitie K. Marksom i F. Engel'sons teorii naučnogo Kommunizma (Die Schaffung und Entwicklung der Theorie des wissenschaftlichen Kommunismus durch K. Marx und F. Engels), Leningrad 1970, S. 134 ff.

[4] Vgl. P. N. Fedoseev: Marksizm v XX veke. Marks, Engel's, Lenin i sovremennost' (Der Marxismus im 20. Jahrhundert. Marx, Engels, Lenin und die Gegenwart), Moskau 1972, S. 324 ff.

[5] Vgl. H. Cunow: Die Marxsche Geschichts-, Gesellschafts- und Staatslehre, Bd. II, Berlin 1921, S. 23 ff.; H. Mommsen: Nationalismus und Nationalitätenfrage im Verständnis des Marxismus, in: Sowjetsystem und demokratische Gesellschaft, Bd. IV, Freiburg i. Br. 1971, Sp. 647 ff.

[6] Vgl. Cunow, a. a. O., S. 41.

[7] Vgl. Meissner (Anm. 1), S. 16 ff.

[8] K. Marx und F. Engels: Ausgewählte Schriften, Stuttgart 1953, Bd. I, S. 40

[9] Vgl. W. I. Lenin: Ausgewählte Werke, Bd. II, Berlin (Ost) 1953, S. 514 f.

### 3. Der Nationsbegriff Lenins und Stalins

Lenin ist in seiner Selbstbestimmungskonzeption von der Nationsdefinition Stalins ausgegangen, die von diesem in seiner 1913 in Wien verfaßten Schrift »Nationale Frage und Sozialdemokratie«, die später unter der Bezeichnung »Marxismus und nationale Frage« verbreitet wurde, näher begründet wurde. Für Lenin bildete dabei, wie seine Diskussion mit Bucharin gezeigt hat, immer die Gesamtnation das Subjekt des Selbstbestimmungsrechts.

Nach der ursprünglichen Definition Stalins ist die Nation eine »historisch entstandene, stabile Gemeinschaft von Menschen, die durch die Gemeinsamkeit der Sprache, des Territoriums, des Wirtschaftslebens und der sich in der Kulturgemeinschaft offenbarenden psychischen Eigenart geeint werden«[10]. Diese Begriffsbestimmung ist von ihm später geringfügig verändert worden. Die Definition lautet seitdem in deutscher Übersetzung: »Eine Nation ist eine historisch entstandene stabile Gemeinschaft von Menschen, entstanden auf der Grundlage der Gemeinschaft der Sprache, des Territoriums, des Wirtschaftslebens und der sich in der Gemeinschaft der Kultur offenbarenden psychischen Wesensart[11].«

Stalin geht von vier objektiven Merkmalen der Nation in einer bestimmten Reihenfolge, die sich bei ihm nicht verändert hat, aus: 1. Sprachgemeinschaft; 2. gemeinsames Territorium, d. h. ein geschlossenes Siedlungsgebiet; 3. gemeinsames Wirtschaftsleben; 4. Kulturgemeinschaft als Ausdruck einer bestimmten psychischen Wesensart.

Nur wenn diese vier Merkmale vorliegen, ist für Stalin die Nation als Realität gegeben. Die Hinzuziehung eines fünften Merkmals, nämlich des Staates, ist von ihm ausdrücklich abgelehnt worden.

In der Definition Stalins macht sich der Einfluß des kulturell-objektiven Nationsbegriffs im ost- und mitteleuropäischen Bereich bemerkbar, der zwischen dem Staatsvolk und Kulturvolk unterscheidet. Im Gegensatz dazu wird im westeuropäisch-amerikanischen Bereich von einem politisch-subjektiven Nationsbegriff ausgegangen, bei dem Staat und Nation zusammenfallen oder sehr eng miteinander verbunden sind[12]. Auf der anderen Seite hat Stalin mit der Betonung des Territorialitätsprinzips die Nation gegenüber der Nationalität als Gesamtvolk oder Volksgruppe mit zerstreut lebenden Teilen abgegrenzt. Indem er die Nation als einen geschlossenen Territorialverband sieht und die mit dem Begriff der Nationalität verbundene Vorstellung eines Personalverbandes verwirft, fördert er die Hinwendung zu einem etatistischen Nationsbegriff, ohne den ethnisch-kulturellen Nationsbegriff ganz aufzugeben.

Für Stalin war die Nation anfangs ebenso wie für Lenin das Ergebnis einer ganz bestimmten historischen Entwicklung, deren zeitliche Grenzen abzusehen waren. Er vertrat daher die Auffassung, daß die Nation beim Übergang vom Kapitalismus zum »Sozialismus« allmählich dahinschwinden würde. Erst 1929 revidierte er seine Konzeption, indem er neben den zum »Absterben« verurteilten »bürgerlichen Nationen« aufblühende »sozialistische Nationen« zu unterscheiden begann. In einem Schreiben »Die nationale Frage

[10] Vgl. I. Stalin: Nacional'nyj vopros i social-demokratija (Nationale Frage und Sozialdemokratie), in: Prosveščenie (Aufklärung), 1913, Nr. 3, S. 54.

[11] Vgl. J. Stalin: Der Marxismus und die nationale und koloniale Frage, Berlin (Ost) 1950, S. 32 (Übersetzung der russischen Originalausgabe von 1939); derselbe: Bd. 2, Berlin (Ost) 1953, S. 272 (Übersetzung der russischen Originalausgabe 1946).

[12] Vgl. H. Rothfels: Die Nationsidee in westlicher und östlicher Sicht, in: Osteuropa und der deutsche Osten, Köln-Braunsfeld 1956, S. 7 ff.; derselbe: Nationalität und Grenze im 19. und frühen 20. Jahrhundert, Vjh. f. Zeitgeschichte, 9. Jg., 1961, S. 255 ff.; Th. Schieder: Das Problem des Nationalismus in Osteuropa, in: Osteuropa und der deutsche Osten, Köln-Braunsfeld 1956, S. 19 ff.

und der Leninismus« aus dem Jahre 1929, das allerdings erst nach dem Zweiten Weltkrieg veröffentlicht wurde[13], erklärte Stalin:

»Auf den Trümmern der alten bürgerlichen Nationen entstehen und entwickeln sich neue, sozialistische Nationen, die viel mehr zusammengeschlossen sind als eine beliebige bürgerliche Nation, denn sie sind von den unversöhnlichen Klassenwidersprüchen frei, von denen die bürgerlichen Nationen zerfressen werden, und repräsentieren das ganze Volk viel mehr als eine beliebige bürgerliche Nation[14].«

Aus der Unterscheidung von zwei Typen der Nation ergaben sich zwei Folgerungen: Die These von den »sozialistischen Nationen« erleichterte erstens in ideologischer Hinsicht die Verschmelzung zwischen dem russischen Nationalismus und dem Kommunismus leninistischer Prägung im Rahmen eines »Sowjetpatriotismus«[15]. Sie erlaubte zweitens Stalin, als eine Vorstufe auf dem Wege zum sozialistischen Weltstaat, der aufgrund der marxistisch-leninistischen außenpolitischen Theorie dem Endziel der klassenlosen kommunistischen Weltgesellschaft vorangehen sollte, ein System »sozialistischer Staaten« vorzusehen. Die Unterscheidung von bürgerlichen und sozialistischen Nationen schloß zugleich die Möglichkeit eines längeren Nebeneinanderbestehens von bürgerlich-kapitalistischen und »sozialistischen Staaten«, d. h. eine »friedliche Koexistenz« im Sinne der sowjetischen Völkerrechtsdoktrin, ein.

Eine weitere wesentliche Modifizierung der sowjetischen Nationstheorie erfolgte im Verlauf der Linguistik-Diskussion 1950, der Stalins Schrift »Der Marxismus und die Fragen der Sprachwissenschaft« zugrunde lag[16]. Stalin erklärte damals, daß die Nationalsprachen keine Klassensprachen seien, wie dies bis dahin von marxistisch-leninistischen Sprachwissenschaftlern behauptet wurde. Die Nationalsprache sei die Sprache des gesamten Volkes und daher unabhängig von der Klassenstruktur der jeweiligen Gesellschaft und ihrer Kultur. Er betonte gleichzeitig, daß die Gemeinschaft der Sprache eines der wichtigsten Merkmale der Nation sei. Stalin stellte zwar Lenins Behauptung, daß die Nationen im Zeichen des Vollkommunismus zu einer Weltnation mit einer gemeinsamen Weltsprache verschmelzen würden, die er noch 1930 hervorgehoben hatte, nicht in Frage. Er erklärte aber, daß zwischen den Epochen vor und nach dem »Siege des Sozialismus im Weltmaßstabe« zu unterscheiden sei. Der Sprachenkampf in der ersten Epoche würde durch eine gegenseitige Bereicherung der nationalen Sprachen zur Herausbildung von »einheitlichen zonalen Sprachen« führen, »die zu einer gemeinsamen internationalen Sprache verschmelzen« werden. Offenbar ist Stalin mit dieser Bemerkung davon ausgegangen, daß Russisch in Zukunft zur »zonalen Sprache« nicht nur der Sowjetunion, sondern auch Osteuropas werden würde, nachdem er die Großrussen als die »führende Kraft« im sowjetischen Vielvölkerstaat nach dem Zweiten Weltkriege besonders hervorgehoben hatte[17]. Er hat damit den Anstoß zu der Theorie, daß die Integration im kommunistischen Staatensystem in Verbindung mit der verstärkten Annäherung der Staaten auch zu einer Assimilation der Nationen führen würde, gegeben.

13 Die erstmalige Veröffentlichung erfolgte 1949 im elften Band der russischen Originalausgabe der gesammelten Werke Stalins und wurde 1950 zunächst im Sammelband »Der Marxismus und die nationale und koloniale Frage«, a. a. O., S. 323 ff., abgedruckt.

14 Stalin: Marxismus und die nationale und koloniale Frage (Anm. 11), a. a. O., S. 330; derselbe: Werke, Bd. 11, Berlin (Ost) 1954, S. 304 f. Zur Unterscheidung zwischen den beiden Nationstypen vgl. M. Kammari: Tovarišč Stalin o nacijach buržuaznych i socialističeskich (Genosse Stalin über die bürgerlichen und sozialistischen Nationen), Bol'ševik, 1949, Nr. 16, S. 27 ff.

15 Vgl. F. C. Barghoorn. Soviet Russian Nationalism, New York 1956; E. Oberländer: Sowjetpatriotismus und Geschichte, Köln 1967.

16 Vgl. Meissner (Anm. 1), a. a. O., S. 93 ff.

17 Vgl. J. Stalin: Über den Großen Vaterländischen Krieg der Sowjetunion, Moskau 1946, S. 222.

## 4. Chruschtschows ambivalente »neue Etappe« der nationalen Beziehungen

Die beiden gegensätzlichen Tendenzen, die mit der Linguistikdiskussion verbunden waren, kamen in verstärktem Maße in der ambivalenten Nationalitätenpolitik Chruschtschows zum Ausdruck[18]. Auf der einen Seite trug sie zu einer Stärkung der Eigenständigkeit der einzelnen Völker bei. Auf der anderen Seite gewannen mit der Verkündung des Beginns des umfassenden Aufbaus des Kommunismus in der Sowjetunion die Russifizierungsbestrebungen einen erneuten Auftrieb. Nach Chruschtschow sollte die von ihm angestrebte beschleunigte Annäherung der Nationalitäten über ihren engeren Zusammenschluß, vor allem durch den Austausch der nationalen Kader, die Vermischung der Bevölkerung der Sowjetrepubliken fördern sowie zu einer Verwischung ihrer Grenzen und damit zu einer allmählichen Verschmelzung zu einer Einheitsnation mit russischer Sprache führen.

Chruschtschow erklärte, daß mit dem Siege des Kommunismus im Weltmaßstab auch die Staatsgrenzen absterben würden. Zeitweilig würden nur noch ethnographische Grenzen bestehenbleiben. Dieses lasse der Prozeß erkennen, der bereits in der Sowjetunion vor sich gehen würde. Er sagte:

»Alle Völker der Unions- und der autonomen Republiken unseres Landes sind durch die gemeinsamen Lebensinteressen zu einer einheitlichen Familie vereint und gehen einem Ziel entgegen: dem Kommunismus. Daher verliert die Frage der Grenzen zwischen den der Sowjetunion angehörenden Unions- und autonomen Republiken allmählich ihre frühere Bedeutung. Mit dem Fortschreiten unseres Landes zum Sozialismus verwischten sich im Grunde genommen gleichsam die Grenzen zwischen den einzelnen nationalen Republiken. Dieser Prozeß verstärkte sich mit der Angleichung des Entwicklungsniveaus der nationalen Republiken[19].«

Das gleiche Ziel verfolgte Chruschtschow, langfristig gesehen, wie seine weitgespannten Integrationspläne zeigten, im Hinblick auf den gesamten sowjetischen Hegemonialverband, zu dem auch die DDR gehörte. Bezeichnenderweise ist die These vom »Absterben der Grenzen« zwischen den Republiken und damit von dem schrittweisen Abbau ihrer Staatlichkeit von Chruschtschow in einer Rede auf der »Gesamtdeutschen Arbeiterkonferenz« in Leipzig am 7. März 1959 aufgestellt worden.

## 5. Die Diskussion über eine neue Begriffsbestimmung der Nation

Die ambivalente Nationalitätenpolitik Chruschtschows gab den Anstoß zu einer eingehenden Diskussion des Nationsbegriffs[20]. Auf der einen Seite wurde von den Anhängern einer beschleunigten Integrations- und Assimilationspolitik die Nationsdefinition Stalins als Hemmnis empfunden. Auf der anderen Seite sahen die Verfechter einer verstärkten Autonomie der nichtrussischen Nationalitäten die Definition Stalins als unzureichend an. Es kam so zu einer erregten Auseinandersetzung um eine zeitgemäße Begriffsbestim-

18 Vgl. B. Lewytzkyj: Die sowjetische Nationalitätenpolitik nach Stalins Tod, 1953 bis 1970, München 1970.

19 Internationales Recht und Diplomatie, 4. Jg., 1959, S. 245.

20 Vgl. E. Oberländer: Der sowjetische Nationsbegriff. Zur gegenwärtigen Diskussion, Beilage zur Wochenzeitung »Das Parlament« vom 20. März 1968, S. 3 ff.; derselbe: Der sowjetische Nationsbegriff heute, Osteuropa, 21. Jg., 1971, S. 273 ff.; B. Meissner: Der sowjetische Nationsbegriff und der föderative Aufbau der Sowjetunion, in: Th. Veiter (Hrsg.): System eines internationalen Volksgruppenrechts, Wien 1978, S. 181 ff.; derselbe: Nationalitätenfrage und Sowjetideologie, in: G. Brunner, B. Meissner (Hrsg.): Nationalitätenprobleme in der Sowjetunion und Osteuropa, Köln 1982, S. 18 ff.

mung der Nation. Sie wurde im Januar 1966 von der Redaktion der Zeitschrift »Woprossy istorii« mit dem Hinweis eröffnet, die »grandiosen Veränderungen im Bereich der nationalen Beziehungen, die Evolution einzelner Nationen sowohl in der Sowjetunion als auch im Ausland« verlangten gebieterisch eine »Weiterentwicklung der Theorie der Nation«[21]. Deshalb habe die Redaktion sich entschlossen, unter anderem folgende Probleme zur Diskussion zu stellen: Entwicklungswege der ethnischen Gemeinschaften; Definition der Begriffe »Nation« und »Völkerschaft«; Typen der Nationen; die Dialektik in der Entwicklung der nationalen Beziehungen beim Aufbau des Sozialismus und beim Übergang zum Kommunismus.

Die Verfasser des Beitrags, Rogatschew und Swerdlin, wollten Stalins Definition präzisieren und ergänzen, indem sie die von ihnen akzeptierten Merkmale in eine andere Reihenfolge brachten und zugleich weitere Merkmale hinzufügten. Danach weist die Nation sieben Merkmale auf: 1. Gemeinsamkeit des wirtschaftlichen Lebens, 2. stabile territoriale Gemeinschaft, 3. Gemeinsamkeit der Sprache, 4. Bewußtsein der ethnischen Zugehörigkeit, 5. Gemeinsamkeit der geistigen Physiognomie, 6. Nationalcharakter und 7. nationale Tradition.

Das Verhältnis von Nation und Staat war in der Diskussion besonders umstritten. Die meisten großrussischen Diskussionsteilnehmer vertraten im Einklang mit Stalin die Auffassung, der Staat sei kein Merkmal der Nation. Die nichtrussischen Wissenschaftler legten dagegen besonderen Wert darauf, daß der Staat als Merkmal jeder Nation anzusehen sei. Sie wehrten sich damit gegen die von dem Staatsrechtler P. G. Semjonow vertretene These, daß die nationale Staatlichkeit in der Sowjetunion im Zuge des Annäherungsprozesses vor den Nationen absterben werde[22].

Im Ergebnis wurde von Rogatschew und Swerdlin folgende Definition des Nationsbegriffs vorgeschlagen: »Die Nation ist eine historisch entstandene Gemeinschaft von Menschen, die durch stabile Gemeinsamkeit des wirtschaftlichen Lebens (bei Existenz einer Arbeiterklasse), des Territoriums, der Sprache (insbesondere der Literatursprache), des Bewußtseins der ethnischen Zugehörigkeit wie auch gewisser Besonderheiten der Psyche und der Traditionen, der Lebensweise, der Kultur sowie des Befreiungskampfes charakterisiert wird[23].« Sie betonen dabei, daß erst die Gesamtheit dieser Merkmale die Nation zu einer spezifischen, relativ gesonderten Einheit mache.

Rogatschew und Swerdlin erweiterten auch die Typenlehre Stalins. Sie unterschieden drei Typen der Nation: 1. sozialungleichartige Nationen unter Bedingungen des entwickelten Kapitalismus; 2. sozialgleichartige Nationen, die sich im Sozialismus entwickeln; 3. Nationen eines Übergangstypus, die beim Zusammenbruch des Kolonialsystems entstehen. Für die Nationen des Übergangstyps ist nach ihrer Auffassung nicht nur ein niedriger Entwicklungsstand, sondern auch die Tatsache bezeichnend, daß bei ihnen die Entscheidung, ob sie den kapitalistischen oder sozialistischen Weg einschlagen werden, offen ist. Sobald diese Entscheidung gefallen ist, verwandelt sich die »Übergangsnation« in die Nation einer der beiden Grundtypen.

Die sowjetische Intervention in der Tschechoslowakei am 21./22. August 1968 führte zu dem Abbruch der Diskussion über den Nationsbegriff. Eine Einigung über den Nationsbegriff war bis dahin nicht zustande gekommen.

21 Vgl. die Vorbemerkung zu D. M. Rogačev, M. A. Sverdlin: O ponjatii »nacija« (Über den Begriff der Nation), Voprosy istorii (Fragen der Geschichte), abgekürzt VI, 1966, Nr. 1, S. 33.

22 Vgl. P. G. Semenov: Nacija i nacional'naja gosudarstvennost' v SSSR (Die Nation und die nationale Staatlichkeit in der UdSSR), VI, 1966, Nr. 7, S. 72 ff. Die gleiche Auffassung wurde von S. T. Kaltachčjan vertreten. Zur gegenteiligen Position vgl. M. O. Mnacakanjan: Nacija i nacional'naja gosudarstvennost', VI, 1966, Nr. 9, S. 27 ff.

23 Rogačev, Sverdlin (Anm. 21), a. a. O., S. 45.

Die Rückkehr zu einer traditionellen Linie kam in einem redaktionellen Schlußartikel im Augustheft 1970 der Woprossy istorii, in dem die Ergebnisse der Diskussion zusammengefaßt wurden, zum Ausdruck. Unter Berufung auf eine angebliche Mehrheit der Diskussionsteilnehmer wurde erklärt, »daß die bekannte Definition der Nation, die von J. W. Stalin formuliert wurde, die Zusammenfassung all dessen ist, was Marx, Engels und Lenin zur Frage nach dem Wesen und den Hauptmerkmalen der Nation gesagt haben«[24].

## 6. Breshnews These vom einheitlichen Sowjetvolk

Die Diskussion über den Nationsbegriff sollte keineswegs im Sande verlaufen. Sie trug bei zu der Aufstellung der These vom »Sowjetvolk« (sowjetskij narod) als einer im Verhältnis zu den einzelnen Nationen der Sowjetunion qualitativ höheren Erscheinung der Menschengemeinschaft, die von Breshnew in seinem Referat auf dem XXIV. Parteitag der KPdSU 1971 offiziell vertreten wurde.

Breshnew sagte: »In den Jahren des sozialistischen Aufbaus ist in unserem Lande eine neue historische Gemeinschaft der Menschen – das Sowjetvolk – entstanden. Bei gemeinsamer Arbeit im Kampf für den Sozialismus und in den Kämpfen für seinen Schutz wurden neue, harmonische Beziehungen zwischen den Klassen und sozialen Schichten der Nationen und Nationalitäten geboren[25].«

Die Ausführungen des Parteichefs ließen erkennen, daß unter dem Sowjetvolk mehr zu verstehen war als nur das Staatsvolk der Sowjetunion, das sich aus verschiedenen Nationen, Völkerschaften und Volksgruppen zusammensetzt. Gemeint war das bisher erreichte Ergebnis des Assimilationsprozesses, auch wenn es Breshnew ebenso wie auf dem XXIII. Parteitag 1966 zunächst vermied, von einer »Verschmelzung« als Ziel der angestrebten »allmählichen Annäherung« zu sprechen. Auch in der Parteitagsentschließung zum ZK-Bericht war bei der Behandlung der nationalen Beziehungen nur von der dialektischen Verbindung des »Aufblühens« und der »Annäherung« die Rede, wobei die Notwendigkeit einer »Festigung der Union der Sozialistischen Sowjetrepubliken« und der Berücksichtigung der »Gesamtinteressen des Sowjetstaates« besonders betont wurde. Außerdem wurde von Breshnew die Priorität des »großen russischen Volkes« besonders hervorgehoben. Im Hinblick auf die bereits erreichte Stufe in der Entwicklung des einheitlichen Sowjetvolkes äußerte sich Breschnew auf dem XXVI. Parteitag 1981, dessen Regie in den Händen von Tschernenko lag, der nach Andropow sein zweiter Nachfolger werden sollte, wesentlich vorsichtiger[26].

## 7. Die Modifizierung der sowjetischen Nationstheorie

Der These vom einheitlichen Sowjetvolk, die auch in die neue Verfassung der UdSSR von 1977 aufgenommen wurde, und den Problemen der nationalen Beziehungen in der UdSSR im Zeichen der »entwickelten sozialistischen Gesellschaft« sind seit 1971 unendlich viele sowjetische Veröffentlichungen gewidmet worden[27]. Sie lassen erkennen, daß

24 K itogam diskussii po nekotorym problemam teorii nacii (Zu den Ergebnissen der Diskussion über einige Probleme der Nationstheorie), VI, 1970, Nr. 8, S. 90.

25 XXIV. Parteitag der KPdSU, Moskau 1971, S. 143.

26 Vgl. Meissner, Nationalitätenfrage und Sowjetideologie (Anm. 20), a. a. O., S. 35 f.

27 Vgl. außer den Literaturhinweisen bei Meissner, Der sowjetische Nationsbegriff (Anm. 20), a. a. O., S. 187, Anmerkung 53, Nationalitätenfrage und Sowjetideologie (Anm. 20), a. a. O., S. 41, Anmerkung 33, an neueren Veröffentlichungen C. A. Stepanjan (Red.): Sovetskij narod – stroitel' kommunizma (Das Sowjetvolk – Erbauer des Kommunismus), Moskau 1981; B. D. El'baum: Po puti sbliže-

mit dieser Theorie, welche die nationstheoretischen Ausführungen im Parteiprogramm von 1961 ergänzte, zwei Ziele verfolgt wurden. Sie sollte erstens den Russifizierungsprozeß beschleunigen und zweitens die Integration des sowjetischen Hegemonialverbandes im Sinne einer Blockbildung aufgrund der »Breshnew-Doktrin« fördern. Beide Zielsetzungen sollten durch eine Umdeutung der Nationsdefinition Stalins und durch eine Ausweitung des Volksbegriffs leichter erreicht werden.

Die sowjetischen Lehrbücher des »Historischen Materialismus« und der »Theorie des wissenschaftlichen Kommunismus«[28] ebenso wie die seit 1973 erscheinende Zeitschrift »Nautschnyj Kommunism« (wissenschaftlicher Kommunismus) gehen seit der Diskussion über den Nationsbegriff von der Begriffsbestimmung Stalins aus, wobei sie von der Erwähnung seines Namens meist absehen[29]. Sie legen dabei besonderes Gewicht auf das Merkmal des gemeinsamen Wirtschaftslebens. In den Veröffentlichungen über das Sowjetvolk wird betont, daß dem wirtschaftlichen Element bei dieser »neuen Menschengemeinschaft multinationalen Typs« eine noch größere Rolle als bei den einzelnen sozialistischen Nationen zufällt.

nija i edinstva (Auf dem Wege der Annäherung und Einheit), Aschchabad 1981; M. I. Kuličenko (Red.): Aktual'nye problemy nacional'nych otnošenij v svete Konstitucii SSSR (Aktuelle Probleme der nationalen Beziehung im Lichte der Verfassung der UdSSR, Moskau 1981; derselbe: Rascvet i sbliženie nacij v SSSR (Aufblühen und Annäherung der Nationen in der UdSSR), Moskau 1981; V. I. Zateev: Sovetskij narod – novaja istoričeskaja obščnost' ljudej i ee internacionalizirujuščee vozdejstvie na razvitie sovetskich nacij (Das Sowjetvolk – eine neue historische Menschengemeinschaft und ihre internationalisierende Wirkung auf die Entwicklung der sowjetischen Nationen), Naučnyj kommunizm (wissenschaftlicher Kommunismus), abgekürzt NK, 1979, Nr. 4, S. 46 ff.; K. L. Korneev: Rascvet i sbliženie socialističeskich nacij i narodnostej (Aufblühen und Annäherung der sozialistischen Nationen und Völkerschaften), NK, 1979, Nr. 3, S. 36 ff.; I. P. Camerjan: Nekotorye aktual'nye voprosy teorii nacij i nacional'nych otnošenij (Einige aktuelle Fragen der Theorie von der Nation und den nationalen Beziehungen), NK, 1979, Nr. 2, S. 21 ff.; Ju. V. Bromlej, S. T. Kaltachčjan: Aktual'nye problemy marksistkoleninskoj teorii nacij i nacional'nych otnošenij i bor'ba idej (Aktuelle Probleme der marxistisch-leninistischen Theorie von der Nation und den nationalen Beziehungen und der Kampf der Ideen), NK, 1980, Nr. 1, S. 58 ff.; G. T. Tavadov: Osobennosti sovremennogo etapa razvitija nacional'nych otnošenij v SSSR (Die Besonderheiten der gegenwärtigen Etappe der Entwicklung der nationalen Beziehungen in der UdSSR), NK, 1980, Nr. 3, S. 70 ff.; Ju. E. Permjak, P. M. Rogačev, M. A. Sverdlin: Pod znakom proletarskogo internacionalizma (Im Zeichen des proletarischen Internationalismus), NK, 1981, Nr. 2, S. 42 ff.; L. V. Metelica: XXVI s-ezd KPSS o dal'nejšem razvitii nacional'nych otnošenij (Der XXVI. Parteikongreß der KPdSU über die weitere Entwicklung der nationalen Beziehungen), NK, 1981, Nr. 4, S. 64 ff.; G. T. Tavadov: XXVI s-ezd KPSS o razvitii nacional'nych otnošenij v SSSR (Der XXVI. Parteikongreß der KPdSU und die Entwicklung der nationalen Beziehungen in der UdSSR), NK, 1981, Nr. 5, S. 11 ff.; I. P. Camerjan: Vklad XXVI s-ezda KPSS v marksistko-leninskuju teoriju nacional'nych otnošenij (Der Beitrag des XXVI. Parteikongresses der KPdSU und die marxistisch-leninistische Theorie der nationalen Beziehungen), NK, 1981, Nr. 4, S. 61 ff.; derselbe: K voprosu o nacional'noj strukture i nacional'nych otnošenijach razvitogo socialističeskogo obščestva (Zur Frage der nationalen Struktur und der nationalen Beziehungen der entwickelten sozialistischen Gesellschaft), NK, 1982, Nr. 2, S. 42 ff.; Z. V. Stepanov: Internacional'noe edinstvo sovetskogo naroda (Die internationale Einheit des Sowjetvolkes), NK, 1983, Nr. 1, S. 150 ff.

28 Vgl. A. G. Spirkin: Kurs marksistkoj filosofii (Lehrgang der marxistischen Philosophie), 2. Aufl., Moskau 1966, S. 424 ff.; E. F. Sulimov: Osnovy naučnogo kommunizma (Grundlagen des wissenschaftlichen Kommunismus), Moskau 1968, S. 377 ff.; P. N. Fedoseev (Red.): Osnovy naučnogo kommunizma, 3. Aufl., Moskau 1969, S. 281 ff.; 429 ff.; V. Ž. Kelle, M. Ja. Koval'zon: Kurs istoričeskogo materializma (Lehrgang des historischen Materialismus), Moskau 1969, S. 232 ff.

29 Vgl. hierzu auch die Begriffsbestimmungen bei N. M. und S. Kaltachtschjan: Nation und Nationalität im Sozialismus, Berlin (Ost) 1976, S. 18; E. A. Bagramow: Die marxistisch-leninistische Theorie der nationalen Beziehungen und der gegenwärtige ideologische Kampf, in: Sozialismus und Nationen, Berlin (Ost) 1975, S. 53.

In den Lehrbüchern ist außerdem die Tendenz bemerkbar, die subjektiven Momente in Verbindung mit dem vierten Merkmal Stalins, der Kulturgemeinschaft, die sich in der psychischen Wesensart äußert, stärker zu berücksichtigen. So unterscheiden Kelle-Kowal'son zwischen der Nation als materieller Gemeinschaft, bestimmt durch das Wirtschaftsleben und Territorium, als Sprachgemeinschaft und als »geistige Gemeinschaft«, die durch die psychische Wesensart bestimmt ist und in den besonderen Wesenzügen des nationalen Charakters und der nationalen Form der Kultur zum Ausdruck kommt. Spirkin spricht beim vierten Merkmal von »einigen Besonderheiten der Psychologie der Menschen sowie den Traditionen der Lebensweise und Kultur«. Auch in den von Konstantinow redigierten »Grundlagen der marxistisch-leninistischen Philosophie« ist beim vierten Merkmal von »einigen Besonderheiten der gesellschaftlichen Psychologie«, die den »spezifischen Zügen der Kultur« des gegebenen Volkes, die seine Kultur von den Kulturen anderer Völker unterscheidet, zugrunde liegen, die Rede[30].

Im Zusammenhang mit der besonderen Hervorhebung des ökonomischen Faktors ist das Bestreben festzustellen, im Sinne einiger bei der Diskussion des Nationsbegriffs gemachter Vorschläge eine Änderung der in der Nationsdefinition Stalins enthaltenen Reihenfolge der vier Merkmale vorzunehmen. Ein solcher Vorschlag findet sich auch in der deutschen Ausgabe des von P. N. Fedossejew herausgegebenen Sammelbandes »Der Leninismus und die nationale Frage in der Gegenwart«.

Nach Wiedergabe der traditionellen Nationsdefinition unter Erwähnung Stalins wird erklärt, »daß die Merkmale der Nation nicht als gleichwertig betrachtet werden können, daß das Wichtigste und Ausschlaggebende die Gemeinschaft des Wirtschaftslebens ist«. Im Sinne dieser Ausführungen wird folgende Begriffsbestimmung der Nation vorgeschlagen:

»Die Nation ist eine stabile historische Menschengemeinschaft als Form der gesellschaftlichen Entwicklung, die sich auf der Basis der Gemeinschaft des Wirtschaftslebens in Verbindung mit der Gemeinschaft der Sprache, des Territoriums, den Besonderheiten der Kultur, des Bewußtseins und der Psychologie herausgebildet hat[31].«

Die deutsche Ausgabe des von Fedossejew herausgegebenen Sammelbandes ist 1974 erschienen. Sie wird als Übersetzung des 1972 erschienenen russischen Originals[32] ausgegeben, das im einleitenden Teil einen ganz anderen Inhalt hat und die Nationsdefinition Stalins ebensowenig erwähnt wie den Vorschlag einer neuen Begriffsbestimmung. Offenbar ist die veränderte deutsche Ausgabe dazu bestimmt gewesen, die noch stärkere ideologische Abweichung der SED-Führung in der »nationalen Frage« durch eine Aushöhlung der Nationsdefinition Stalins zu unterstützen. Das geschieht auch dadurch, daß die Rolle der »sozialen Faktoren« im Verhältnis zu den »ethnischen Faktoren« besonders betont wird[33]. Von sowjetischer Seite wird allerdings dabei hervorgehoben, daß die sozialistischen Nationen eine »einheitliche historische Entwicklungsreihe« mit den bürgerlich-kapitalistischen Nationen bilden würden[34]. Mit dieser Betonung der Kontinuität in der Nationsentwicklung wird im Grunde genommen der Rechtfertigung der Teilung einer Nation aus gesellschaftspolitischen Motiven und mit einer ausschließlich sozialökonomi-

30 Vgl. Konstantinow (Anm. 2), a. a. O., S. 373.

31 P. N. Fedossejew (Leiter des Autorenkollektivs): Der Leninismus und die nationale Frage in der Gegenwart, Moskau 1974, S. 29.

32 P. N. Fedoseev (Red. u. Leiter): Leninizm i nacional'nyj vopros v sovremennych uslovijach, Moskau 1972.

33 Vgl. Fedossejew (Anm. 31), a. a. O., S. 70 ff.

34 Vgl. M. I. Kulitschenko: Aktuelle Probleme der marxistisch-leninistischen Lehre von den Nationen und nationalen Beziehungen im Sozialismus, in: Sozialismus und Nationen (Anm. 29), a. a. O., S. 67.

schen Begründung, wie sie sich in der Nationslehre der DDR findet und auch in der Völkerrechtslehre der DDR mit Unterstützung einiger sowjetischer Völkerrechtler vertreten wird, der Boden entzogen.

### 8. Der Wandel im sowjetischen Volksbegriff

In der Sowjetunion pflegt man die Nationen, Völkerschaften und Volksgruppen unter dem Oberbegriff »Nationalitäten« zusammenzufassen. Unter »Nationalität« (nacional'nost) wird zugleich im Unterschied zu dem im romanisch-angelsächsischen Bereich üblichen Sprachgebrauch Volkszugehörigkeit und nicht Staatszugehörigkeit verstanden. Da bei dem Begriff Volkszugehörigkeit stärker auf die ethnische Seite abgestellt wird, veranlaßte dies die Nationstheoretiker N. M. und S. T. Kaltachtschjan, die sich als Interpreten des einheitlichen Sowjetvolkes hervorgetan hatten, die Nationalität im Verhältnis zur Nation nicht nur als einen weiteren, sondern auch wesentlich engeren Begriff darzustellen[35]. Auf diese Weise sind von ihnen entsprechende Bestrebungen in der DDR unterstützt worden, in der ihre Schrift 1976 in deutscher Übersetzung erschien. Ihre Behauptung, daß die Nationalität nicht nur weiter, sondern auch enger zu verstehen sei, »weil das Ethnische nicht den ganzen Inhalt der Nation umfaßt, sondern sich nur auf einige die nationale Gemeinschaft verbindende Faktoren bezieht«, ist in dieser übertriebenen Form in keiner Weise schlüssig. Der Begriff Nationalität ist ja nicht neu. Er ist im ost- und mitteleuropäischen Bereich, insbesondere in Österreich-Ungarn, immer im Sinne des Gesamtvolkes oder eines Volksteiles gebraucht worden. Es ist nicht einzusehen, warum Nationalität auf einmal mit dem Gesamtvolk nicht gleichzusetzen ist, zumal der Volksbegriff seit der »Chruschtschow-Ära« in der Sowjetunion eine wesentliche Erweiterung erfahren hat.

Der Begriff des Volkes (narod) bezog sich in der Sowjetideologie zunächst nur auf die Volksmassen, soweit nicht die Bevölkerung eines Staates, d. h. das Staatsvolk, gemeint war. In Verbindung mit der Fragestellung nach der »Rolle der Volksmassen und der Persönlichkeit in der Geschichte«[36] werden die Volksmassen als die eigentlichen Träger des geschichtlichen Geschehens bezeichnet. Zu ihnen sind nach sowjetischer Auffassung alle diejenigen zu zählen, »die die gesellschaftliche Produktion in Gang halten und von ihrer Hände Arbeit leben, das heißt die Massen der Werktätigen«. Der sowjetische Staatstheoretiker Butenko, der später an der Ausarbeitung der Volksstaatslehre wesentlichen Anteil haben sollte, wandte sich bereits 1955 dagegen, daß der spezifische Volksbegriff nur auf die Gesamtheit der »Werktätigen« bezogen würde[37]. Er erklärte, daß das »Volk« ein historischer Begriff sei, »der weder mit dem Begriff ›Bevölkerung‹ noch mit demjenigen der ›Nation‹ kongruiert«. Er würde auf jeder historischen Stufe einen bestimmten Inhalt besitzen, »der die Wandlung der inneren Struktur der menschlichen Gesellschaft vor allen Dingen in Verbindung mit der Veränderung der ökonomischen Bedingungen ihrer Existenz widerspiegelt«. Unter Bezugnahme auf die Volksdefinition Mao Tse-tungs aus dem Jahre 1949[38] betonte Butenko, daß der ausschließlich ökonomische Gesichtspunkt zur Bestimmung des Begriffs »Volk« nicht ausreicht, und gelangte damit zur Schlußfolgerung, »daß das Volk eine historisch sich verändernde Gemeinschaft von Menschen ist, die den-

35 Vgl. N. M. und S. T. Kaltachtschjan, Nation und Nationalität im Sozialismus (Anm. 29), a. a. O., S. 16.

36 Vgl. Rol' narodnych mass i ličnosti v istorii (Die Rolle der Volksmassen und der Persönlichkeit in der Geschichte), Moskau 1957.

37 Vgl. A. D. Butenko: O soderžanii ponjatija »narod« (Über den Inhalt des Begriffes »Volk«), VI, 1955, Nr. 4, deutsche Übersetzung: Ost-Probleme, 7. Jg., 1955, S. 1505.

38 Mao Tse-tung setzte in seiner Schrift »Über die demokratische Diktatur des Volkes« das Volk mit den vier Klassen der Arbeiter, der Bauern, den Kleinbürgern und der nationalen Intelligenz gleich.

jenigen Teil, diejenigen Schichten und Klassen der Bevölkerung umschließt, die ihrer objektiven Lage nach dazu geeignet sind, an der Lösung der Aufgaben einer progressiven, revolutionären Entwicklung eines gegebenen Landes in einer gegebenen Periode gemeinsam teilzunehmen«[39].

Die Definition Butenkos ist in die offiziellen Lehrbücher nicht übernommen worden, doch war bereits in den »Grundlagen des Marxismus-Leninismus« das Bestreben, den Begriff »Volksmassen« extensiv auszulegen, unverkennbar. Es heißt dort: »Aus welchen Klassen und Schichten die Volksmassen konkret bestehen, hängt von der Epoche, vom Charakter der Gesellschaftsformation ab. Wenn man also den Begriff ›Volksmassen‹ gebraucht, so ist die Frage stets vom Klassenstandpunkt zu untersuchen und der konkrete Klasseninhalt der Bewegung festzustellen, an der die Volksmassen mitwirken[40].«

Einen Schritt weiter ging Tschesnokow, der zwischen drei Volksbegriffen unterschied[41]. Beim ethnographischen Volksbegriff würden sich das Volk und die entsprechenden Entwicklungsformen der Gesellschaft, wie Nation oder Völkerschaft, decken. Beim Volksbegriff im sozialökonomischen Sinne würde es sich um die Volksmassen, d. h. die in der Produktion tätige arbeitende Bevölkerung, handeln. Durch den Volksbegriff im sozialpolitischen Sinne würden im Sinne der Vorstellungen Butenkos alle progressiven sozialen Kräfte und nicht nur die Werktätigen erfaßt.

Eine weitere Ausweitung des sozialpolitischen Volksbegriffs erfolgte durch die Lehre Chruschtschows vom Staat und der Partei des gesamten Volkes[42]. Sie beruhte auf der These, daß der Klassenkampf und damit die Diktatur des Proletariats innerhalb der Sowjetunion, nicht aber in der übrigen Welt (einschließlich der Volksdemokratien) beim Beginn des umfassenden Aufbaus des Kommunismus weggefallen sei. Wenn die Sowjetunion ein Nationalstaat gewesen wäre, hätte dies die erstmalig erreichte Kongruenz von Nation und Volk im sozialpolitischen Sinne bedeutet. Da dies beim sowjetischen Nationalitätenstaat nicht der Fall war, bedurfte das Verhältnis des »Gesamtvolkes« zu den Nationen, Völkerschaften und Volksgruppen, die seine Bestandteile bildeten, einer Klärung, vor allem nachdem die diktatorischen Züge des Volksstaates nach dem Sturz Chruschtschows wieder stärker betont wurden. Dies ist durch die von einem Teil der sowjetischen Nationstheoretikern entwickelte und von Breschnew übernommene These von dem sowjetischen Volk als einer neuen historischen Menschengemeinschaft erfolgt. Im Verhältnis zum Sowjetvolk, das die Übergangsform zu einer einheitlichen Sowjetnation darstellt, fällt damit vom sowjetischen Standpunkt den einzelnen Nationen eine ähnliche Rolle zu wie den Stämmen beim Übergang von der Völkerschaft zu einer sich in der Entwicklung befindlichen bürgerlichen Nation.

Bemerkenswert ist, daß auch bei dem engeren sowjetischen Hegemonialverband, dem die DDR angehört, von der gleichen Perspektive, die nur für einen längeren Zeitraum gedacht ist, ausgegangen wird[43]. Diese imperiale Zielsetzung läßt erkennen, daß die Wandlungen der sowjetischen Nationstheorie nicht nur für die Nationalitätenproblematik in der Sowjetunion und ihren Gefolgsstaaten, sondern auch für die Auseinandersetzung um die offene deutsche Frage von besonderer Bedeutung ist.

39 Butenko (Anm. 37), a. a. O., S. 1507.
40 O. Kuusinen (Red.): Grundlagen des Marxismus-Leninismus, 1. Aufl., Berlin (Ost) 1960, S. 204; 2. Aufl., 1963, S. 205.
41 D. T. Česnokov: Istoričeskij materializm (Historischer Materialismus), Moskau 1965, S. 417.
42 Vgl. B. Meissner: Entwicklung und Grundzüge der sowjetischen Staatslehre, in: R. Maurach, B. Meissner (Hrsg.): 50 Jahre Sowjetrecht, Stuttgart 1969, S. 19, 24 ff., 31 ff.
43 Vgl. Meissner, Nationalitätenfrage und Sowjetideologie (Anm. 20), a. a. O., S. 38 f.

## II. Die Veränderungen in der Haltung der UdSSR und DDR zur deutschen Nation und zum deutschen Volk

Die veränderte Stellung der Sowjetunion in der Frage der Einheit Deutschlands und der deutschen Nation ist in erster Linie durch den Kurswechsel in der sowjetischen Deutschlandpolitik seit 1955 bedingt gewesen[44]. Die Begründung dieses Kurswechsels und die späteren Kurskorrekturen stehen in einem sehr engen Zusammenhang mit den geschilderten Wandlungen der sowjetischen Nationstheorie.

Die DDR hat sich diesen Kursänderungen angepaßt, soweit sie nicht auf bestimmte Entwicklungen in der Deutschlandpolitik der Bundesrepublik Deutschland reagierte. Sie ist teilweise der Sowjetunion vorausgeeilt und hat durch ihr zunehmendes politisches Gewicht die sowjetische Deutschlandpolitik die längste Zeit mehr im Sinne einer Verhärtung als Auflockerung beeinflußt.

Die Teilung Deutschlands und damit der deutschen Nation ist wesentlich durch die Politik Stalins herbeigeführt worden. Unter ihm ist jedoch, auch nach der Entstehung der beiden deutschen Teilstaaten, die staatliche Kontinuität Deutschlands nicht in Zweifel gezogen worden. Dies ist auch bei der Aufnahme der diplomatischen Beziehungen zwischen der Bundesrepublik Deutschland und der Sowjetunion und dem Abschluß des »Souveränitätsvertrages« mit der DDR im September 1955 nicht der Fall gewesen[45]. Trotzdem sollte die nach der Genfer Gipfelkonferenz im Juli 1955 offiziell verkündete These von den zwei voneinander getrennten souveränen Staaten, die in der DDR bereits früher vertreten wurde[46], wesentlich zu einer Vertiefung der Teilung und damit zur Verneinung dieser Kontinuität beitragen.

Chruschtschow ist auf der Grundlage der Zwei-Staaten-These in einem klaren Widerspruch zur Selbstbestimmungskonzeption Lenins von einem Vorrang der sozialen Selbstbestimmung im Sinne des sowjetkommunistischen Modells vor der nationalen Selbstbestimmung ausgegangen. Er ordnete damit die nationale Frage der sozialen Umwälzung unter und versuchte damit die Nichtanwendung des Selbstbestimmungsrechts im deutschen Fall zu begründen[47]. Ein weiterer Schritt, der in Verbindung mit dem Berlin-Ultimatum und dem Bau der Berliner Mauer erfolgte, war die These, daß die einheitliche deutsche Nation infolge der gegensätzlichen gesellschaftlichen Entwicklung in zwei unterschiedliche Völker zerfallen sei[48]. Sie ist zunächst nur von wenigen sowjetischen Völkerrechtlern vertreten worden. In diesem Sinne erklärte Staruschenko[49]:

44 Vgl. B. Meissner: Die Sowjetunion und die deutsche Frage 1949–1955, in: D. Geyer (Hrsg.): Sowjetunion. Außenpolitik 1917–1955 (Osteuropa-Handbuch), Köln/Wien 1972, S. 495 ff.

45 Vgl. Meissner, Die Sowjetunion und die deutsche Frage (Anm. 44), a. a. O., S. 500.

46 Zur Zwei-Staaten-These vgl. J. Hacker: Der Rechtsstatus Deutschlands aus der Sicht der DDR, Köln 1974, S. 133 ff.

47 Vgl. die Äußerungen Chruschtschows aus Anlaß der Unterzeichnung des ersten bilateralen Bündnisvertrages zwischen der UdSSR und DDR vom 12. Juni 1964 (Prawda vom 12. 6. 1964) und in dem Interview mit einer japanischen Parlamentsdelegation vom 15. September 1964 (Prawda vom 20. 9. 1964).

48 Vgl. K. Iwanow: Über Selbstbestimmung und Bonner Heuchelei, Prawda vom 22. Dezember 1961; deutsche Übersetzung, Beilage zum »Parlament« vom 18. April 1962, S. 197; dazu die Erwiderung von B. Dirnecker: Die deutsche Forderung nach Selbstbestimmung und das schlechte Gewissen Moskaus, ebenda, S. 189 ff.

49 G. Staruschenko: Wer verhindert eigentlich die Selbstbestimmung?, in: »Die Sowjetunion heute« vom 10. Dezember 1961, Nr. 35, S. 3/4. Die apologetischen Ausführungen Staruschenkos stehen im Widerspruch zu dem in einem früheren Aufsatz gebrauchten Satz: »Man kann nicht das Recht eines Volkes auf Selbstbestimmung anerkennen und ihm die Möglichkeit nehmen, Herr im eigenen Hause zu sein.« G. B. Starušenko: Protiv izvraščenija principa samoopredelenija narodov i nacij (Gegen die Verdrehung des Prinzips der Selbstbestimmung der Völker und Nationen), Sovetskoe gosudarstvo i pravo (Sowjetstaat und Recht), 1958, Nr. 1, S. 63.

»Die einheitliche Nation teilte sich faktisch in zwei Völker, die sich unter den Bedingungen entgegengesetzter sozialer Systeme weiterentwickelten.«

Zur Begründung dieser Behauptung, die bereits aus Äußerungen Tunkins zum Selbstbestimmungsrecht zu entnehmen war, wurde teils auf den Zerfall Österreich-Ungarns als Folge des Ersten Weltkrieges, teils auf die Trennung der Deutsch-Österreicher von dem deutschen Gesamtvolk im 19. Jahrhundert hingewiesen[50]. Die dabei gebrachten Argumente waren in keiner Weise schlüssig, da es sich im deutschen Falle um die Folgen der Teilung eines Nationalstaates handelte, die in erster Linie aus machtpolitischen und nicht sozialen Gründen vollzogen worden war.

In der DDR wurde auf der Grundlage der Zwei-Staaten-Theorie zunächst an der Einheit der deutschen Nation festgehalten. Im »Nationalen Dokument« von 1962[51] wurde von der »in zwei Staaten gespaltenen deutschen Nation« ausgegangen, zugleich aber behauptet, daß das Selbstbestimmungsrecht in der DDR verwirklicht worden sei. Im gleichen Sinne war das erste Parteiprogramm der SED von 1963[52] gehalten, das die Umgestaltung der gesamten deutschen Nation in eine »sozialistische Nation« als das angestrebte Ziel hervorhob.

Die Völkerrechtler der DDR, die anfangs unter Zugrundelegung der Nationsdefinition Stalins die Einheit der deutschen Nation und das ihr zustehende Selbstbestimmungsrecht besonders betont hatten, waren bestrebt, die sowjetische These vom Zerfall der deutschen Nation unter Hervorhebung des Vorranges der sozialen Selbstbestimmung in einer modifizierten Form zu übernehmen[53].

So ging Arzinger in seiner 1964 verfaßten Habilitationsschrift zwar ebenfalls von zwei »Völkern« aus, die sich in Deutschland aufgrund der Teilung entwickelt hätten, erklärte aber zugleich, daß die deutsche Nation als Einheit fortbestehen würde[54]. Er behauptete dabei, daß die beiden deutschen Völker, die er faktisch mit der Bevölkerung der beiden deutschen Teilstaaten gleichsetzte, allein als Subjekte des Selbstbestimmungsrechts in Frage kämen. Bei der Verteidigung seiner Schrift stieß Arzinger damals noch auf Kritik einiger seiner Kollegen, die ihm einerseits eine fehlende klare Abgrenzung des Nations- und Volksbegriffs vorwarfen, andererseits von dem Fortbestand des Selbstbestimmungsrechts des deutschen Gesamtvolkes ausgingen[55].

Eine gegenteilige Ansicht ging aus einer Äußerung des Gesandten Kegel, eines einflußreichen ZK-Mitarbeiters, anläßlich der Errichtung des »Staatssekretariats für gesamtdeutsche Fragen« im Januar 1966 hervor[56]. Er erklärte, daß sich infolge der Teilung

[50] Vgl. die Zuschrift des sowjetischen Völkerrechtlers und damaligen Leiters der Vertrags-Rechts-Abteilung des Außenministeriums der UdSSR, G. I. Tunkin, an die Izvestija vom 27. Mai 1959 und die deutsche Erwiderung im Bulletin des Presse- und Informationsamtes der Bundesregierung vom 12. Juni 1959. Wortlaut: Internationales Recht und Diplomatie, 5. Jg., 1960, S. 564 ff.

[51] Vgl. den Wortlaut mit der Analyse von A. Riklin, in: A. Riklin, K. Westen: Selbstzeugnisse des SED-Regimes, Köln 1963, S. 11 ff.

[52] Vgl. den Wortlaut mit der Analyse von A. Riklin, ebenda (Anm. 51), S. 53 ff.

[53] Vgl. J. Hacker: Das Selbstbestimmungsrecht aus der Sicht der DDR, in: B. Meissner (Hrsg.): Das Selbstbestimmungsrecht in Osteuropa und China, Köln 1968, S. 168 ff.; derselbe: Nation und Selbstbestimmungsrecht aus der Sicht der DDR, Internationales Recht und Diplomatie, Jg. 1972, S. 73 ff.

[54] Vgl. R. Arzinger: Das Selbstbestimmungsrecht im allgemeinen Völkerrecht der Gegenwart, Berlin (Ost) 1966, S. 397. Vgl. dazu E. Kristof: Die Lehre vom Selbstbestimmungsrecht in der Völkerrechtsdoktrin der DDR, Frankfurt a. M. 1973; H. H. Mahnke: Träger des Selbstbestimmungsrechts in Deutschland – Sowjetzonale Ansichten, Recht in Ost und West, 11. Jg., 1967, S. 12 ff.

[55] Vgl. J. Hacker (Anm. 53), a. a. O., S. 73 ff.

[56] Vgl. G. Kegel: Der Betrug Bonns mit dem Recht auf Selbstbestimmung, Neues Deutschland vom 16. 1. 1966.

Deutschlands »zwei voneinander unabhängige deutsche Nationalstaaten« mit jeweils »einem deutschen Staatsvolk« auf einer »sehr unterschiedlichen Grundlage« herausgebildet hätten. Nur sie wären »Träger des Selbstbestimmungsrechts des Volkes«. Diese Funktion könne nicht mehr »eine abstrakte einheitliche Nation ausüben«, »die aus der staatlichen Wirklichkeit seit mehr als 16 Jahren verschwunden ist«. Im Einklang mit der Forderung nach einer »freien Stadt« Berlin war er bereit, auch der Bevölkerung West-Berlins ein eigenes Selbstbestimmungsrecht zuzugestehen.

Trotz der Hervorhebung des angeblich abstrakten Charakters der deutschen Gesamtnation ist an ihrem Fortbestand in der zweiten Verfassung der DDR von 1968 und einigen weiteren offiziellen Dokumenten festgehalten worden.

Die DDR wurde im Artikel 1 der Verfassung als ein »sozialistischer Staat deutscher Nation« bezeichnet. In der Präambel war gleichzeitig von der »Verantwortung« die Rede, »der ganzen deutschen Nation den Weg in eine Zukunft des Friedens und des Sozialismus zu weisen«. Im Artikel 8 hieß es[57]:

»Die Herstellung und Pflege normaler Beziehungen und die Zusammenarbeit der beiden deutschen Staaten auf der Grundlage der Gleichberechtigung sind nationale Anliegen der Deutschen Demokratischen Republik. Die Deutsche Demokratische Republik und ihre Bürger erstreben darüber hinaus die Überwindung der vom Imperialismus der deutschen Nation aufgezwungenen Spaltung Deutschlands, die schrittweise Annäherung der beiden deutschen Staaten bis zu ihrer Vereinigung auf der Grundlage der Demokratie und des Sozialismus.«

Eine Wendung bewirkte die Bildung der sozialliberalen Koalition unter Bundeskanzler Brandt im Oktober 1969, die mit der Feststellung von »zwei Staaten in Deutschland« eine wesentliche Modifizierung der bisherigen Ost- und Deutschlandpolitik der Bundesrepublik herbeiführte. Der Versuch von Brandt, im ersten »Bericht zur Lage der Nation« am 14. Januar 1970 die besonderen Beziehungen zwischen den beiden deutschen Teilstaaten mit dem Fortbestand der deutschen Gesamtnation zu begründen, veranlaßte Ulbricht zur besseren Absicherung des Herrschafts- und Gesellschaftssystems der DDR, die These vom Zerfall der deutschen Nation zu übernehmen und zugleich die beiden deutschen Staaten als »Nationalstaaten« von unterschiedlicher Struktur zu charakterisieren. In einem Referat am 12. Dezember 1970 erklärte er[58]: »Die bürgerliche deutsche Nation, die sich im Prozeß des Übergangs vom Feudalismus zum Kapitalismus entwickelt und die im Rahmen eines einheitlichen Staates von 1871 bis 1945 bestanden hatte, existiert nicht mehr. Die DDR ist der sozialistische deutsche Nationalstaat, in ihr vollzieht sich der Prozeß der Herausbildung einer sozialistischen Nation. Dafür sind bereits unwiderrufliche Tatsachen entstanden. Die BRD ist ein imperialistischer Staat der NATO und verkörpert den verbliebenen Teil der alten bürgerlichen deutschen Nation unter den Bedingungen des staatsmonopolistischen Herrschaftssystems.«

Honecker hat als Nachfolger Ulbrichts auf dem VIII. Parteitag der SED im Juni 1971 dem Rechenschaftsbericht des Zentralkomitees die Zwei-Nationen-These zugrunde gelegt[59]. Er hat gleichzeitig die gesamtnationale Perspektive, die unter Ulbricht verblieben war, im Verlauf der anschließenden Entwicklung sogar abgeschwächt. Eine wesentliche Rolle dürfte dabei die Reaktion auf die Auslegung des Grundlagenvertrages vom 21. De-

57 Verfassung der Deutschen Demokratischen Republik. Dokumente, Kommentar, Bd. 1, Berlin (Ost) 1969, S. 308.

58 Deutschland Archiv, 4. Jg., 1971, S. 309 f.

59 Deutschland Archiv, 4. Jg., 1971, S. 771.
Vgl. P. H. Ludz: Zum Begriff der »Nation« in der Sicht der SED. Wandlungen und politische Bedeutung, in: Deutschland Archiv, 5. Jg., 1972, S. 17 ff.

zember 1972 im Urteil des Bundesverfassungsgerichts vom 31. Juli 1973 gespielt haben[60].

Mit der Verfassungsänderung vom 7. Oktober 1974[61] ist jeder Hinweis auf die deutsche Nation weggefallen. Die DDR wird jetzt im Artikel 1 als »sozialistischer Staat der Arbeiter und Bauern« bezeichnet. Gemäß der neuen Präambel »hat das Volk der Deutschen Demokratischen Republik« . . . »sein Recht auf sozialökonomische, staatliche und nationale Selbstbestimmung verwirklicht und gestaltet die entwickelte sozialistische Gesellschaft«.

Gemäß dem Artikel 6 Absatz 2 ist die DDR »für immer und unwiderruflich mit der Union der Sozialistischen Sowjetrepubliken verbündet« und daher »untrennbarer Bestandteil der sozialistischen Staatengemeinschaft«, d. h. des sowjetischen Hegemonialverbandes.

In dem Bündnisvertrag der DDR mit der Sowjetunion vom 7. Oktober 1975 und weiteren Verträgen mit Polen, der ČSSR, Ungarn und Bulgarien hat sich die SED-Führung zu einer Politik verstärkter Annäherung nicht nur mit den Staaten, sondern auch den Nationen, die der »sozialistischen Gemeinschaft« beziehungsweise dem »sozialistischen Weltsystem« angehören, bekannt[62]. Dies geschah nach der Unterzeichnung der KSZE-Schlußakte, die im Korb 3 von einer verstärkten Kommunikation zwischen Ost und West ausging.

Die Abkehr vom Begriff der deutschen Nation in Verbindung mit der Verfassungsänderung von 1974 hat offenbar in der DDR Verwirrung ausgelöst. Sie veranlaßte Honecker auf der 13. ZK-Tagung der SED im Dezember 1974, die Nationsfrage dadurch zu modifizieren, indem er feststellte, daß die Staatsbürger der DDR »der Nationalität nach in der übergroßen Mehrheit Deutsche sind«[63]. Honecker machte sich damit die in der Sowjetunion übliche Unterscheidung zwischen Staatsangehörigkeit und Volkszugehörigkeit zu eigen. Er knüpfte zugleich an den Begriff Nationalität, wie er in der Diskussion um die föderative Umgestaltung Österreich-Ungarns eine Rolle gespielt hatte, an.

Die Unterscheidung zwischen den Begriffen der Nation und der Nationalität ist in das zweite Parteiprogramm der SED von 1976[64] aufgenommen worden. In ihm kommt das Streben nach einer stärkeren nationalen Abgrenzung gegenüber der Bundesrepublik und die Bereitschaft zu einer verstärkten Integrations- und Assimilationspolitik gegenüber der Sowjetunion und ihren Gefolgsstaaten deutlich zum Ausdruck. Die »ständige Annäherung« wird dabei auf der Grundlage des »sozialistischen Internationalismus« als ein »gesetzmäßiger historischer Prozeß« bezeichnet. Andererseits wird im Parteiprogramm das Interesse der SED betont, daß »die Beziehungen zwischen der sozialistischen Deutschen Demokratischen Republik und der kapitalistischen Bundesrepublik Deutschland als Beziehungen zwischen souveränen Staaten unterschiedlicher Gesellschaftsordnung auf der Grundlage der Prinzipien der friedlichen Koexistenz und der Normen des Völkerrechts entwickelt werden«.

Dem Nationsexperten der DDR, Kosing, und dem Historiker Walter Schmidt fiel die

60 Vgl. G. Ress: Die Rechtslage Deutschlands nach dem Grundlagenvertrag vom 21. Dezember 1972, Berlin 1978.

61 Vgl. den Kommentar von Mampel zu den Verfassungsänderungen, in: S. Mampel: Die sozialistische Verfassung der Deutschen Demokratischen Republik. Kommentar, Frankfurt a. M. 1982, S. 118 ff.

62 Vgl. Th. Schweisfurth: Die neue vertragliche Bindung der DDR an die Sowjetunion, Europa-Archiv, 30. Jg., 1975, S. 757 f.; B. Meissner: Entwicklungsphasen des Ostpakt-Systems in Ost- und Mitteleuropa, in: Osteuropa. Berichte und Forschungen (Festschrift für Gotthold Rhode zum 65. Geburtstag), Stuttgart 1981, S. 494.

63 Deutschland Archiv, 8. Jg. 1975, S. 93.

64 Wortlaut: Dokumente der SED, Bd. XVI, Berlin (Ost), S. 30 ff.

Aufgabe zu, die Begriffe »Nation« und »Nationalität« theoretisch genauer zu begründen und sie voneinander abzugrenzen. Das geschah in einem gemeinsamen programmatischen Artikel über »Nation und Nationalität in der DDR« im »Neuen Deutschland« vom 15./16. 2. 1975 und in der 1976 erschienenen Monographie von Kosing »Nation in Geschichte und Gegenwart«, die durch einen Sammelband »Dialektik des Sozialismus«, der unter seiner verantwortlichen Leitung 1981 erschien, ergänzt wurde.

Während gemäß Kosing und Schmidt die »sozialistische Nation« sich erst entwickelte, hat sie sich nach einer Äußerung Honeckers auf dem X. Parteitag der SED im April 1981 bereits konstituiert.

Nach Kosing[65] ist die Nation »eine dialektische Einheit von ökonomischen, sozialen, politischen, ideologischen und ethnischen Faktoren, in welcher den ersteren die bestimmende Rolle zukommt, weil sie den historischen Typ der Nation (kapitalistische oder sozialistische Nation), den sozialen Inhalt und den Klassencharakter der nationalen Beziehungen wie der Nation insgesamt festlegen«. Die Nationen würden sich konkret voneinander »weder durch einen besonderen Nationalcharakter oder nationalen Willen«, sondern durch »zwei Gruppen von gesellschaftlichen Erscheinungen« unterscheiden. Die erste Gruppe bilden die mit der jeweiligen »ökonomischen Gesellschaftsfunktion« verbundenen »historisch gewordenen Aspekte« der gesellschaftlichen Entwicklung. Zur zweiten Gruppe gehören die »spezifischen Nationalitätsunterschiede«, die nicht an eine bestimmte Gesellschaftsformation gebunden sind und »jeder Nation das charakteristische nationale Kolorit verleihen«. Der jeweilige Nationstyp sei durch die »soziale Seite« der Nation bestimmt, der gegenüber der »ethnischen Seite« der unbedingte Vorrang zukomme.

Die Schwäche der Arbeiten Kosings ist darin zu sehen, daß er wesentliche Strukturelemente der Nation nicht akzeptiert oder aufführt, die Rolle der sozialökonomischen Faktoren übertreibt und die Nationalität ebenso wie die Kaltachtschjans auf einige ethnische Merkmale reduziert.

Nach Laun ist die Nationalität als Gesamtvolk: »die aus Abstammungsgemeinschaft, Geschlechtsvermischung und Angleichung (Assimilation) entstandene und durch die Gleichheit der Sprache zu geistiger Einheit verschmolzene sittliche Gemeinschaft des persönlichen Bekenntnisses«[66].

Diese Definition zeigt, daß die Nationalität (im Sinne des Volkes im natürlichen Sinn) ein allgemeineres Wesen als die Nation besitzt.

Die Begriffsbestimmung Kosings von einer Nationalität ist somit viel zu eng, während seine Argumente zur Begründung des besonderen Charakters einer »sozialistischen Nation« in der DDR und damit der Zwei-Nationen-These keineswegs schlüssig sind[67]. Kosing stützte sich in seinen Ausführungen auf die mit Rücksicht auf die DDR veränderte deutsche Ausgabe des Sammelbandes von Fedossejew und auf die Ausführungen der Kaltachtschjans. Er übte Kritik an der Nationsdefinition Stalins, da die Zwei-Nationen-These der Begriffsbestimmung Stalins eindeutig widersprach. Von den von ihm genannten vier objektiven Merkmalen bestanden die Sprachgemeinschaft, der Territorialverband, die Kulturgemeinschaft weiter fort, während durch den innerdeutschen Handel eine besondere wirtschaftliche Beziehung zwischen den beiden Teilen der deutschen Nation weiter gegeben war.

65 Vgl. A. Kosing: Nation in Geschichte und Gegenwart, Berlin (Ost) 1976, S. 136 f.

66 R. Laun: Allgemeine Staatslehre im Grundriß, 8. Aufl., Bleckede 1961, S. 52.

67 Vgl. F. Kopp: Der Nationsbegriff in der DDR und in der Bundesrepublik Deutschland, in: Beiträge zur Konfliktforschung, 7. Jg., 1977, Nr. 4, S. 104 ff.

### III. Die Folgerungen aus den verfehlten Bemühungen der Sowjet- und DDR-Führung, die Einheit der deutschen Nation in Frage zu stellen

Die bisherigen Argumente, die von seiten der Sowjetunion und der DDR geltend gemacht wurden, um die Einheit der deutschen Nation in Frage zu stellen, stehen im Widerspruch nicht nur zur eigenen ideologischen Ausgangsposition, sondern auch zu der fortbestehenden Realität der deutschen Nation und des deutschen Volkes in seiner Gesamtheit.

Bei der Auseinandersetzung mit diesen Argumenten stellen sich vor allem zwei Fragen. Die erste Frage betrifft das besondere Wesen der Nation und ihre Unterscheidung von der Nationalität, d. h. dem Gesamtvolk. Die zweite Frage bezieht sich auf das Verhältnis der Nation und der Nationalität zum Selbstbestimmungsrecht.

Ich beschränke mich hier auf die Behandlung der ersten Frage, da ich auf die andere Frage bereits früher näher eingegangen bin[68].

Zur Beantwortung der vorliegenden Frage ist es am besten, von der bereits zitierten Definition Launs von der Nationalität als Volk im natürlichen Sinn auszugehen. Sie läßt erkennen, daß der Begriff der Nationalität nicht auf das Ethnische reduziert werden kann. Allein schon durch die Einbeziehung des subjektiven Elements ist er sehr viel weiter zu fassen, wie es die Kaltachtschjans und Kosing tun. Diese Begriffsbestimmung ermöglicht es zugleich festzustellen, welche Elemente, die für eine Nation konstitutiv sind, fehlen[69]. Auch wenn die Nation einen umfangreichen Ausschnitt aus der Nationalität, d. h. dem Gesamtvolk, bildet, weist sie noch einige zusätzliche Strukturelemente auf.

Leibholz hat darauf hingewiesen, daß sich ein Volk zu einer Nation »durch einen Akt des Selbstbewußtseins und des Willens« erweitert[70]. Auch Carlo Schmid hat neben dem Nationalbewußtsein den politischen Willen als entscheidendes Merkmal des Nationsbegriffs besonders hervorgehoben[71]. Dies hat auch Willy Brandt in seinem Bericht »Zur Lage der Nation« am 14. Januar 1970 getan[72]. Die Betonung lag bei ihm dabei mehr auf dem subjektiven Zusammengehörigkeitsgefühl. Seine Begriffsbestimmung der Nation beinhaltete trotzdem mehr als nur den Rückgriff auf die Vorstellung von einer »Kulturnation«. Im gleichen Sinne erklärte Scheuner[73], daß die Frage der nationalen Einheit in Zukunft vor allem das fortdauernde subjektive Bewußtsein der engeren Gemeinsamkeit sein werde.

Eine wichtige Rolle bei der Erhaltung dieses Bewußtseins kommt zweifellos der gemeinsamen Geschichte und den damit verbundenen Traditionen zu[74]. Conze[75] betont in diesem Zusammenhang, daß ein nationales Zusammengehörigkeitsgefühl und Selbstbe-

68 Vgl. B. Meissner: Die marxistisch-leninistische Auffassung vom Selbstbestimmungsrecht, in: D. Blumenwitz, B. Meissner (Hrsg.): Das Selbstbestimmungsrecht der Völker und die deutsche Frage, Köln 1984, S. 101 ff.

69 Ostdeutsche Wissenschaft, Jb. d. Ostdeutschen Kulturrates, Bd. I, 1954, S. 94 ff.

70 G. Leibholz, in: Schicksalsfragen der Gegenwart, Bd. I, Tübingen 1957, S. 68 f. Vgl. hierzu auch H. Heller: Staatslehre, Leiden 1934, S. 161.

71 C. Schmid, in: Die deutsche Nation – Aussagen von Bismarck bis Honecker, Köln 1976, S. 465, herausgegeben von C.-Chr. Schweitzer.

72 W. Brandt, in: Die deutsche Nation (Anm. 71) a. a. O., S. 453.

73 Vgl. U. Scheuner: Der Gedanke der nationalen Einheit im Verhältnis der beiden deutschen Staaten, Politik und Kultur, 1980, Nr. 1, S. 18. Skeptisch im Hinblick auf die Erhaltung des gemeinsamen nationalen Bewußtseins äußert sich Schweigler. Vgl. G. Schweigler: Nationalbewußtsein in der BRD und DDR, Düsseldorf 1973; derselbe: Zum Nationalbewußtsein in der DDR, Politik und Kultur, 1977, Nr. 1, S. 61 ff.

74 Vgl. J. Hacker, H. Rögner-Franck (Hrsg.): Die DDR und die Tradition (Jahrbuch der Gesellschaft für Deutschlandforschung 1981), Heidelberg 1981.

75 Vgl. W. Conze: Deutsches Selbstbewußtsein heute, Politik und Kultur, 1981, Nr. 1, S. 12 f.

wußtsein sich nur dort bilden und erhalten kann, wo bestimmte objektive Bedingungen gegeben sind, die Möglichkeiten für seine Entfaltung bieten[76].

Der politische Wille, der diese objektiven Bedingungen nutzt, ist erstens auf den menschlichen Zusammenhalt und damit auf die Erhaltung und Festigung der bestehenden nationalen Einheit gerichtet. Ein Erfolg bei diesen Bemühungen setzt ein hohes Maß von Kommunikation zwischen den einzelnene Teilen einer Nation voraus. Dies gilt in besonderem Maße für eine geteilte Nation wie die deutsche. Insofern weist die Nation den von Karl Deutsch besonders hervorgehobenen Charakter einer Kommunikationseinheit oder Kommunikationsgemeinschaft auf[77].

In den »Materialien zum Begriff der Lage der Nation 1974« werden Nationen im Sinne einer funktionalen Betrachtungsweise »als ebenso historisch-politisch wie sozioökonomisch geformte und gestaltete Einheiten« wie »besonders verdichtete Kommunikations- und Handlungsstrukturen« begriffen, »in denen die Menschen aufeinander bezogen und zu einer Einheit werden«[78]. Es wird hinzugefügt: »Die Angehörigen einer Nation verbindet sowohl das handlungsorientierte Bewußtsein von der nationalen Identität als auch der Wille, eine solche Einheit zu gestalten und aufrechtzuerhalten.« Mit diesen Formulierungen wird die richtige Einsicht zum Ausdruck gebracht, daß eine Nation nicht nur eine Bewußtseins- und Willens-, sondern auch eine Wirkungseinheit ist.

Zweitens ist der politische Wille auf die organisatorische Sicherung der Entwicklungsmöglichkeiten der Nation nach außen und innen gerichtet. Diese Sicherung gewährt vor allem der Nationalstaat. Wo eine solche organisatorische Verfestigung nicht gegeben ist, wird der Wille vor allem die Herstellung der staatlichen Einheit anstreben.

Die Nation ist immer staatsbezogen[79]. Sie unterscheidet sich aber aufgrund ihrer Bindung an ihre ethnischen Grundlagen und eines in subjektiver Hinsicht unterschiedlichen Bewußtseins vom Staatsvolk. Im Sinne einer ganzheitlichen Betrachtung ist die Nation mehr als die Summe der Staatsangehörigen. Nur bei einem sehr hohen Integrationsgrad in einem ethnisch sehr einheitlichen Nationalstaat ist die Nation mit einer Staatsnation gleichzusetzen[80].

Kimminich hat unter Bezugnahme auf Bluntschli und Robert von Mohl darauf hingewiesen, daß die Nation staatengründende Wirkungen zeitigen kann, ebenso wie der Staat auch nationenbildend wirken kann[81]. Im Falle der deutschen Nation läßt sich beides feststellen. Die Nation, die zur Grundlage der Nationalstaatsgründung wurde, hatte sich schon um 1848 als eine eigenständige Größe, die mehr war als nur eine Nationalität, herausgebildet; sie ist aber im vollen Maße als Einheit erst durch den Nationalstaat seit 1871 geprägt worden[82]. Schieder schreibt: »Wenn wir heute von der Nation sprechen, so mei-

76 Übereinstimmend W. Kocka: Nation und Gesellschaft, Politik und Kultur, 1981, Nr. 1, S. 12 f.

77 Vgl. K. W. Deutsch: Nationenbildung – Nationalstaat – Integration, Düsseldorf 1972. Weidenfeld spricht sich für die kommunikationstheoretische Betrachtung der Nation wegen ihrer empirischen Überprüfbarkeit aus. Vgl. W. Weidenfeld: Die Frage nach der Einheit der deutschen Nation, München/Wien 1981, S. 39 f.

78 Materialien zum Bericht zur Lage der Nation 1974, herausgegeben vom Bundesministerium für innerdeutsche Beziehungen, S. 70. Wuthe findet es richtig, daß in den Materialien die sozioökonomischen Faktoren eine stärkere Berücksichtigung gefunden haben. Vgl. G. Wuthe: Zum Problem sozioökonomischer Bedingtheit der Nation, in: Beilage zur Wochenzeitung »Das Parlament«, B 20 bis 21/83, S. 31 ff.

79 Vgl. Th. Veiter: Deutschland, deutsche Nation und deutsches Volk, Volkstheorie und Rechtsbegriffe, Beilage zur Wochenzeitung »Das Parlament«, B. 11/73, S. 19 ff.

80 Vgl. H. O. Zieger: Die moderne Nation, Tübingen 1931, S. 27; O. Kimminich: Nation und staatliche Einheit, Politische Studien, 1979, Nr. 1, S. 116.

81 Vgl. Kimminich (Anm. 80), a. a. O., S. 108.

82 Vgl. Conze (Anm. 75), a. a. O., S. 6. Vgl. auch Th. Schieder: Der Nationalstaat in Europa als histori-

nen wir die Nation, die den Nationalstaat durchlaufen und ihn zur historischen Voraussetzung hat. Vielleicht kann man diese Erscheinung als nachnationalstaatliche Nation bezeichnen[83].«

Was ist aufgrund dieser Feststellungen unter der Nation zu verstehen?

Die Nation ist, soweit sie sich mit der Nationalität nicht völlig deckt, wie im deutschen Fall, als das Kernvolk anzusehen, das von seinem Namen und seiner Größe her die Nationalität, d. h. das Gesamtvolk als Ganzes, in einer bestimmten Hinsicht verkörpert.

Die Nation als eine politische Willens- und Wirkungseinheit, die sich in einer sie ganz umfassenden Staatlichkeit zu verwirklichen sucht, kann in einer Übergangszeit auch in mehreren Staaten bestehen. Die organisatorische Verfestigung zum Schutz der nationalen Substanz nach innen und Wirkungsmöglichkeiten nach außen kann notfalls auch im Rahmen einer Teilstaatlichkeit erfolgen. Es kommt nur darauf an, daß ein Teilstaat dazu bereit ist und stark genug ist, um die Interessen der Gesamtnation wahrzunehmen.

Gegen eine Unterscheidung zwischen der Nation, wenn man ihre faktische Einheit nicht in Frage stellt, und der Nationalität, wenn man darunter das Gesamtvolk versteht, ist an sich nichts einzuwenden. Auch die Feststellung, daß sich eine Nation aus mehreren Nationalitäten bilden kann, ist vertretbar, wenn damit, wie im Falle der Schweiz, die freiwillige Integration von Teilen verschiedener Nationalitäten, darunter auch der Deutschschweizer, zu einer Staatsnation gemeint ist[84].

Fragwürdiger ist die Annahme, daß aus einer Nationalität verschiedene Nationen hervorgehen können, und erst recht die Behauptung, daß gegensätzliche Gesellschaftssysteme zwangsläufig unterschiedliche Nationstypen und damit Nationalstaaten der einzelnen Nationsteile ergeben würden. In dem einen Fall wird die Nation mit einem Staatsvolk gleichgesetzt. So gibt es zwar das österreichische Staatsvolk, das deutscher Nationalität ist, doch haben die Bestrebungen in der Nachkriegszeit, aus ihm eine besondere österreichische Nation zu bilden, keinen durchschlagenden Erfolg gehabt[85]. Auch in der DDR liegt nur ein Staatsvolk vor, das aber im Unterschied zu Österreich nicht nur als Teil einer deutschen Nationalität, sondern auch der weiter fortbestehenden deutschen Nation anzusehen ist.

Wenn man der Auffassung der SED-Führung folgte, dann würde die Argumentation ihrer Nationstheoretiker logischerweise darauf hinauslaufen, daß es zur Zeit drei Staaten »deutscher Nationalität« unter Einschluß Österreichs gibt, die den Charakter von drei eigenständigen Nationen und nicht nur Staatsvölkern aufweisen.

Andererseits haben ihre Argumente für die These vom Zerfall der deutschen Nation infolge der unterschiedlichen sozialökonomischen Grundlagen der Bundesrepublik und der DDR in keiner Weise überzeugen können.

sches Phänomen, Köln/Opladen 1964; U. Scheuner: Nationalstaatsprinzip und Staatenordnung seit dem Beginn des 19. Jahrhunderts, in: Th. Schieder: Staatsgründungen und Nationalitätsfrage, München/Wien 1974, S. 9 ff.

83 Vgl. Th. Schieder: Honeckers Spiel mit der Geschichte, Deutsche Zeitung vom 4. 10. 1974. In gleichem Sinne war auch die Äußerung von Bundeskanzler Kohl im »Bericht zur Lage der Nation« am 23. 6. 1983 gehalten. Dr. Kohl sagte. »Es gibt zwei Staaten in Deutschland. Aber es gibt nur eine deutsche Nation. . . Die deutsche Nation war vor dem Nationalstaat da, und sie hat ihn auch überdauert; das ist für unsere Zukunft wichtig.«

84 Vgl. J. R. von Salis: Nation: legitim oder illegitim?, Politik und Kultur, 1974, Nr. 2, S. 12. Als weitere Beispiele nennt von Salis Belgien und Kanada.

85 Vgl. H. Krejci: Dieser Dualismus des Gefühls . . . wie deutsch ist Österreich?, in: G.-H. Kaltenbrunner: Was ist deutsch? Die Unvermeidlichkeit, eine Nation zu sein, Freiburg 1980, S. 108 ff.; Veiter (Anm. 79), a. a. O., S. 24; E. Scheuch: Was ist deutsch heute?, Politik und Kultur 1977, Nr. 1, S. 31 f., 35.

Die Bindungen zwischen den Deutschen in der Bundesrepublik und der DDR sind nicht zuletzt aufgrund der besonderen Prägung, die sie gemeinsam durch den Nationalstaat erfahren haben, noch immer enger als im Verhältnis zu den Deutschösterreichern, die einen anderen Weg zurückgelegt haben[86].

Dies geht bei der Beschäftigung mit der gemeinsamen Vergangenheit, die zu einer Stärkung des Nationalbewußtseins und des Gefühls der Zusammengehörigkeit zwischen den beiden Teilen Deutschlands beigetragen hat, deutlich hervor.

In den letzten Jahren sind verstärkte Bemühungen der SED-Führung festzustellen, die gesamte deutsche Geschichte für sich in Anspruch zu nehmen. Nach Gneisenau und Scharnhorst, Hardenberg und Stein sind Friedrich der Große und Luther rehabilitiert worden. Nicht nur Preußen ist aufgewertet worden, sondern auch an August den Starken ist gedacht worden. Inzwischen ist der erste Schritt zum Einbau Bismarcks in das Geschichtsbild der DDR erfolgt. Aus der jüngsten Geschichte sind Walther Rathenau und Graf Stauffenberg lobend hervorgehoben worden.

Die SED-Führung versucht, durch diesen Rückgriff auf die ganze deutsche Geschichte und die damit verbundene Traditionspflege ihre brüchige Legitimationsbasis zu festigen und dem von ihr herrschenden DDR-Staat die fehlende »nationale Identität« zu verschaffen[87]. Nach Auffassung Honeckers ist die DDR »die staatliche Verkörperung der besten Traditionen der deutschen Geschichte«[88]. In dem von der marxistisch-leninistischen Ideologie gewiesenen Rahmen ist die Geschichtsschreibung in der DDR im Einklang mit dieser Zielsetzung bestrebt, das gewünschte offizielle Traditionsverständnis in einem dialektischen Geschichtsbild, das in einer zwölfbändigen »Nationalgeschichte« seinen Niederschlag finden soll[89], zum Ausdruck zu bringen.

In dem Aufruf zum 35. Jahrestag der Gründung der DDR im »Neuen Deutschland« vom 21./22. Januar 1984 wird betont, daß die DDR »tief und fest« »in der ganzen deutschen Geschichte verwurzelt« sei.

Im gleichen Sinne ist der Grundsatzartikel von Horst Bartel und Walter Schmidt in der Februar-Nummer 1984 der »Einheit« abgefaßt, in dem es heißt[90]: »Unser nationales Geschichtsbild wird also davon bestimmt, daß der sozialistische deutsche Staat, abgesehen von seiner internationalen Verwurzelung, seinen historischen Boden in der gesamten deutschen Geschichte hat.« Nach Bartel und Schmidt bedeutet die Einbeziehung der gesamten deutschen Geschichte »keine Beschränkung unseres Geschichtsbildes auf die revolutionäre Traditionslinie oder gar nur auf den Kampf der Arbeiterklasse«. Den Historikern der DDR bescheinigen sie, daß diese »im vergangenen Jahrzehnt« viel getan hätten, um »das historische Wirken aller Klassen und Schichten des deutschen Volkes darzustellen« und von einem ideologischen Standpunkt das »historische Erbe aufzuarbeiten« und differenziert zu werten[91]. Als Beispiele verweisen sie auf die Diskussion um den historischen Standort Martin Luthers, den sie als einen der »führenden Köpfe der frühbürgerlichen Revolution« charakterisieren, und auf die »sachliche Zurkenntnisnahme und Benennung objektiv positiver Leistungen des Preußenkönigs Friedrich II.«, dessen Denkmal inzwischen Unter den Linden wieder aufgestellt worden ist. Bezeichnend ist ihre Würdigung der historischen Leistung Bismarcks »als Bahnbrecher einer ›Revolution von

86 Ebenso Kocka (Anm. 76), a. a. O., S. 24.

87 Vgl. die Beiträge in: J. Hacker, H. Rögner-Francke (Anm. 74).

88 Vgl. P. J. Lapp: Der politische Stellenwert der Traditionspflege in der DDR, in: Hacker, Rögner-Francke (Anm. 87), a. a. O., S. 11.

89 Vgl. Die Welt vom 18. 8. 1983.

90 Vgl. H. Bartel/W. Schmidt: Sozialismus und historisches Erbe in der DDR, Einheit 1984, Nr. 2, S. 113.

91 Bartel/Schmidt (Anm. 90), a. a. O., S. 114.

oben‹, der mit der Gründung eines deutschen Nationalstaates 1871 auf junkerliche Weise dem bürgerlichen Fortschritt zum Durchbruch verhalf und auch nach 1871 in wichtigen außenpolitischen Fragen nüchternen Realitätssinn an den Tag legte«.

Bemerkenswert ist, daß in Verbindung mit dieser Rückbesinnung auf das nationale Erbe im Aufruf vom Januar 1984 der Begriff des deutschen Volkes wieder gebraucht worden ist.

Die DDR wird dabei aufgrund ihres sozialistischen Charakters einerseits als eine höhere Stufe der nationalen Entwicklung, andererseits als ein Durchgangsstadium zu einem größeren »sozialistischen Deutschland« dargestellt[92]. Der Rückgriff auf den übergreifenden Begriff des deutschen Volkes ermöglicht so, unter Abweichung von früheren Behauptungen, erst von einer sich »formierenden sozialistischen Nation« zu sprechen. Diese Feststellung besagt, daß der Prozeß, in dem sich eine »sozialistische Nation« herausbilden soll, auch nach Auffassung der SED-Führung in der DDR nicht abgeschlossen ist und darüber hinaus einen grenzüberschreitenden Charakter aufweist. Auch nach Bartel und Schmidt entwickelt sich in der DDR eine »sozialistische deutsche Nation«, »d. h. eine Nation, die ihrem Charakter nach sozialistisch, ihrer Herkunft nach deutsch ist«.

Daraus leiten sie das Bedürfnis nach einer »Nationalgeschichte des Volkes der DDR« durch Verarbeitung der gesamten deutschen Geschichte von der »Warte des Sozialismus« ab, weisen aber zugleich den Vorwurf »eines Alleinvertretungsanspruchs der DDR auf deutsche Geschichte« zurück. Sie erklären[93]:

»Die Sicht auf die gemeinsame deutsche Geschichte ist ein unveräußerliches Element unseres historischen Selbstverständnisses, Teil unserer nationalen Identität.« Mit dieser Feststellung wird mittelbar die fortbestehende nationale Einheit, die sich aus dem gemeinsamen historischen Erbe ergibt, eingestanden. In jedem Fall wird durch die Bezugnahme auf das nationale Erbe das Band, das die Bevölkerung der beiden Teile Deutschlands zu einer nationalen Einheit verbindet, enger geknüpft.

Von der SED-Führung wird zwar der Auffassung, daß sich aus der Beschäftigung mit den Grundproblemen, Ereignisse und Persönlichkeiten der deutschen Geschichte »übergreifende Gemeinsamkeiten« zwischen den beiden deutschen Teilstaaten ergeben könnten, widersprochen. Tatsächlich wird eine solche Wirkung, die für die Erhaltung und Entwicklung besonderer Beziehungen zwischen den beiden deutschen Teilstaaten förderlich ist, herbeigeführt.

Das Verhalten der Sowjetführung im Hinblick auf diese Entwicklungstendenzen ist widersprüchlich. Daß aus der Sicht der Völker der Sowjetunion und damit vor allem auch der Russen die deutsche Nation trotz ihrer Aufteilung in zwei Staaten als eine Einheit empfunden wird, dürfte kaum zu bestreiten sein.

Aus den bisherigen Feststellungen, die im Hinblick auf die deutsche Nation und das deutsche Volk unter Berücksichtigung der sich wandelnden Einstellung der Sowjetunion und der DDR gemacht werden konnten, ergeben sich drei rechtliche Folgerungen, die für die deutsche Frage weiterhin von Bedeutung sind. An erster Stelle handelt es sich um die Inanspruchnahme des Selbstbestimmungsrechts der Völker, an zweiter Stelle um die Souveränitätsproblematik und an dritter Stelle um das Verhältnis von Nation und Staat.

Bei der Anwendung des Selbstbestimmungsrechts der Völker auf den deutschen Fall, der eine besondere politische Brisanz aufweist, dürfte es richtig sein, zwischen dem Träger und dem Subjekt des Selbstbestimmungsrechts zu unterscheiden. Im Artikel 1 der UN-

92 Zur Kontinuität dieser Zielsetzung in der Geschichtsdarstellung der DDR vgl. K. E. Jeismann: Die Einheit der Nation im Geschichtsbild der DDR, Beilage zur Wochenzeitung »Das Parlament« vom 13. 8. 1983, Nr. 32–33, S. 3 ff.

93 Bartel/Schmidt (Anm. 90), a. a. O., S. 113.

Menschenrechtskonventionen ist klargestellt worden, daß sich das Selbstbestimmungsrecht nur auf Völker im ethnischen und politischen Sinn und nicht auf Staatsvölker, die im westlichen Sprachgebrauch mit Nationen begrifflich gleichgesetzt werden, bezieht[94]. Demnach wäre die deutsche Nationalität, d. h. das deutsche Volk im natürlichen Sinn, dem auch die Österreicher angehören, als Träger, die deutsche Nation dagegen als ein Subjekt des Selbstbestimmungsrechts anzusehen, dem eine bestimmte Rechtsfähigkeit zusteht. Die deutsche Nation ist aufgrund dieser Subjekteigenschaft völkerrechtlich legitimiert, ihren Anspruch auf Wiederherstellung der staatlichen Einheit gegebenenfalls unmittelbar geltend zu machen[95].

Bei der Verwirklichung des Selbstbestimmungsrechts ist von wesentlicher Bedeutung, daß die deutsche Nation in zwei Staaten auf dem Territorium des im völkerrechtlichen Sinne fortbestehenden deutschen Gesamtstaates organisiert ist. Unabhängig von der staatlichen Souveränität der beiden Teilstaaten, die durch die Vorbehaltsrechte der vier Mächte, die sich auf ganz Deutschland beziehen, beschränkt ist, kommt der deutschen Nation insgesamt ebenfalls ein bestimmter Grad von Souveränität und damit ein völkerrechtlich relevanter Status zu, der über die Inanspruchnahme des Selbstbestimmungsrechts der Völker hinausführt.

Die in der sowjetischen Staats- und Völkerrechtslehre anzutreffende Unterscheidung zwischen staatlicher und nationaler Souveränität erweist sich in diesem Zusammenhang als nützlich[96]. Über staatliche Souveränität verfügen in vollem Umfange nur selbständige Staaten. Nationale Souveränität steht jedoch allen Nationen unabhängig von dem Grad oder Fehlen von Staatlichkeit zu. Nach Auffassung der sowjetischen Völkerrechtler Tusmuchamedow und Sobakin umfaßt die »nationale Souveränität« in völkerrechtlicher Hinsicht »die Gesamtheit der souveränen Rechte einer Nation« (eines Volkes)[96]. Diese betreffen neben der »freien Wahl der gesellschaftlichen und politischen Ordnung« vor allem das Recht auf ein »geschlossenes nationales Territorium«, auf »wirtschaftliche Unabhängigkeit«, auf »Achtung seiner Kultur, der nationalen Ehre und Würde« und »volle Gleichberechtigung mit anderen Nationen und Völkern«. Das Selbstbestimmungsrecht der Völker ist mit der »nationalen Souveränität« unmittelbar verbunden. Das Völkerrecht sei dazu berufen, die erwähnten Rechte ebenso zu schützen wie den sich aus dem Selbstbestimmungsrecht der Völker ergebenden Anspruch auf einen mit staatlicher Souveränität ausgestatteten selbständigen Staat.

Der Begriff der »nationalen Souveränität« dürfte auch für die Beurteilung der Rechtslage Deutschlands von besonderer Bedeutung sein. Dies gilt vor allem, wenn zwischen der Nation als (Gesamt-)Staatsvolk im Sinne des Urteils des Bundesverfassungsgerichts vom 31. Juli 1973[97] und der Nation im Sinne des eigenständigen Kernvolkes einer Nationalität, d. h. eines Volkes im natürlichen Sinn, unterschieden wird[98].

94 Veiter (Anm. 79), a. a. O., S. 23.

95 Auf das fortbestehende Selbstbestimmungsrecht des ganzen deutschen Volkes trotz der Zweistaatlichkeit weist Ress mit der Bemerkung hin, daß daneben die Möglichkeit des Beitritts aufgrund des § 23 Satz 2 GG weiter bestehen bleibt. Vgl. G. Ress: Das Wiedervereinigungsgebot des Grundgesetzes, in: Fünf Jahre Grundvertragsurteil des Bundesverfassungsgerichts, Köln u. a. 1979, S. 288 f.

96 Vgl. B. Meissner: Der Souveränitätsgedanke in der sowjetischen Völkerrechtslehre, in: E. Kroker, Th. Veiter (Hrsg.): Rechtspositivismus, Menschenrechte und Souveränitätslehre in verschiedenen Rechtskreisen, Wien/Stuttgart 1976, S. 122.

97 Wortlaut in: E. Cieslar, J. Hampel, F.-Chr. Zeitler (Hrsg.): Der Streit um den Grundvertrag, München – Wien 1973, S. 283 ff.

98 Auch Helmut Rumpf trifft diese Unterscheidung, die er allerdings als eine Alternative auffaßt. Außerdem geht er bei der Nation nur vom »Volk im ethnischen Sinne« aus, was mehr dem Begriff der Nationalität entspricht. Vgl. H. Rumpf: Die Frage nach der deutschen Nation, Ztschr. für Politik, 1971, S. 158 f.

Die verbliebene staatliche Souveränität des im rechtlichen Sinne fortbestehenden deutschen Gesamtstaates erstreckt sich – unabhängig von der Frage des Staatsvolkes – vor allem auf das Territorium, bei dem die endgültige Festlegung der Grenzen einer gesamtdeutschen Friedensregelung vorbehalten ist. Die »nationale Souveränität« umfaßt dagegen neben der Berechtigung von Maßnahmen zur Erhaltung der nationalen Identität und Einheit auch den Anspruch auf Wiederherstellung der staatlichen Einheit, und zwar in einem freiheitlichen Sinn[99]. Solange die deutsche Nation eine Realität darstellt und mit friedlichen Mitteln diese Ziele unter Berufung auf das Selbstbestimmungsrecht zu verwirklichen trachtet, ist sie im Sinne einer Begriffsbestimmung von Dahm[100] für die Staaten, die diese Zielsetzung als legitim ansehen, die aber der These vom fortbestehenden deutschen Gesamtstaat nicht folgen oder in Zukunft nicht folgen sollten, als ein »Völkerrechtssubjekt eigener Art« anzusehen.

Das gilt auch für die Sowjetunion, die bei der Aufnahme der diplomatischen Beziehungen mit der Bundesrepublik Deutschland im September 1955 die Wiederherstellung der Einheit des deutschen demokratischen Staates als ein legitimes Ziel deutscher Außenpolitik anerkannt hat[101]. Solange es eine deutsche Nation als eine Realität gibt, steht ihr aufgrund der »nationalen Souveränität« auch der Anspruch auf ein Sonderverhältnis zwischen den beiden deutschen Teilstaaten zu, das auch von den anderen Mitgliedern der Völkerrechtsgemeinschaften zu achten ist.

Von den beiden deutschen Teilstaaten geht die Bundesrepublik Deutschland vorläufig allein vom eindeutigen Fortbestand der deutschen Nation aus. Es bleibt sich in politischer Hinsicht im Grunde gleich, ob dabei die Nation als das Staatsvolk des im rechtlichen Sinne fortbestehenden deutschen Gesamtstaates oder als das faktisch fortbestehende deutsche Kernvolk angesehen wird. In jedem Fall ist es die Aufgabe der Bundesrepublik Deutschland, welche die überwiegende Mehrheit der deutschen Staatsangehörigen und zugleich der deutschen Volkszugehörigkeiten umfaßt, Sprecher der ganzen Nation und ihrer Interessen zu sein. Nur wenn sie diese Aufgabe wahrnimmt, wird sie der Verantwortung, die ihr von der Geschichte gestellt ist, voll entsprechen.

[99] Auf die Bindung der Nation an die Werte Menschenwürde, Freiheit, Demokratie und Recht hat Bundespräsident Prof. Dr. Carstens in seiner Rede zum dreißigjährigen Gedenktag an den 17. Juni hingewiesen. Nach Ruffmann ist im Nationsbegriff »die Garantie der individuellen und sozialen Freiheitsrechte mündiger, in diesem Ziel übereinstimmender Bürger, die sich untereinander enger als mit anderen verbunden wissen«, enthalten. Vgl. K.-H. Ruffmann: Was kann »Nation« für die Deutschen bedeuten?, in: Nation und Demokratie in unserer Zeit, Mainz 1969, S. 21.

[100] Vgl. G. Dahm: Völkerrecht, Bd. I, Stuttgart 1958, S. 392.

[101] Vgl. B. Meissner: Moskau – Bonn. Die Beziehungen zwischen der Sowjetunion und der Bundesrepublik Deutschland 1955–1973. Dokumentation, Bd. 1, Köln 1975, S. 19.

# Personenregister

# Sachregister

# Abkürzungsverzeichnis

| | |
|---|---|
| a. A. | anderer Ansicht |
| a. a. O. | am angegebenen Ort |
| Abs. | Absatz |
| Abt. | Abteilung |
| AJIL | American Journal of International Law |
| Akademie d. Wiss. | Akademie der Wissenschaften |
| Anm. | Anmerkung |
| Art. | Artikel |
| Aufl. | Auflage |
| ARV | Archiv für Verwaltungsrecht |
| AWD | Außenwirtschaftsdienst des Betriebsberaters (Jahr und Seite) |
| AWR-Bulletin | Bulletin of the Association for theStudy of the World Refugee Problem |
| Bd. | Band |
| bes. | besonders |
| BGB | Bürgerliches Gesetzbuch vom 18. 8. 1896 RGBl. 195 BGBl. III 4 Nr. 400–2 |
| BGBl. | Bundesgesetzblatt |
| BGE | Entscheidungen des Schweizerischen Bundesgerichts |
| BGH | Bundesgerichtshof |
| BGH NJW | Entscheidungen des Bundesgerichtshofes, abgedruckt in Neue Juristische Wochenschrift |
| BGH St. | Bundesgerichtshof, Entscheidungen in Strafsachen (Band und Seite) |
| BRD | Bundesrepublik Deutschland |
| BR-Drucks. | Drucksachen des Deutschen Bundesrates |
| BT-Drucks. | Drucksachen des Deutschen Bundestages |
| BVerfG | Bundesverfassungsgericht |
| BVerwG | Bundesverwaltungsgericht |
| BVFG | Gesetz über die Angelegenheiten der Vertriebenen und Flüchtlinge (Bundesvertriebenengesetz) i. d. F. v. 3. 9. 71 BGBl. I 1965 |
| B-W | Baden-Württemberg |
| bzw. | beziehungsweise |
| c/ | contre (frz.) |
| CDU | Christlich Demokratische Union |
| ČSSR | Tschechoslowakei |
| CSU | Christlich Soziale Union |
| D-Arch. (DA) | Deutschland Archiv |
| DDR | Deutsche Demokratische Republik |
| DDR GBl. | Gesetzblatt der DDR |
| DDR-Verf. | Verfassung der DDR |
| ders. | derselbe |
| dgl. | dergleichen |
| d. h. | das heißt |
| Diss. | Dissertation |
| DK | Dänemark |
| dt. | deutsch |
| DVBl. | Deutsches Verwaltungsblatt (Jahr und Seite) |
| EA | Europa-Archiv |
| ebd. | ebenda |
| Ed. | Edition (engl.) |

| | |
|---|---|
| EG | Europäische Gemeinschaften |
| EGBGB | Einführungsgesetz zum Bürgerlichen Gesetzbuch v. 18. 8. 1896, RGBl. 604 BGBl. III 4 Nr. 400–1 |
| engl. | englisch |
| erw. Aufl. | erweiterte Auflage |
| etc. | et cetera |
| Eu GRZ | Europäische Grundrechte, Zeitschrift |
| FAZ | Frankfurter Allgemeine Zeitung |
| FDP | Freie Demokratische Partei |
| ff. | fortfolgende |
| Fn. | Fußnote |
| FS-(Name) | Festschrift für (Name) |
| gem. | gemäß |
| GBl. | Gesetzblatt |
| GG | Grundgesetz für die Bundesrepublik Deutschland v. 23. 5. 1949 BGBl. 1, BGBl. III Nr. 100–1 (3. Aufl. 1969) |
| ggf. | gegebenenfalls |
| h. M. | herrschende Meinung |
| Hrsg. | Herausgeber |
| hrsgg. | herausgegeben |
| ibid. | ibidem |
| IL | International Law |
| ILR | International Law Review |
| IMT-Urteil | International Military Tribunal-Urteil |
| i. ü. | im übrigen |
| Jahrb. IR | Jahrbuch für internationales Recht |
| Jb. | Jahrbuch |
| Jg. | Jahrgang |
| jur. | juristisch |
| JuS | Juristische Schulung (Jahr und Seite) |
| JW | Juristische Wochenschrift (Jahr und Seite) |
| JZ | Juristenzeitung (Jahr und Seite) |
| Kap. | Kapitel |
| KPdSU | Kommunistische Partei der Sowjetunion |
| KSZE | Konferenz über Sicherheit und Zusammenarbeit in Europa |
| Lit. Hinw. | Literaturhinweise |
| LNTS | League of Nations Treaty Series |
| m. Anm. | mit Anmerkungen. |
| mwH. | mit weiteren Hinweisen |
| mwN. | mit weiteren Nachweisen |
| NATO | North Atlantic Treaty Organization |
| NJW | Neue Juristische Wochenschrift (Jahr und Seite) |
| NL | Niederlande |
| No. | Numero |
| NZZ | Neue Zürcher Zeitung |
| o. ä. | oder ähnliches |
| ÖBGBl. | Österreichisches Bundesgesetzblatt |
| ÖJZ | Österreichische Juristen-Zeitung |
| Österr. | Österreichisch |
| Off. Rec. of the Gen. Assembly | Official Records of the General Assembly |
| OHG | Offene Handelsgesellschaft |
| o. J. | ohne Jahresangabe |
| OVG | Oberverwaltungsgericht |
| p. | pagina |
| PCIJ | Permanent Court of International Justice |
| Pos. | Position |
| RabelsZ | Zeitschrift für ausländisches und internationales Privatrecht, begründet v. Ernst Rabel (Jahr und Seite) |

| | |
|---|---|
| rd. | rund |
| Rdnr | Randnummer |
| Rdz | Randziffer |
| Rev. gén. d. dr. int. publ. (RGDIP) | Revue Général de Droit International Public |
| RGBl. | Reichsgesetzblatt |
| RGRK | Reichsgerichtsrätekommentar |
| RGW | Rat für gegenseitige Wirtschaftshilfe |
| RGZ | Entscheidungen des Reichsgerichts in Zivilsachen |
| ROW | Recht in Ost und West (Jahr und Seite) |
| RuStAG | Reichs- und Staatsangehörigkeitsgesetz v. 22. 7. 1913, RGBl. 583, BGBl. III 1 Nr. 102–1 |
| russ. | russisch |
| s. | siehe |
| SAP | Sozialistische Arbeiterpartei |
| sc. | scilicet |
| SED | Sozialistische Einheitspartei Deutschlands |
| Ser. | Series |
| sog. | sogenannt |
| SPD | Sozialdemokratische Partei Deutschlands |
| staatsw. | staatswissenschaftlich |
| StBG | Staatsbürgerschaftsgesetz |
| StGG | Staatsgrundgesetz (Österr.) |
| StIG | Ständiger Internationaler Gerichtshof |
| Suppl. | Supplement |
| szt. | seinerzeit |
| u. E. | unseres Erachtens |
| UN-Charta | United Nations Charta |
| UN Doc. | United Nations Documents |
| Univ. | University of (name) |
| UNO | United Nations Organization |
| UNTS | United Nations Treaty Series |
| unv. Aufl. | unveränderliche Auflage |
| Urt. | Urteil |
| usw. | und so weiter |
| v. | versus (engl.) |
| v. | vom |
| VBl. | Verwaltungsblatt |
| VerfGH | Verfassungsgerichtshof |
| Verl. | Verlag |
| VerwGH | Verwaltungsgerichtshof |
| vgl. | vergleiche |
| VN | Vereinte Nationen |
| Vol. | Volume (engl.) |
| Vorbem. | Vorbemerkung |
| VR China | Volksrepublik China |
| VVDStRL | Veröffentlichungen der Vereinigung der Deutschen Staatsrechtslehrer |
| WVK | Wiener Vertragsrechtskonvention |
| YBILC | Yearkbook of the International Law Commission |
| YBEu Conv. HR | Yearbook of the European Convention on Human Rights |
| ZaöRV | Zeitschrift für ausländisches öffentliches Recht und Völkerrecht |
| z. B. | zum Beispiel |
| zeitgenöss. | zeitgenössisch |
| ZfRV | Zeitschrift für Rechtsvergleichung |
| Ziff. | Ziffer |
| zit. | zitiert |
| ZK | Zentralkomitee |
| Zschr. | Zeitschrift |
| z. Z. | zur Zeit |

Staats- und völkerrechtliche
Abhandlungen
der Studiengruppe
für Politik und Völkerrecht

## Band 1

Boris Meissner/Gottfried Zieger (Hrsg.)

**Staatliche Kontinuität**

Unter besonderer Berücksichtigung
der Rechtslage Deutschlands

Beiträge von:
D. Blumenwitz, W. Fiedler, D. Frenzke,
E. Klein, B. Meissner, I. Seidl-Hohenveldern,
A. Uschakow, G. Zieger

149 Seiten, Paperback DM 28,00
ISBN 3-8046-8622-2

## Band 2

Dieter Blumenwitz/Boris Meissner (Hrsg.)

**Das Selbstbestimmungsrecht der Völker und die deutsche Frage**

Beiträge von:
D. Blumenwitz, K. Doehring, O. Kimminich,
E. Klein, B. Meissner, K. Rabl, H. Rumpf,
T. Veiter, G. Zieger

156 Seiten, Paperback DM 28,00
ISBN 3-8046-8626-5

Verlag Wissenschaft
und Politik